ミネルヴァ日本評伝選

鬼道に事え、見る有る者少なし

俾弥呼《ひみか》

古田武彦著

ミネルヴァ書房

刊行の趣意

「学問は歴史に極まり候ことに候」とは、先哲荻生徂徠のことばである。

歴史のなかにこそ人間の智恵は宿されている。人間の愚かさもそこにはあらわだ。この歴史を探り、歴史に学んでこそ、人間はようやくみずからの正体を知り、いくらかは賢くなることができる。新しい勇気を得て未来に向かうことができる。徂徠はそう言いたかったのだろう。

「ミネルヴァ日本評伝選」は、私たちの直接の先人について、この人間知を学びなおそうという試みである。日本列島の過去に生きた人々の言行を、深く、くわしく探って、そこに現代への批判を聴きとろうとする試みである。日本人ばかりではない。列島の歴史にかかわった多くの異国の人々の声にも耳を傾けよう。

先人たちの書き残した文章をそのひだにまで立ち入って読み、彼らの旅した跡をたどりなおし、彼らのなしとげた事業を広い文脈のなかで注意深く観察しなおす——そのとき、はじめて先人たちはいまの私たちのかたわらによみがえってくる。彼らのなまの声で歴史の智恵を、また人間であることのよろこびと苦しみを、私たちに伝えてくれもするだろう。

この「評伝選」のつらなりのなかから、列島の歴史はおのずからその複雑さと奥ゆきの深さをもって浮かび上がってくるはずだ。これを読むとき、私たちのなかに新たな自信と勇気が湧いてきて、その矜持と勇気をもって「グローバリゼーション」の世紀に立ち向かってゆくことができる——そのような「ミネルヴァ日本評伝選」にしたいと、私たちは願っている。

平成十五年（二〇〇三）九月

上横手雅敬
芳賀　徹

須玖岡本遺跡《すぐおかもと》（福岡県春日市。写真中央付近）

（春日市教育委員会提供）

「弥生遺跡の中心地」も今は住宅街となっている。

須玖岡本遺跡より出土した夔鳳鏡《きほうきょう》

（東京国立博物館蔵／Image: TNM Image Archives）
梅原末治論稿で3世紀前半とされた鏡。新たな「再評価」の光の中に。

須玖岡本遺跡より出土した絹房の房糸の縦断面

（布目順郎『目で見る繊維の考古学』染織と生活社，1992年，より）

布目順郎氏発掘の「中国の錦」。金印紫綬の「くみひも」か。

吉野ヶ里遺跡（佐賀県神埼市，神埼郡吉野ヶ里町）

（©YOSHITSUGU NISHIGAKI/SEBUN PHOTO/amanaimages）

数々の「隠された弥生の鍵」を秘めた遺跡。夕日の中に輝き，今沈んでゆく。

はじめに

幸運な女王

卑弥呼《ひみか》は、恵まれた女性である。日本古代史上、否《いな》、世界の古代史の中でも、抜群の幸運に恵まれている。

なぜなら、「同時代史料」、彼女の生きていた時代に書かれた文献に詳述されている。それも、隣国中国（魏・西晋の王朝）の傑出した歴史官僚、陳寿《ちんじゅ》が彼女の実際の姿をきめ細かく書いたからである。稀有《けう》のことである。だから、よき運命のもとに生きていた女王、といえるであろう。魏朝（二二〇〜二六五）とそれを受け継いだ西晋朝（二六五〜三一六）、その二つの王朝にまたがる時代の史官、それが陳寿である。「二三三〜二九七」の間に生きた人だ。その同時代に倭国の女王だったのが、卑弥呼である。彼女は、その史官によって丹念に実像が報告された。それが倭人伝である。

中国は、司馬遷《しばせん》の史記、班固《はんこ》の漢書以来、歴史家による史書の伝統が確立していた国家である。

その時期の「同時代史料」三国志にハッキリと記載されている。やはり卑弥呼は、確かな史実を残すことのできた、類《たぐ》い稀《まれ》な女王だったのである。

執筆を促したもの

今回の『俾弥呼』は、二〇〇三年の日本評伝選刊行開始以前より予告されていた。しかし、それからすでに八年余の歳月が流れた。同時進行中だった『なかった——真実の歴史学』の第一号から第六号までと、期を同じくしていたからである。わたしには、時間がなかった。

これが逆に、幸運となったのである。昨年（二〇一〇）十月中旬、例年より遅い金木犀《きんもくせい》の花の香る頃、一大変転が訪れた。倭人伝に対する、従来のわたしの「視界」を一新する発見に遭遇したからである。——三国志全体に対する「陳寿の序文」の発見である。

それは眼前に、明白に存在しながら、誰も気づかなかった。三十数年前、私の第一書『「邪馬台国」はなかった』を書いたときにも、わたしには夢にも見なかった〝光景〟だったのである。あのエドガー・アラン・ポウの『盗まれた手紙』のメイン・テーマと同じこと、眼前に、あまりにも、明々白々と存在していたからこそ、今まで誰一人気づかずに来ていたのである。

ようやくこの新たな視点から、『俾弥呼』の終盤を書きすすめることができた。その幸せを日夜かみしめている昨今である。

そのすべてを今、本書の読者の前に残りなく開陳し、末尾までにさらけ尽くすこととしよう。——では。

＊訓《よ》みの片仮名書きは、特記。他は平仮名の振仮名とした。

卑弥呼――鬼道に事え、見る有る者少なし

目次

目次

図版写真一覧

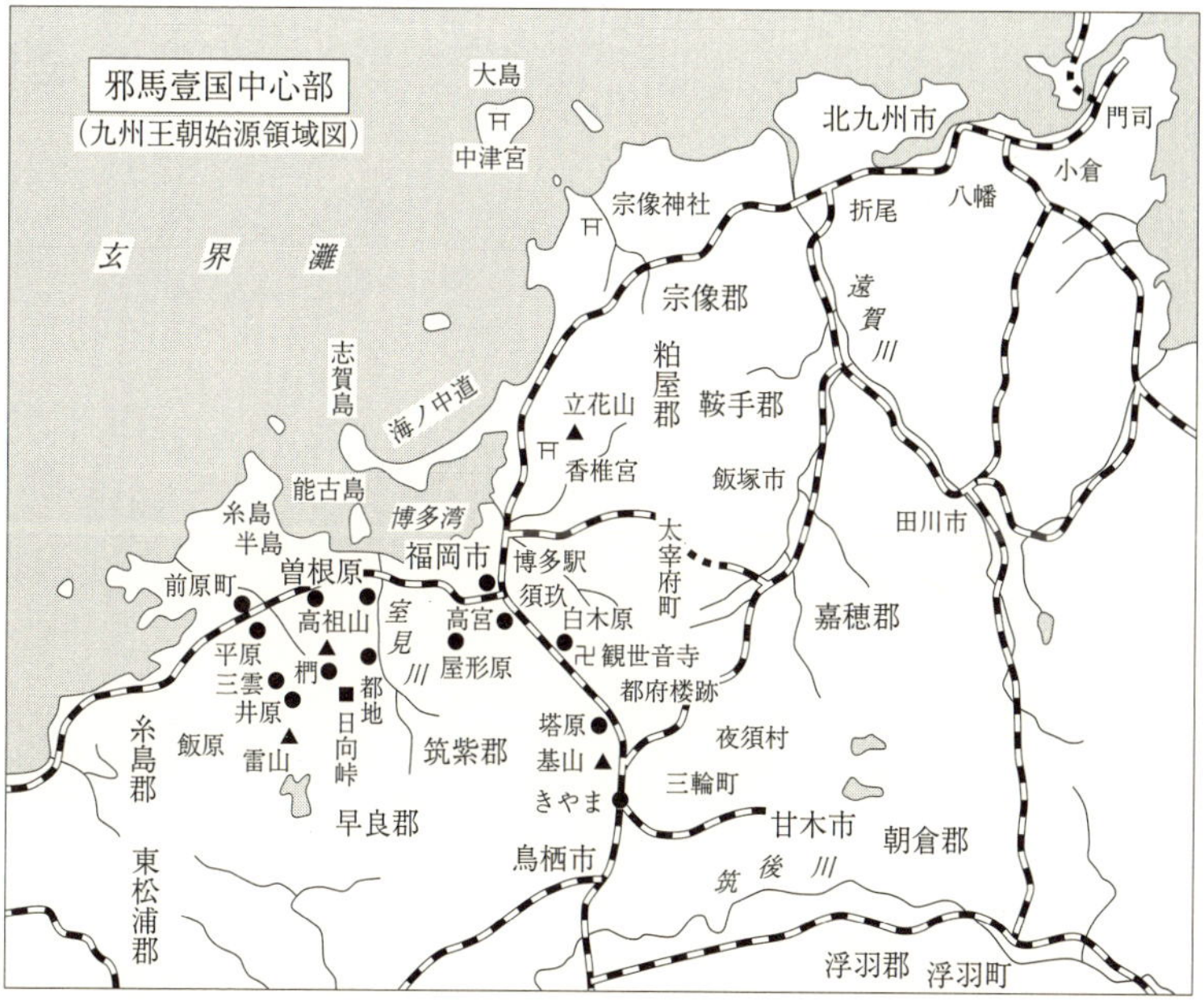

（出典）古田武彦『盗まれた神話』ミネルヴァ書房，2010年，より。

序章　俾弥呼《ひみか》の実像とは

本書を始めるに際し、本書の全体を通観してみよう。

まず、私の第一書『「邪馬台国」はなかった』の中心点、「邪馬壹国《やまいちこく》はどこか」について、簡明に叙述しよう。それは次の一句に尽きる。

「部分里程の総和は総里程である。」

帯方郡より女王国まで、一万二千余里と書かれている。ところが、各部分の里程を足しても、一万三百～四百里にしかならない。すなわち、部分里程の総和が総里程にならなかったのである。この問題の解決こそ、第一書成立のキイ・テーマだった。この解決法を「要約」し、「再録」しよう。これが最初の眼目なのである。

次は、女王の年齢である。従来は俾弥呼が八十～九十歳もの老婆のように見なされてきた。手塚治虫の『火の鳥』のような漫画だけでなく、俾弥呼に関する「歴史書」ですら、そのような立場を前提にするものが読者を〝信じさせて〟きた。なぜか。「年已《すで》に長大」という倭人伝中の一句を、三国志全体の中の、この用語の使用法によって実際に確認せず、〝自分勝手〟にこの用語を〝解釈〟して、その上に想像をくりひろげてきたからである。わたしの立場は逆だ。三国志全体の中で、この一句の使用法を逐一調査すると、「三十四歳」のときに即位した魏の文帝の描写にこの一句が用いられている。この語法から見ると、俾弥呼は当時、女ざかりの三十代半ばの女性だったのである。

この「年齢問題」は、実は重大な意味をもつ。なぜなら、「魏の使者が、彼女に直接会った」事実をしめしているからである。「俾弥呼」という自署名の実名の問題とはちがって、「上表」の国書において、彼女が自分の年齢をわざわざ書いていたはずはない。

また一方、これが「倭人側から聞いた話」だったとすれば、「年已に長大と云う。」と書けばいいのである。そうではなくて「年已に長大」として、自分の側（魏朝）の天子、文帝が天子に即位したときと、ほぼ同年齢だと言い切っているのであるから、「魏使が会って彼女を見た」結果の、率直な判断と考える他はないのである。

この点、有名な、

「王と為りしより以来、見る有る者少なく、」

の一節が「誤解」を生んでいるようであるが、いつの時代でも、一般国民は最高権力者に会ったり、いわんや直接話をしたりするチャンスは、めったにない。まして彼女のように「神秘のとばり」の中にいる女王の場合、なおさらだ。

だが、外国の使節となれば、ちがう。当然、直接会って、「遠路来訪」の礼をのべたり、その苦労をねぎらうために「会う」ことは、むしろ当然至極なのである。

このように考えてみると、倭人伝は単に「同時代史料」というだけではない。倭国の女王に直接会った、中国側の使者による「報告譚」を基礎にしている。いよいよ、史料としての信憑性と重大性を増すという他はないのである。

その「倭国の女王」は、三十代半ばという、女性としての魅力に満ちみちた存在であった。しかも、後述するように、倭国の水軍（松浦水軍）の最高権力者として、確かな実力の持主でもあったのである。

このようなリーダーの存在は、わが国の今日までの歴史においてもほとんど「稀有の存在」ではなかろうか。「空前」である。そして「絶後」かどうか。歴史の女神のみの知るところであろう。

さらにこのテーマは、もう一つの〝実り〟の意味をもつ。なぜなら、「倭人伝中の各用語を、三国志全体の使用法に照らして理解する」という、倭人伝解読の金科玉条のルールが確固としてここに含まれているからである。この点、特に強調したい。

次に、倭人伝を解読する上で、わたしの手に握りしめた、三つの命題をしめそう。「倉田命題」と「都市《とい》命題」と「令支《れいき》命題」である。この三命題なしには、本書は成立できなかった。俾弥呼の輝く相貌に、朝の光を当てることは、到底不可能だったのである。この点を詳述しよう。

次は、倭人伝の中の「定点」をなす「対海国《たいかい》」（対馬）と「一大国《いちだい》」（壱岐）の研究である。対馬海流上に点在する、この二島の存在は貴重である。なぜなら、朝鮮半島から日本列島へ中国側が来航するとき、この二島を経由してきたことは確実だからである。したがってこの「二つの定点」をめぐる考察は、わたしたちに、貴重な基礎データの数々を与えてくれることであろう。そこから生ずる、さまざまの「キイ・テーマ」を、一つひとつ丁寧に扱いたい。

難升米《なんしめ》をいつ派遣したか　倭人伝では、倭国の女王俾弥呼が最初に難升米《なんしめ》を使者として魏朝へ派遣した年を、景初二年（二三八）としている。時は、魏軍が遼東半島の公孫淵と戦っていた「戦時中」である。ところがこれを「戦争終結後」の景初三年の〝まちがい〟とする説があった（岩波文庫等）。

しかし、「戦時中の派遣」か「戦後の派遣」かには、決定的な〝ちがい〟がある。なぜなら、魏軍側の勝利に対し、「東シナ海航行のルート（海図）」を提供したのが、倭国の女王、俾弥呼たちだったのではないか、という興味深いテーマがあるのである。これも詳述する。

次に、右のテーマの「鍵」をにぎっているのは「松浦水軍」の存在である。倭国の女王俾弥呼の派遣した使者団はナンバー・ワンが難升米、ナンバー・ツウが都市牛利《といちごり》である。この都市牛利が、狗邪韓国（釜山近辺）から、対海国（対馬）、一大国（壱岐）、末盧国《まつら》（松浦）を結ぶ航海ルートの掌握者、いわゆる松浦水軍のリーダーである。「水軍の長を部下にもった倭国の女王」が俾弥呼だったのである。今まで全く〝見逃がされ〟てきていた、俾弥呼の新しい相貌、その横顔がクッキリと今回初めて浮かび上がってきたのである。

俾弥呼は日本語を話していたか

俾弥呼の実像を確認するために、欠くことのできないテーマが存在する。

「俾弥呼は日本語を話していたか。」

このテーマである。あまりにも「自明」すぎて、今まで特に専門家が取り上げて論ずるのを見たことがないけれど、実はこの問題こそ、俾弥呼の実像へと直結すべき、重要なテーマである。

もちろん、答えは明らかだ。「諾（イエス）」である。その証拠は次の文面である。

「下戸、大人と道路に相逢えば、（中略）対応の声を噫《あい》と曰う。比するに然諾《ぜんだく》の如し。」

中国語で「然諾（イエス）」という意味を、彼等（下戸）は「噫（「アイ」または「イ」）」という、と。

もちろん、大人にも、それで通じているのである。

倭人伝の固有名詞の〝訓み〟

もう一つの重要な事例がある。それは「邪馬壹国」である。

右の「邪馬」は「ヤマ」である。現代の日本語でも、全く変わらず使用されている。

倭人伝の先頭に、

「山島に依りて国邑を為す。」

とある「山島」は〝山をなした島〟のことであるから、この「邪馬（ヤマ）」の内容と対応している。

陳寿はそれを簡潔、そして的確に、最初にしめしたのである。

しかも、ここには「冷凍庫」ないし「冷蔵庫」問題が、言語学上の興味深い問題として浮かび上がってくる。

「倭人伝の中の固有名詞（地名など）を、現代のわたしたちの知っている『漢字の訓《よ》み』で訓んでも、いいのか。」
という「問い」だ。
その回答は「諾（イエス）」である。というより、そのように訓まなければならないのである。なぜか。

漢字は、三世紀以前に日本列島へと流入した。そのさい、「訓《よ》み」をともなって倭人はこれを〝受け入れ〟たのである。したがって倭人伝の、倭人側の固有名詞は、わたしたちの、よく知っている〝訓み〟、それで訓まなければならないのである。

三十国

倭人伝には、倭国内の国々として「三十国」の国名があげられている。この「三十国」は、女王俾弥呼の「統治下」の国々なのである。その中の「九国」は帯方郡治から女王国に至る〝途中〟の国々として記載されている（ただし、直線行路と傍線行路をふくむ）。けれども右以外の二十一国については、国名だけが次々と「列示」されているだけだから、その地理的位置や〝訓み〟は確定しにくい。

これに対して今回、わたしは「訓み」を付し、現在の地理上の位置をしめすことができた。それは、わたしにとって先述の「倉田命題」「都市命題」「令支命題」による〝実験例〟に当たるものだ。もちろん「冷蔵庫問題」もふくめてのテーマである。したがってわたしにとって貴重な適用例であり、同時にそれは俾弥呼の統治下の「親魏倭国」の実態をしめしている。貴重だ。

だから、これに対して従来の「邪馬台国」論者のケースと〝同じ〟レベルの〝音当て〟の手法にとどまる、と見なす人々がもしあれば、きわめて心外だ。わたしの「方法」とその「実験」の意義を見ず、本質から目をそらす人々だからである。

なお、この「三十国」問題に対して、東京都の北多摩病院院長の加藤一良氏から貴重な提言があった。この「三十国」を倭国側からの「魏晋朝への貢献国」と見なすべきだ、との立場である。倭人伝末尾の壱与《いちよ》の貢献記事の中に「男女生口三十人」の記事がある。「三十国」と「三十人」の数値上の一致について考察した。この「加藤命題」の成果である。

倭人伝の「官職名」

次いで倭人伝内の「官職名」を考察しよう。一方では「対海国」「一大国」の「卑狗（ヒコ）」（長官）「卑奴母離（ヒヌモリ）」（次官）、他方では「投馬国」の「弥弥（ミミ）」（長官）と「弥弥那利（ミミナリ）」（次官）には、いずれも俾弥呼の時代（三世紀）以前の「統治形態」がうかがわれるものである。日本列島の西日本一帯には、これらの「ヒコ」や「ミミ」の系列の「官職名」が人名、地名などにも多く遺存しているのである。

女王俾弥呼が歴史の表舞台に登場する以前の歴史の光芒が秘められている。それがこれらの官職名なのである。

「狗奴《こぬ》国」の存在

興味深いテーマ、それは「狗奴国」の存在である。倭国の女王、俾弥呼と対立していた存在として著名である。しかし、その地理的位置が不明だった。倭人伝の記載では、

「（奴国）此れ女王の境界の尽くる所なり。」

とあって、その直後に、

「其の南、狗奴《こぬ》国有り。」

というのだから、明確な地理的位置が表示されていないのである。

この点も、注意すべきだ。もし「倭国側からの聞き書き」なら、たとえば俾弥呼が「自分のライバル」である狗古智卑狗（ココチヒコ）の居場所を「知らない」はずはない。

しかし、倭人伝は、この問題については「魏使や魏の将軍が直接確認したところ」のみを記している。したがって「親魏倭王」である俾弥呼のライバルの「狗奴国」には魏使は足を印さなかった。だから「地理的記載」が〝明確でない〟のである。

ところが、五世紀の半ばに書かれた後漢書では、状況が全く異なっている。著者の范曄《はんよう》は〝欠けていた〟後漢の歴史を作成した。執筆対象（後漢）と歴史家范曄との間には二百年前後の「間隔」がある。したがって范曄の用いた史料には「後漢代の資料」と「南朝劉宋代の資料」と、両者が〝併用〟されているのである。

この後漢書では、

「女王国の東、海を度《わた》る、千余里。」

とあり、「女王国」を基点として「方角」と「距離」が明記されているのである。

問題は、「千余里」の里単位である。「短里」か「長里」か、というテーマだ。三国志の時代、魏晋朝は「短里」だった。しかしその前（後漢）と後（南朝劉宋）は、共に「長里」である。「短里」の五倍から六倍の長さである。

したがってこの「千余里」は、「長里」であるという可能性が高いのである。

わたしの論理は、右のようだ。〝逆〟ではない。つまり、まず「音当て」で「交野（コウノ）」に当て、そこを「狗奴国」とした。――これでは、わたしの「方法」ではない。内藤湖南（近畿説）や宮崎康平（島原半島説）の手法ではあっても、わたしの「方法」とは、全く相反しているのである。わたしにとっては重要な「学問の方法」を、批判者がこのように〝歪《ゆが》め〟てはならないのである。

会稽東治の深相

倭人伝には、有名な次の一節がある。

「郡より女王国に至る、万二千余里。（中略）其の道里を計るに、当《まさ》に会稽東治《かいけいとうち》の東に在るべし。」

と。この「東治」を「東冶」と「改悪」した本がある（岩波文庫等）。

しかし、第一書で論証したように、この〝手直し〟は〝あやまり〟である。なぜなら魏の永安三年（二六〇）、会稽南郡は建安郡と分郡された。だから三国志の成立した時期には「建安東治」はあっても、「会稽東治」はなかったのである。

またこの一句の直前には、

「夏后少康の子、会稽に封ぜられ、」

と書かれている。この会稽とは、有名な会稽山である。郡名ではない。したがって右の「会稽山を中心とする統治領域」を「東治」と呼んでいたのである。現在の杭州湾の寧波《ニンポー》を中心とする地帯である。

俾弥呼の女王国はその東に当たっている、というのである。

ここには、地理的、歴史的、そして現在（三世紀）の俾弥呼の墓（冢《ちょう》）の存在、この三つへの的確な認識が底流となっている。

三国志序文の発見

昨年（二〇一〇年）秋の十月中旬、大きな「発見」があった。三国志の巻三十にあった「東夷伝序文」が、本来は三国志全体の序文だったことが判明したのである。その結果、倭人伝には「二つの層」があることが分かった。その表面は「女王俾弥呼の存在」を中心としている。しかし、より深い層として三国志全体から見ると、「裸国・黒歯国」が「日の出ずる所に近き」存在であることの報告を目的にしている。班固の漢書が安息国の長老から聞き、西方の「日の入る所に近きところ」があることを記録したのに対し、三国志では魏使が女王俾弥呼に会ったあと、さらに旅立ち、「侏儒国」に至っている。足摺岬（高知県）である。その長老から「東南、船行一年」の彼方に「裸国・黒歯国」という「倭人の住む国」が存在することを聞き、これを記載した。漢書のいまだなしえなかった世界である。陳寿にとってこれが「三国志の誇り」だったのである。

帯方郡から不弥国に至る「一万二千余里」の行程で、目指す「女王との対面」を果したあと、魏使は再び旅立ち、「侏儒国」へおもむいている。「女王を去る四千余里」の行程である。「里程で書かれているのは、魏使の行路となった証拠」――この鉄則が従来は見失われていたのである。だからこそ従来の「邪馬台国」研究者は、肝心の両国、「裸国・黒歯国」の存在を、その記載の重大さを、そろって「無視」してきたのである。最大、最深の「錯失」だったのである。

学界に無視された誤差論

学界やメディアがそろって「無視」してきたけれども、きわめて重要な「論争」が、邪馬壹国研究の内部で行われた。谷本茂氏（神戸市）と中村通敏氏（福岡市）の間である。

もっとも、両者とも自然科学系の技術者であるから、「測定値」に「誤差」の存在することは自明の常識だった。だからこの「論争」は、きわめて紳士的に、かつ意思疎通を図りつつ行われ、その意図が遂げられた。「学問の論争はかくあるべし」という理想形として終始したのである。

この「未発の論争」、相互に尊敬しつつ、書簡や各自の既発表論文の提示によって行われた「論争」は、今回「俾弥呼の墓」を〝想定〟する上で、きわめて有効な帰結を生んだ。後に詳述する。

日本から世界へ

「日本語は周辺から孤立している。」言語学の専門家の多くはそのように〝説いて〟きた。しかし、わたしはこの「通説」に対して疑問をもっていたのである。

韓国語やアイヌ語との関連も、新たな視点からの考察が必要だ（『多元』「言素論」参照）。またロシアのハバロフスク州のオロチ族の「古代オロチ語」との関連にも言及してきた。だが、忘れてはならぬ世界の言語が残されている。南米のエクアドルとチリの「地名」である。三国志の魏志倭人伝に「裸国・黒歯国」として記載された地帯には、原住民語としての日本語が「地名」として残存しているのではないか。わたしはそう考えた。北米の場合、大多数の英語地名の中に「ナイヤガラ」とか「ミシシッピー」などの「原住民語」が、地名として残存しているのと同様である。

南米の場合は、ほとんどがスペイン語やポルトガル語であるのに対して、原住民語としての「倭語」、つまり日本語が残存しているという可能性に〝賭け〟、エクアドルや南米の地名調査を志したのである。

これらの南米における研究経験、調査経験を詳しく報告したのである。

天子の居所

陳寿は三国志において、「京都」と「闕《けつ》」と「臺《だい》」と、この三つの文字をハッキリと使い分けている。

この点、日本人のわたしたちには分かりやすいテーマである。「京都」は洛陽。日本では東京都に当たる。「闕」は皇居、宮城（もと江戸城）である。「臺」は皇居の中の天子（天皇）の居する住居である。

景初二年（二三八）六月に俾弥呼は倭国の使者を送り、魏の天子に会わせようとした。しかしその時、天子の明帝は急病にあり、京都の洛陽には至ったが、天子には会えなかったのである。これに対し、俾弥呼の後を継いだ壱与のときは、倭国の使者は洛陽の中の皇居（闕）の中の、天子の住居（臺）に至り、西晋（魏の後継）の天子に会うことができた。

陳寿は右の、各段階の状況を的確に描写しているのである。

俾弥呼の使者は、急病中の明帝に会えなかった。だから魏朝の使者は「欠礼」をわび、みずから女王国の都におもむき、女王俾弥呼に直接会い、彼女の女ざかりの面貌を伝え、その神秘の魅力を、倭人伝に残すことができたのである。

なお、第八章で新テーマの続出を特に掲載する。㈠「闕」と「臺」の落差、㈡「十日」と「二十日」の同一、㈢倭人の淵源、㈣「日出ずる処」の論証力、㈤歴史の革命——「被差別部落」の本質、いずれも、本書にとって肝心要《かなめ》のテーマである。

俾弥呼と崇神の間

俾弥呼は筑紫の女王である。大和の女王ではない。では、俾弥呼と大和との〝かかわり〟は何か。彼女が筑紫の女王として博多湾岸にいたとき、当然東方には「大和」があった。その大和に対して彼女が無関心だったはずはないのである。

その、彼女と大和との関係を具体的にしめす人物がいる。意外にも、崇神天皇、その人である。「天皇」の称号は後世（八世紀）、古事記、日本書紀成立時点における「尊称」だが、その人自身はもちろん実在である。

この崇神天皇という、異色の運命に恵まれた人は、俾弥呼を語る上で、決して欠かすことのできぬ存在なのである。また崇神自身の行為とその達成した仕事には、俾弥呼からの重大な影響、「歴史の影」が映じているのである。その「証拠」を、この評伝の中に詳しくのべてみたいと思う。

第Ⅰ部　倭人伝に描かれた古代

第一章　研究史の回顧

1　「邪馬台国」研究の開始

松下見林

松下見林《まつしたけんりん》（一六三七～一七〇三）は倭人伝を「邪馬台国」の記述と見なす点において、その後の研究史をリードした。今日までの倭人伝研究を「運命」づけたのである。

もちろん、その萌芽はすでに南北朝から始まっていた。たとえば、北畠親房（一二九三～一三五四）は延元四年（一三三九）に書いた『神皇正統記』において、

「後漢書ニ『大倭王ハ耶麻堆ニ居ス。』トミエタリ（耶麻堆ハ山トナリ）。」

とのべていたのである。この一文は〝不正確〟だ。「大倭王」という三文字は確かに後漢書に出ている。しかし、「耶麻堆」という字句は、後漢書にはない。後世の後漢書、李賢注の「邪摩惟」や隋書俀《たい》国伝の「邪靡堆」と〝似て〟はいるけれど、同一字句ではない。親房の〝頭〟で作字されたものか

もしれないのである。

ともあれ、下注のしめすように、この「耶麻堆」は「ヤマト」すなわち「大和（奈良県）」を指す言葉として用いられていることは疑いないであろう。「大和中心主義」の立場である。

そして松下見林に至ってはじめて三国志の魏志倭人伝の全文の引用を行った上で、

「この邪馬壹国は『邪馬臺国』のあやまりである。」

と明確に主張したのである。それ以後、わたしの「邪馬壹国」論が『史学雑誌』七八‐九号（昭和四十四年九月）に出るまで、この「邪馬台国」という表記そのものは疑われずにきていた。わたしの目から率直に評すれば、松下見林の〝「邪馬台国」への手直し〟論が、近畿説と九州説とを問わず、継承され、いわば「誤用」されてきていたと言う他なかったのである。やはり倭人伝の本来の文章「邪馬壹国」に帰って、そこから学問研究は再出発する他に道はないのではあるまいか。

新井白石

江戸時代に出た「九州説」の論者として知られる新井《あらい》白石《はくせき》（一六五七〜一七二五）の研究について、さらに立ち入ってのべよう。

彼は、その生涯において、「公的」には後漢書にもとづく、「近畿説」論者として終始していたのである。それは『古史通惑問《わくもん》』において、

「後漢書に大倭王居㆓邪馬臺国㆒とみへしは即今の大和国をいひしなり。」

「我国の都を耶馬臺国《ヤマータイコ》といひしがごとく――」

とのべている点からも、明らかである。

けれども、彼が政治の舞台から引退したあと、倭人伝などの中国の諸書の研究に没頭した結果、新たな視点に到達したようである。

新井家に伝わる「外国之事調書」という巻物に、

「邪馬臺　筑後山門郡」

と書かれている。まぎれもない「九州説」である。やはり、以前と同じように、後漢書に依拠して「邪馬臺」の表記を用いながら、ここでは、前のような「大和（奈良県）」に当てるのではなく、九州の地名「筑後山門」に当てているのである。

けれども、このような「九州説への移転」は、現代の研究者、宮崎道生氏が新井家の蔵書調査の結果、発見し、学界に報告されたものなのであるから、必ずしも白石自身がこのような「九州説への転換」を、生前に「公的」に明示したものではなかったのである。

その上、三国志の魏志倭人伝の本文の「邪馬壹国」ではなく、依然「邪馬臺国」という、松下見林流の「手直し論」に従っていた。これが白石の研究の学問的限界である。

2　明治以降の研究

白鳥庫吉と内藤湖南

明治維新以後の「邪馬台国」研究で画期となったのは、明治四十三年（一九一〇）である。相対したのは、東大の白鳥庫吉（一八六五〜一九五二）と京大の内藤湖南（一八六六〜一九三四）の両者である。

「余輩が邪馬台を肥後の内に置く結論と抵触しないであろう。」（白鳥庫吉「倭女王卑弥呼考」『東亜之光』第五巻、第六・七号、明治四十三年六・七月）――九州説である。

「支那の記録よりすれば、邪馬台国は大和朝廷と解するより外なく（下略）」（内藤湖南「卑弥呼考」（『芸文』第一年第四号、明治四十三年七月）――近畿説である。

ここに東大系列の九州説、京大系列の近畿説という、今日に及ぶ大勢が成立している。けれども、両者とも、立論上の弱点をかかえているのである。たとえば白鳥説の場合、倭人伝の里数に対して〝五〜六倍の誇張〟ありと見なしている。「帯方郡不弥国間の一万七千余里」は、その実「大約二千七百余里に過ぎぬ。」というのである。

このような誇張値の里数が書かれているのは、帯方郡の中国側の役人たちが「ことさらに実際の里程を延長し、倭国を帯方郡より遙かに遠方の海中に置き、倭国征討論を封じようとしたのであろう」との想像を加えている（白鳥庫吉「卑弥呼問題の解決」『オリエンタリカ』一・二、昭和二十三年八月、昭和二十四年十一月）。

この類の想像は、実証的な歴史学というより、むしろ「小説」の世界に属するもの。わたしにはそのように思われたのである。

一方の内藤湖南の場合、

「支那古書が方向を言う時、東と南と相兼ね、西と北と相兼ぬるが常例であるから、この南を東と

解し、(下略)」(圏《けん》点の○は原文のママ)

倭人伝の方向指示の「南」と「東」と〝読み替え〟なければ、到底大和(奈良県)に到達することはできなかったからである。

その上、里程記事に対しては、内藤は一切これを切り捨てざるをえなかった。

以上、九州説、近畿説ともに、論理上、文献処理上の「弱点」そして困難点を根底にかかえていたのである。

銅鏡百枚

わたしの立場から批判してみよう。

倭人伝の中の、魏の明帝の詔書には、有名な「銅鏡百枚」の記事がある。倭国側の要望によったものであろう。「五尺刀二口」も贈られている。その上、末尾には俾弥呼を継いだ倭国の女王、壱与から中国(西晋朝)側へ「白珠五千孔・青大句珠二枚」が贈られている。すなわち、この「俾弥呼と壱与」と二人の女王の支配する倭国が、いわゆる「三種の神器」(剣と玉と鏡を権力のシンボルとする)の国家であったことは、疑えない。

しかし、弥生時代の日本列島において、この「三種の神器」が出土する遺跡は六つしかない。吉武高木(福岡市)、三雲(糸島市)、井原《いわら》(糸島市)、須玖岡本《すぐおかもと》(春日市)、平原《ひらばる》(糸島市)そして宇木汲田《うきくんでん》(佐賀県)である。いずれも、白鳥の主張した「肥後」(熊本県)、内藤の主張した「大和」(奈良県)には相当していないのである。

彼等両人の主張したところは、共に考古学上の分布中心という、肝心の一点を欠いていたのである。

絹と錦

この点、もう一つの、さらに重要なキイ・ポイントがある。「絹と錦」である。

倭人伝のハイライト、魏の明帝の詔書の中で、「三種の神器」以上に、中国側が重視しているもの、それが「絹と錦」なのである。絳地《こうち》交龍錦五匹をはじめとして、紺地《こんじ》句文錦《こうもんきん》三匹や白絹五十匹など、いちいち色どりと模様と数量を書き分け、倭国および俾弥呼本人に授与する旨が延々と書き連ねられている。圧巻である。

では「それらの絹や錦が、日本列島の弥生遺跡中、集中して出土するのは、どこか。」――このように問えば、やはり博多湾岸とその周辺（吉野ヶ里）である。決して白鳥庫吉のしめした肥後（熊本県）や内藤湖南の主張した大和（奈良県）ではない。両人とも、分析や論証を文献（倭人伝）に限り、それと考古学的出土物の分布とを対応させることが一切なかった。考古学などは彼等にとって「専門外」の別の分野に属していたからである。

しかし、現在はすでに研究史上、一歩すすんだ時代である。今は、文献分析と考古学的分布との対応を避けては、厳密な歴史学上の面目を失するのである。この立場から検証すると、白鳥と内藤の二人とも、その立場は結局、正しくなかったこととなろう。

しかも、現在（二〇一一年）においても、この「発見」の意義は失われず、明確に〝生きて〟いるのである。

なぜなら、九州説の立場の現在の諸学者は「筑後山門」（福岡県。橋本増吉以来）や「朝倉」（福岡県。安本美典氏等）および「筑後川流域」（福岡県。森浩一・奥野正男・安本美典〈広域〉等の各氏）であるが、いずれもこれらの地域（筑後山門や朝倉および筑後川流域）は、「絹と錦」の中枢的出土地とは全くなってはいないのである。

一方、吉野ヶ里遺跡（佐賀県）は「絹」の出土はあるけれど、「錦」はない。また「三種の神器」に当たる出土もない。「剣と玉」はあるけれど、「鏡」がほとんど出土しないのである（最近、若干の出土があったが、稀少である）。

これに対し、博多湾岸を中心とする地帯には「絹と錦」が出土している（錦は、春日市の須玖岡本遺跡）。

また、現在の日本の考古学者たちの多くが主張している「大和（奈良県）」とその周辺「山城（京都府）」の近畿説の場合、その弥生遺跡、たとえば大和の纒向《まきむく》遺跡から「三種の神器」や「絹と錦」は出土しているか。ハッキリと「否（ノウ）」である。「箸墓」の場合、未発掘だから不明だけれど、その周縁部の弥生遺跡からも、それらの出土は報告されていないのである。また、三角縁神獣鏡が多数出土したことで有名な椿井大塚山古墳にも、「絹と錦」の出土は報告されていない。九州大学の西谷正氏は、大和の纒向遺跡を邪馬台国の中枢地と見なしておられるが、そこには、それに該当する出土物の中心が全く存在していないのである。

要するに、白鳥の九州説、内藤の近畿説の両者が「内包」していた矛盾点は、二十一世紀現在の学界においてもまた、同じく未解決に等しく矛盾の〝さなか〟に存在している。これが、研究史の中の現在の学界の姿なのである。本質的に、白鳥・内藤の時代の「矛盾」は全く解決されないまま、今日に至っているのである。

3　上代特殊仮名遣の圧力

甲類と乙類

わたしが『史学雑誌』七八—九に論文「邪馬壹国」を発表した当時（昭和四十四年九月）、学界には一つの「風評」があった。「もう、邪馬台国問題は決着した。」と。なぜなら、本居宣長の弟子、石塚竜麿（一七六四～一八二三）によって唱導され、明治末年に言語学者、橋本進吉がこれを再認識した「上代特殊仮名遣」（甲類と乙類）によって、この「邪馬台国」問題を見る時、近畿大和説が「是」、九州説は「非」であることが決定した、といわれていたのである。その論旨は次のようだ。

「即ち若し畿内の『大和』とすれば上代の文献に『夜麻登』『夜摩苔』『也麻等』などと記されている様に、乙類と認むべきものであるが、これに対して、若し筑後国『山門郡』を以てこれにあてる説に従うとすれば、これは神代紀にも既に同様の字面で現れて居り、当然甲類のトに属すべきものである。一方『魏志』などの『台』は、万葉仮名としては、神代紀（上）に『中臣連遠祖興台産霊児天児屋命』の如く神名を表わす特殊な場合として稀に用いられているのみであるが、この神名は『古事記』に『許碁登』と表記して居り、従って『台』は『夜摩苔』の『苔』などと同じく乙類所属の仮名たるべきものである。」（浜田敦「魏志倭人伝などに所見の国語語彙に関する二三の問題」『人文研究』第三巻

第八号、昭和二十七年八月。圏点は原文のママ）

この「上代特殊仮名遣」は、古事記および日本書紀の歌謡、さらに万葉集に共通した仮名遣であり、奈良時代以降は〝消滅〟した、とされる語法である。たとえば、同じ「ト」でも、甲類と乙類と二種類の語法（仮名遣）があったとされているのである。

このような、きわめて専門的な言語学上のルールから見て、九州説が「非」、近畿説が「是」となったというのである。学界において、この仮名遣法則の信憑度はきわめて高かったのであるから、「実際は、すでに近畿説で決まり」と、学界内部の専門家たちの間に〝ささやかれ〟ていたのである。

「壹《いち》」と「臺《たい》」

そこに登場したのが、『史学雑誌』に掲載されたわたしの論文「邪馬壹国」だった。

三国志の魏志倭人伝の原本、最古の宋刊本「紹熙本《しょうきほん》」「紹興本」とも、女王国の国名は「邪馬壹国」であって、「邪馬臺国」ではない（後に詳述する）。それを論者（たとえば、松下見林）の主観で「邪馬臺国」と「改定」するのは、危険である。よほど、確実な「原本批判」を経ぬ限り、安易に「改定」してはならない。そういう立場を立論の基本とし、出発点としていたのである。

だから、同じく厳密たるべき言語学上の実証において、「その「改定文面」の「邪馬臺国」をもとにして立論し、論証するのは、危険である。学問上の客観性を欠く。」というわたしの史料批判は、右の「上代特殊仮名遣」による「邪馬臺国」問題適用論者にとっては、まさに一大打撃、いわば「頂門の一針」となったのである。

その上、右で用いられている「台」は「臺」とは全く別字である。「臺」が画数の多い文字であるため、「音」が共通であることから、便宜上「邪馬台国」と書かれているにすぎないのである。

この点からも、右のように「台」字をもとにした議論は、本来、厳密な言語学上の実証において「用いてはならない」手法だったのである。

そのため、それまで（昭和二十七〜四十四年）学界内において、隠然たる「風圧」を与えつづけてきた、この「上代特殊仮名遣適用論」の基礎がここに一挙に瓦解することとなったのである。

なお、この上代特殊仮名遣の「邪馬台国」問題への適用には、もう一つの「弱点」があったことを、わたしの立場からのべておきたい。

上代特殊仮名遣の「弱点」

それは右にあげられている、

夜麻登・夜摩苔・也麻等——乙類

山門——甲類

の二つのケースを対比してみると、はじめの乙類の方はすべて「表音」であるのに対して、甲類とされた「山門」の方は「表意」である、という、この一点が、本来は問題である。

すなわち、「山門」の場合は「門」そのものに「ト」という「音」があるわけではない。「音」は当然「モン」である。けれども、その地域のもつ地理上の位置から「『山』と呼ばれる地帯の入口」という意義から、この「山門」という字面が「使用」されているにすぎないのである。

この「表音」と「表意」という、二つの全く異なる表記法を、一個の音韻表の中に〝収容〟していること自体、学問としていわば「厳密性を欠いている」上、さらにそれを「比較論証」のための鋭い刃に用いることは、学問としての厳密性において大きな「疑問」を感ぜざるをえないのである。

文献批判と考古学上の分布批判との「対応」検査の場合も、当然「判断の客観性」と「判断の厳密性」が厳しく要求される。同じく言語学上の対比検証においてもまた、それが厳しく立論者に要求されるべきものではあるまいか。

これがわたしの史料批判の根本の立場である。

4　邪馬壹国への出発

わたしは従来の「邪馬台国」研究を批判し、三国志の一番古い刊本、紹熙《しょうき》本、紹興本という南宋刊本のしめす「邪馬壹国」の四文字から再出発すべきことを主張した。

論証の重要性

もちろん、現存の南宋刊本が「絶対」ではない。一般論としては、それがすでに「まちがっていた」という可能性はあろう。しかし、そのような可能性を「想像」するだけでは駄目だ。具体的に、実証的に、その「あやまり」を論証した上でなければならない。

松下見林のように、「そもそも、わが国は大和におられる天皇家が中心だから」というような「中心観念」つまり、先入観から「判定」し、そしてその観念に合わせて「原文を直す」手法は、全く「否」なのである。

あくまで、実証的、客観的に「現在の最古の刊行本はまちがっている。」そのことをハッキリと論証しなければならないのである。これがわたしの基本の立場である。

意外な結果

わたしは最初、〝楽観的〟だった。あれだけ、多くの研究者、否、従来のすべての研究者が、「邪馬壹国は、邪馬臺国のまちがい」と見なして扱ってきているのだから、三国志全体の『壹』と『臺』とを抜き出して調べてみたら、きっと他にも壹と臺をまちがえている事例が見つかるにちがいない。そう思っていたのである。その予想通りなら、わたしの調査は、いわば「定説の再確認」となろう。けれども、それはそれで研究上、十分な意義をもつ。やってみよう。それがわたしの心構えだった。この「部分」、つまり一字の「正」「非」を求めてその文献全体を調べる、これは三十代、四十代を通じてわたしの学問研究（親鸞研究）にとっての基本方針となっていたからである。

しかし、結果は意外だった。結局、三国志全体にあった「壹」は八十六個、「臺」は五十八個（のち、二例追加）、いずれにも「壹」と「臺」とを「誤記」したケースは発見できなかったのである。

「壹」の用例

わたしは緊張した。案に相違した結果だったからである。しかし、なお〝あきらめ〟なかった。なぜなら、「たとえ、検出した全用例に『壹』と『臺』の〝とりちがえ〟がなくても、今問題のこの一語『邪馬壹国』の場合だけは、偶然〝まちがった〟。そういう可能性も、絶無とはいえない。」そう考えたからである。

その〝思わく〟を決定的に打ち砕く「発見」があった。右のような「臺」の全用例を抜き出して検出するうちに、次の用例を見出したからである。

その決定的な用例は〝脚下〟にあった。倭人伝の末尾である。

「壹与、倭の大夫率善中郎将掖邪狗等二十人を遣わし、政等を送りて還らしむ。因りて臺に詣り(下略)。」

この「臺」とは、天子の宮殿を指している。倭国の使者が、中国側の将、張政を送って西晋の都、洛陽にある天子の宮殿にいたらしめた、というのである。

張政は、中国(魏朝)から倭国に派遣されていた将軍であり、中国はこの時点では「魏朝から西晋朝へ」と「禅譲」が行われた後だったのである。その西晋朝の、天子の宮殿を「臺」と呼んでいたのである。

のちに、次の史料も見出された。隋書経籍志に掲載された「魏臺雑訪議」という書物は、魏の明帝に対する御意見番的な役割を果たしていた高堂隆の著作である。その一部は「引用」の形で残されているが、そこでは終始、魏の明帝のことを「魏臺」と呼んでいるのである。「殿(との)」という言葉が、その御殿に住む主人その人を指して用いられるように、魏朝では「臺」に住む「天子その人」のことを「魏臺」と呼んでいたのである。

右の倭人伝末尾の「臺に詣る」もまた、西晋朝の「天子の宮殿」、さらには「天子その人」を指す用法なのであった。

この用例の「発見」の意義は絶大である。なぜなら、もし仮に「ヤマト」という日本側の地名を、中国側が表記したとしても、そのために、自分たちが「天子の宮殿」、さらには「天子その人」を指すために常用していた「臺」字をあえて用いる、などということは〝絶対に〟ありえないからである。もし仮に倭人側が〝あやまって〟そのように書いてきた、とした場合でも、魏晋朝の史官である陳寿が、それをそのまま倭国の女王の国名として記載する、などということも、ありえない。なぜなら、彼等にとって倭国は夷蛮の一国であり、俾弥呼も壱与も、共に「中国の天子の配下の夷蛮の王」にすぎなかったからである。

以上によって、わたしは、こと三国志に関する限り、「邪馬臺国」という表記は〝絶対にありえない〟ことを深く確信するに至ったのである。

第二章　邪馬台国より邪馬壹国へ

1　その国名

陳寿は「邪馬壹国」と書いた

幸いにも、陳寿は明確で達意の文章を書いている。だから、読者側が「特定の先入観」に縛られていない限り、その叙述はきわめて明快なのである。疑いようもない。

疑いが生じるのは、読者があらかじめ「こうあってほしい」という予見をもち、自分の予見に〝合わない〟から、迷っているにすぎないのである。端的にのべてみよう。

まず、女王国の国名。それは「邪馬壹国《やまいち》」である。「壹」は常用漢字では「壱」。一番簡単な「一」という字を使ったものもある。北宋刊本といって、北宋本を復元した、古い刊本である。いずれも、「邪馬臺国」や「邪馬台国」などと書いた、古刊本三国志の魏志倭人伝は、一切存在しない。では、その「邪馬壹国」とはどういう意味か。誰がそう書いたのか。興味津津《しんしん》たる、このテーマは、この本でゆっくりと、たっぷりと追求しよう。

また、後世、十二〜十三世紀の唐・宋代にこれを「邪馬臺国」と〝誤解〟したもの（「太平御覧」等）がなぜ生じたか。この〝面白い〟テーマの史料批判上の大事な問題も、腰をすえて十分に取り組ませていただこう。

今、ハッキリと言いたいこと、それはこと三国志に関する限り、すべて「邪馬壹国」である。「邪馬臺国」や「邪馬台国」はない。――この厳《げん》たる史料事実。これがことのすべての出発点なのである。

「邪馬台国」は松下見林に始まる

では、日本の研究者の中で、この三国志の魏志倭人伝の「邪馬壹国」を「邪馬臺国」と〝取り変えて〟読もうとしたのは誰か。今では周知のように、江戸時代初期の医者、京都に住んでいた松下見林である。

彼は『異称日本伝』を著述し、中国の歴史書に出てくる、日本に関する記述を集めて一冊の本として編纂した。使いやすい「便利な小冊子」、そう言っても、間違いはないであろう。その中で彼は言っている。

「いろいろの本があるからと言って、迷う必要はない。なぜなら、わが国には国史がある。日本書紀である。その記述に合うものを採り、合わないものは捨てればいい。合うように〝手直し〟して使えばいい。この心がけさえあれば、何等迷う必要はない。」

と。その上で、彼は言う。

「わが国の中心にいます方は天皇家であり、その天皇家は大和にいらっしゃった。しかるに、『邪馬壹国』では、『ヤマト』と読めない。だから、『ヤマト』と読める、後漢書倭伝の『邪馬臺国』を採用し、これに〝直して〟用いればよい。」（原文は後述する）と。これが「邪馬臺国」説発祥の秘密、原点なのである。

親鸞研究での経験

ずいぶん〝乱暴な〟論法だが、驚かなかった。わたしには、いわば〝顔なじみ〟だったからである。

親鸞の歎異抄を研究していたとき、この論法には、ふんだんにお目にかかっていたからである。いわく、「親鸞聖人の根本精神は、これこれである。」そういう根本精神をあらかじめ「定《き》め」ておく。そしてそれに反する個別（たとえば、歎異抄の蓮如本）があると、その根本の立場に立って「原文を訂正する」のである。

このやり方に従っていけば、古写本はすべて「根本精神」や「根本の立場」に〝合って〟いることとなろう。しかし、厳密な検証をすすめていくと、それが一つひとつ〝こわれ〟ていったのである。幸い、親鸞の場合には、本人の「自筆本」や直弟子の「自筆本」が発見されてきていたから、それに立ってみると、一見〝まちがって〟いると見えていた蓮如本の方が「正しい」。その証拠が次々と続出したのである（古田武彦『親鸞思想』明石書店、参照）。

このような研究経験を重ねてきていたわたしだったから、この松下見林の論法を見たとき、「これでは、駄目だ。」と確信せざるをえなかったのである。わたしが親鸞研究で当面した江戸時代の学匠《がくしょう》たちと、松下見林とは、「時代」も「場所」も同じ〝好み〟、そして同じ〝わく〟の中の学者だった。

もちろん、客観的な研究の結果、

「わが国では、永遠の古えより、天皇家が中心である。それは大和だった。」

ということになれば、大変結構だ。わたしには「異論」をはさむつもりなど、全くない。あらかじめ「反天皇家」のイデオロギーに立つ、そんな立場はわたしとは無縁だからである。

しかし、同じくあらかじめ「天皇家中心」のイデオロギーを立て、「大和中心」の先入観に立ち、それに合わぬ刊本はこれを直し、〝合う〟ものとする。——これでは駄目だ。学問の方法として全く「否（ノウ）」としか言いようがないのである。

「方法はまちがっていても、結果はよかったのかもしれない。」——そんな〝言い草〟を言う人があれば、わたしはその人の顔を正面から見つめて言いたい。「学問とは、そんなものではない」と。

学問は大勢に従うことに非ず

すでに先人がいた。

たとえば、『神皇正統記』を著した北畠親房は、松下見林のように〝理論仕立て〟はしなかったけれど、

「後漢書に曰《いわ》く、大倭王邪麻堆に居す。」

という文面には、後漢書の「邪馬臺国」を採り、これを「ヤマト」と読む。簡潔な〝主張〟がこめられている。

松下見林は、これを見、これに〝自分流〟の理路をつけた。それだけかもしれない。「大勢《たいせい》がそう

だから。」という「安直な」気分が、彼の〝無造作な〟文面に流れている。その臭気を感ずるのである。――「みんなで渡れば、こわくない」との流儀だ。

だが、学問とは、それに反する道である。己ひとりの孤立の道であっても、論理と論証をつらぬき通す。それが学問なのである。

2　女王の名

陳寿は「俾弥呼」と書いた

肝心のテーマが、もう一つある。それは「俾弥呼」という字面である。

かつて第一書では、通例通り「卑弥呼」と書いていた。それがなぜ、今回は「イ《にん》べん」のついた「俾弥呼」なのか。この問題である。

その回答は、簡単である。三国志の魏志の帝紀（斉王紀）にはじめて出てくる文面は次のようだ。

「（正始四年、二四三）冬十二月、倭国女王俾弥呼、使を遣わして奉献す。」

右で明白にしめされているように、本来の字面は、この「帝紀」に書かれた「俾弥呼」、これが本来の姿なのである。

では、あとに出てくる、魏志第三十巻、末尾の倭人伝の文の「卑弥呼」は、なぜか。

「帝紀の『俾弥呼』の省略形である。」

この一言に尽きる。

たとえば、お隣の高句麗。明帝紀第三の景初元年（二三七）秋七月に「初め権（孫権）使を遣わして海に浮び、高句驪と通じ、遼東を襲わんと欲す。」とある。これにつづく列伝中の巻二十八、毋丘倹《かんきゅうけん》伝では、「正始（二四〇～二四九）中、倹、高句驪数《しばしば》侵叛するを以て、諸軍歩騎万人を以て之を討つ。句驪王の宮、歩騎二万人を将いて軍を沸流の水上に進む。大いに梁に戦う。宮の軍、破れ走る。倹、遂に東馬県平、以て丸都に登り、句驪の都する所を屠る（下略）。」のように、すべて「高句驪」である。これが本来の形だ。だが、後に出てくる、東夷伝中の高句麗伝では、すべて「高句麗」なのである。十五回出てきて十五回とも、「高句驪」ではない。「高句麗」という〝省略形〟なのである（つづく東沃沮伝・挹婁伝・濊伝中の「高句麗」も同じ）。これと同じである。他異はない。

かつては、「卑」という用字そのものに寓意をみたこともあったけれど（それも、第一書で論じたように、排除できないけれども）、表記上の本旨、三国志における陳寿の表記法から見れば、「省略形」であることもまた、疑いがないのである。

俾弥呼の訓《よ》み

では、この「俾弥呼」の〝訓み〟は何か。これは、通説のような「ヒミコ」では「否（ノウ）」だ。「ヒミカ」なのである。このテーマについて子細に検証してみよう。

第一に、「コ」は〝男子の敬称〟である。倭人伝の中にも「ヒコ（卑狗）」という用語が現れている。「対海国」と「一大国」の長官名である。この「コ」は男子をしめす用語なのである。明治以後、女性に「～子」という名前が流行したけれど、それとこれとを〝ゴッチャ〟にしてはならない。古代においては女性を「〜コ」とは呼ばないのである。

第二に、倭人伝では、右にあげたように「コ」の音は「狗」という文字で現わしている。だから、もし「ヒミコ」なら「卑弥狗」となるはずである。しかし、そのような〝文字使い〟にはなっていないのである。

「ヒミカ」とよむ

では、「俾弥呼」は何と〝訓む〟か。――「ヒミカ」である。

「呼」には「コ」と「カ」と両者のよみ方がある。先にのべたように、「コ」の〝適用漢字〟が「狗」であるとすれば、こちらの「呼」はもう一方の「カ」音として使われている。その可能性が高いのである。

「呼（カ）」とは、何物か。〝傷（きず）〟である。「犠牲」の上に〝きずつけられた〟切り口の呼び名なのである。中国では、神への供え物として〝生身《なまみ》の動物〟を奉納する場合、これに多くの「切り口」をつける。鹿や熊など、〝生き物〟を神に捧げる場合、〝神様が食べやすい〟ようにするためである。それが「呼（カ）」である。古い用語である。そして古代的信仰の上に立つ、宗教的な用語なのである。「鬼道に事《つか》えた」という、俾弥呼にはピッタリの用語ではあるまいか。

「ヒミカ」の意味

「ヒミカ」とは、どういう意味か。

「ヒ」は当然「日」、太陽である。次の「ミカ」は「甕」。〝神にささげる酒や水を入れる器〟である。通例の「カメ」は、人間が煮炊《た》きする水の入れ物である。日用品なのである。これに対して「ミカ」の場合、〝神にささげるための用途〟に対して使われる。こちらの方が「ヒミカ」

の「ミカ」である。

すなわち、「太陽の神にささげる、酒や水の器」、それが「ヒミカ」なのである。彼女の「鬼道に事える」仕事に、ピッタリだ。「鬼道」とは、あとで詳しくのべるように「祖先の霊を祭る方法」であり、それに〝長《ちょう》じている〟女性が俾弥呼だったのである。

「甕依姫」の伝承

彼女に当たる人物の伝承がある。「甕依姫（ミカヨリヒメ）」である。筑後国風土記に出現している。

「昔、此の堺の上に麁猛神《あらぶるかみ》有り。往来《ゆきき》の人、半ば生き、半ば死にき。其の数、極めて多し。因りて人の命尽《つ》くしの神と曰《い》ふ。

時に、筑紫の君、肥の君等、之を占ふ。（今）筑紫の君等の祖、甕依姫《みかよりひめ》をして、祝《はふり》と為《し》て之を祭らしめき。

爾《それ》より以降、路を行く人、神害せられず。是《これ》を以て筑紫の神と曰《い》ふ。」

右で、

（A）因りて人の命尽くしの神と曰ふ。

（B）是を以て筑紫の神と曰ふ。

というのは、「解説」部分である。古来の伝承事実をもとに「筑紫（つくし）」という言葉の「いわれ」を説明しているのである。

しかし、これは「俗解」である。なぜなら「ちくし」ではなく、「つくし」と言うのは、福岡県、島根県以外の人々の「通称」である。国外（たとえば、大和）の人々の〝呼び名〟なのであるから。
これに対し、右の説話の「元《もと》の部分」つまり、本来の伝承事実には、まぎれもなく、「甕依姫」の名前がある。「依（より）」は〝よりしろ〟である。「みか」を〝よりしろ〟とする「日女（ひめ）」、すなわち「太陽の〝みか〟」。彼女の「自署名」がここにクッキリと出現していたのである。

3 「邪馬台国」の源流

再び、松下見林と新井白石

俾弥呼のいた、倭国の都のあるところ、それは「邪馬壹国」である。「邪馬台国」ではない。むろん、この「台」は「臺」を常用漢字で〝代用〟したものだが、その「邪馬臺国」も、三国志には一切出現していないのである。

それなのに、なぜ人々は「邪馬台国」と〝言いならわして〟いるのか。その答えは、江戸時代初期の、日本の学者、松下見林の「見解」にあった。彼の「説」に依拠しているのである。

先にもすでにのべたように、この本は中国の古典に出てくる「倭国」「日本国」関係の記事を抜き出して〝集めた〟便利本なのである。その原文は次のようである。

「昔舎人《とねり》親王、日本書紀を撰し、往々引きて以て参考に備《そな》う。余も亦竊《ひそ》かに比し、三余の暇《ひま》を以て常に戴籍《たいせき》を閲す。其の間、我が遺事を得《う》れば則ち之を集録す。」

日本書紀の神功紀で三国志の倭人伝を引用しているのを模範とし、他の（中国史書の）日本関係の記事を集めてみた、というのである。

「而して諸書の述ぶる所、是非混淆《こんこう》し、虚実紛糅《ふんじゅう》、知らずして作者之有《これあ》り、豈尽《あにことごと》く信ず可《べ》けんや。当《まさ》に我が国記を主として之を徴《ちょう》して論弁、取舎《しゅしゃ》すれば則ち可《か》なるべきなり。」

日本書紀をもとに取捨すれば、それでいい。そう言い切っているのである。

その実例が、例の倭人伝。

「今按《あん》ずるに、景初・正始、魏の明帝の年号、当に我が朝の神功皇后の時なるべし。邪馬壹之壹当に臺に作るべし。」

彼の言い分は次のようである。

「日本書紀によれば、景初・正始など、魏の明帝の時期は、日本の神功皇后の時代である。だから、当然中心は『大和』である。だから『ヤマト』と訓《よ》めぬ『邪馬壹』は捨て、『ヤマト』と訓むことのできる『邪馬台』を採れば、それでいい。」

と。〝見事な〟論理である。明々白々の理路だ。この方法に従えば、日本の歴史はきわめてスッキリする。まがうかたなく、〝明瞭〟である。

これを受け継ぎ、換骨奪胎《かんこつだったい》させたのが、新井白石である。最初は近畿説であった彼は、晩年、九州説へと転換した（『外国之事調書』）。そして九州にある「山門」、つまり福岡県の筑後山門こそ、当の「邪馬台国」である。そのように「論定」したのである。

この両者の立場が、明治以降の「近畿説」と「九州説」の淵源である。すなわち京大の内藤湖南

（近畿説）、東大の白鳥庫吉（九州説）がその系流に当たっていたのである。

「臺」という字のもつ意味

けれども、今、史料批判の立場から見れば、両系流とも、文献処理上、「大きなミス」を犯していたのである。なぜなら、三国志の「邪馬壹国」と後漢書の「邪馬臺国」とは、〝同一の国〟ではない。前後の文脈上の位置づけが全く〝異なって〟いた。本質上、両国はいわば「別国」だったのである。

（A）南、邪馬壹国に至る。女王の都する所、……七万余戸なる可し。（三国志、魏志倭人伝）

（B）その大倭王は、邪馬臺国に居る。（後漢書、倭伝）

右のように（A）では「七万余戸の国」全体の〝呼び名〟である。これに対し、（B）では「大倭王」一人のいる場所の〝呼び名〟なのである。

現代で言えば、（A）の方は「東京都」、（B）の方は「宮城（皇居）」の〝呼び名〟だから、これを自在に〝取り変え〟ていいはずはない。両者は〝似て非なる〟概念なのである。

端的に言おう。「東京都に住んでいる人」のことを「宮城に住んでいる」などと、自在に〝取り変え〟ていいか。論外である。郵便配達人を「迷惑」させる暴挙であろう。

史書の書かれた時期

それだけではない。

三国志が陳寿による、三世紀の「同時代史料」であるのに対して、後漢書の場合、「一～二世紀の後漢の歴史を、五世紀の范曄が書いた」という、見のがせぬ根本の史料性格のちがいがある。

では、この「邪馬臺国」をめぐる新史料は、

（古）後漢代　（執筆対象）一～二世紀

（新）南朝劉宋　（執筆時点）五世紀

のいずれに属したか、という基本問題である。

一方の三国志が「其の大倭王、云々」の記述をしていない点から見れば、この場合、この記事は、右の（新）に属する。新史料に依拠したもの。そういう可能性が高いのである。

なぜなら、三国志は魏・西晋朝の「正史」であり、陳寿はその史官（歴史官僚）であった点から見れば、その時すでにこの、

「其の大倭王、云々」

の史料が存在したとすれば、陳寿たち歴史官僚がいっせいにそれを〝見逃がした〟などということは、「絶無」とは言えないまでも、きわめて〝ありにくい〟ことだからである。

この点、有名な「金印の記事」とは性格を異にしている。陳寿が三世紀の「同時代史料」としての三国志に、後漢の光武帝（一世紀）にまつわる記事を書くべき〝すじ〟はない。その〝いわれ〟をもたないのである。これとは「話」がちがうのである。

この問題は重要だ。なぜなら、「三一六」、鮮卑は南下し、洛陽・西安を占拠し、北魏を建設した。陳寿のいた西晋は滅亡し、南京（建康）に移って東晋（南朝）となったのである。その間に、倭国も〝大変動〟を受け、「主都の中心」は博多湾岸から筑後川流域へと移った。正確には「延都」というべ

き〝南へのひろがり〟である。

すなわち、三世紀の「倭王の居処」と五世紀の「倭王の居処」とは、同一ではなかったのである。そのような〝首都のズレ〟という、見逃がせぬ問題が介在している。これは改めて詳説しよう。

ともあれ、三国志の「邪馬壹国」を後漢書の「邪馬臺国」と〝取り変え〟るなどとは、文献処理の厳正な立場から見れば、やはり、「一大暴挙」である。この一言に尽きるのである。

大義名分論の影響

細部の論議は、改めてする。今は、「大義名分」問題に目を向けよう。

中国の儒教は、漢代においては「国家の学」となった。一商人にすぎなかった劉邦を、「漢の高祖」として〝絶対化〟する、そのための「公の学問」とされたのである。孔子本来の立場とは、その趣を異にしている。周知の事実である（「閑中月記、第二十五回――顔回」『Tokyo 古田会 News』九二号、二〇〇三年九月参照）。

その「国家の学」としての儒教を継承し、さらに理論化させたもの、それが南宋の朱子学であった。「大義名分論」をその根幹とし、外来の元朝ではなく、南宋こそ本来の「中国の天子」であること、その一事を「大義名分論」の骨髄としたのである。

その朱子学を「日本」へと〝移し植え〟たもの、それが松下見林の歴史観だったのである。「日本の歴史の根幹は、天皇家である。」この「大義名分論」を、イデオロギーの根幹としたのである。ために、それに〝合わざる〟史料は捨て、〝合う〟史料を取る。その取捨に対して、何等の躊躇もしめさない。それが見林の学の基本の面目だったのである。

そして明治維新以降の日本の歴史学は、「天皇家中心主義」の政治イデオロギーに立ったから、この見林の「大義名分論」は疑われるどころか、むしろ一段と〝強化〟されたのである。世の「邪馬台国」研究者などと称する人々は、いかなる身分、いかなる立場に属するにせよ、その実体は「天皇家中心主義史観」という、狭い〝党派〟の見解の中に閉じこめられているのである。特定のイデオロギーによって、はからずも己が両目をおおわれた、不幸な人々に他ならないのである。

この一点を直言させていただきたい。これこそ倭国の女王俾弥呼の実像に至るための「ウル・テーマ」（根本課題）なのであるから。

第三章　女王国への道

1　里程列伝

女王国は
博多湾岸にあり

「邪馬壹国」への道は平坦である。

なぜなら倭人伝は「里程列伝」だ。中国（魏）の使者の辿ったところを「〜里」という形、すなわち「里程」で示しているからである。言いかえれば、魏使の辿らなかったところ、それは「〜里」という「里程」の形ではしめされていない。これが倭人伝の表記のルールである。

中国の使者の出発したところ、それは帯方郡治《ち》、つまり帯方郡の役所である。そして到着点は不弥《ふみ》国だ。そこで「里程」は“the end”である。

魏の使者の向かったところ、それは「邪馬壹国」、女王の都する所である。それは明白である。その目的が「不弥国への到達」で果たされた。だから、それ以後の「里程」の記述がないのである。

「不弥国は邪馬壹国の入口である。」

これが最も常識的な理解である。人間の理性のさししめすところ、これ以外の回答はないのである。従来の論者がこの「帰結」に満足せず、否、思い至らず、「その後の行程」に対してあるいは思案投げ首、あるいは強行突破、さまざまの「提案」をくりかえしてきた理由、それは明白である。

先にのべたように、まず到着点を「大和」に決め、「邪馬壹国」を「邪馬台国」に直した。松下見林である。あるいは同じ「ヤマト」の音を九州に求め、「筑後山門」へと〝想定〟した。新井白石である。是が非でも、そこまで中国（魏）の使者に至らしめなければならない。博多湾岸の一角とおぼしき「不弥国」などで「終着」してもらっては〝困る〟のである。そこから百花繚乱《りょうらん》の「説」が生まれた。「南」を「東」に変えたり、「陸行一月」を「陸行一日」に直したり、ありとあらゆる手練手管を使って古代史ファンを〝楽しませ〟てきた。あるいは〝苦しませ〟てきたのである。これが研究史の実態である。

しかし、そのような論者の側の勝手な「先入観」にわずらわされず、陳寿が倭人伝に書いたところ、そのものを率直に見つめれば、他の道はない。「不弥国、到着」はすなわち「邪馬壹国、到着」である。その不弥国が博多湾岸なら、邪馬壹国もまた博多湾岸である。それ以外の何物でもないのである。

自明の問題

第一書『「邪馬台国」はなかった』を導いた唯一のテーマ、それは次の一命題にあった。

「部分里程の総和は総里程である。」

と。これは自明の道理である。たとえば、東京から京都まで新幹線で行くとき、東京から名古屋までと名古屋から京都までと、各部分のキロ数を足せば、総キロ数となる。それは新幹線ではなく、ＪＲの各駅停車でも、変わらない。地上だけではない。成田からサンフランシスコ、そのサンフランシスコからニューヨークへ飛行機で行く場合にも、この道理に変更はないのである。それは現代だけではない。古代中国の漢書西域伝などの「里程記事」でも、何ら変わるところはない。

それなのに、どうして三国志の倭人伝だけが、「部分里程の総和が総里程にならない」読み方で〝満足〟させられてきたのだろうか。不可解である。わたしの理性では全くうなずくことが不可能なのである。

それどころか、「部分里程を足し算しても、足らないと見えた数値」、たとえば「千五百里」を使って、自分の〝好む〟場所へ、自分を〝運ぼう〟とする「手口」がいまだに使われている。

考古学者であろうと、文献学者であろうと、人間の理性に反して学問が成り立つはずはない。学問とは人間の学であり、道理とは人間の道理なのであるから、それに例外はありえないのである。

部文と全体の道理

かつてわたしが躊躇していたのは、この一点だった。「部分と全体の道理」である。従来の「邪馬台国」研究にふれたとき、いつもこの一点に対して深い疑問を感じてきていたのである。

青年時代、愛好した映画に「キュリー夫人」があった。グリア・ガースン主演のアメリカ映画である。そのハイライトは「ラジウムの発見」の場面だった。微量のラジウムを検出するための実験、長期にわたる辛苦にもかかわらず、構成する各分子の量を〝足しても〟全体とならない。そのような多くの辛苦の歳月のあと、ようやく従来は「ゴミ」として捨てていたもの、それを「測定」したとき、ついに、「部分の総和が全体の数値と一致した」のである。人類が「放射能」を発見した一瞬だった。

現代のわたしたちは、好もうと好むまいと、その「放射能の時代」の中にいる。考古学的測定に欠かせなくなった「C14」も、その一端である。また世界がその所有の前で立ちすくんでいる「原水爆の存在」も、その一端である。あの「原子炉」も、その一つだ。

わたしの育った「ヒロシマ」を一瞬のうちに〝滅ぼした〟のも、「放射能の魔力」だった。いずれにせよ、わたしたちはキュリー夫妻の「放射能発見」の余波の中に生きているのである。

それなのになぜ、わが国の研究者はこの常道から飛びはなれて、「部分の総和が全体にならなくてもいい」ような顔を〝しつづける〟のだろう。わたしには理解不能である。

対馬と壱岐の里程記事

わたしが第一書『「邪馬台国」はなかった』の筆を執ることができたのは、「二島、半周の道理」を見出したためだった。あのラジウムと同じく、従来の人々が「ゴミ」のように〝捨てて〟足していない距離があったのである。

「方四百余里」――対海国

「方三百里」――一大国

の二国である。これも、疑いもなく「～里」という「里程記事」である。だが、部分里程の計算には入ってはいなかったのである。

ここの「方」とは「方法」である。現代では「方法」と言えば、〝method〟の訳語のように考えられている。しかし実際は、古代中国生まれの用語なのである。正方形の一辺を「方」でしめす。その一辺の「二乗」がその面積を指している。

地形は、もとより「定形」ではない。「不定形」だ。だが、その地形を〝つつむ〟正方形をしめすことで、〝大約の大きさ〟をしめすのである。それが「方法」だ。現代数学のグラフも、これと同じ〝考え方〟に立っているのである。

三国志以前に成立した、中国の数学書、たとえば「周髀算経《しゅうひさんけい》」なども、この「方法」に立っている。したがって三国志も、当然、この「方法」に依って「対海国」と「一大国」の〝大約〟の面積をしめしていたのである。

「里程」でしめされた、この二島の距離、それが従来の「部分里程」の〝足し算〟にもれていたのだった。

半周を里程計算に加える

では、いかにして「足し算」に加入するか。その回答は次のようだ。

「四周」だと、「元《もと》」へもどってしまう。「一辺」だと、全体の行程には〝足らない〟可能性が高い。だから「二周」つまり「半周」を、この「里程計算」に〝加入〟したのではないか。わたしはそう考えたのである。

とすると、

「対海国」——八百余里
「一大国」——六百里
となる。合計すれば、「千四百里」である。この「千四百里」の不足に、わたしは日夜〝悩まされて〟いたのだった。明けても暮れても、この「千四百里」が念頭を去らなかった。ある朝、その数値が、まさに姿を見せた。全容を明らかにしたのである。
わたしの第一書『「邪馬台国」はなかった』を書くことができる。わたしがそう確信した一瞬だったのである。

若干の問題が残されていた。

里程計算が合った

倭人伝の「邪馬壹国に至る里程記事」は次のようだ。

①（郡より）其の北岸、狗邪韓国に到る、七千余里。
②始めて一海を度る、千余里。対海国に至る。
③又、南、一海を渡る、千余里、（中略）一大国に至る。
④又、一海を渡る、千余里、末盧国に至る。
⑤東南陸行、五百里、伊都国に到る。
⑥東南奴国に至ること、百里。
⑦東行不弥国に至ること、百里。
「里程記事」は右の七項目だ。だが、一つだけ、例外がある。右の⑥の「奴国」だ。このケースに

は、

「～行……に至る」

といった形の「行路」をしめす動詞形が〝欠けて〟いるのである。これは次の、

⑧南、投馬国に至る、水行二十日。

と同じタイプの文脈である。すなわち「里程記事」ではあっても、「行路記事」の形をとっていないのである。

これは、いわば「傍線記事」であり、「主線記事」ではないのである。「主線」をなす「行路記事」は、

①七千余里
②千余里
③千余里
④千余里
⑤五百里
⑦百里

である。その合計は「一万六百里」である。その総計として、

「郡より女王国に至る、万二千余里。」

と書かれている「総里程」に対して、まさに、

倭人伝の里程図

	7000里	帯方郡治―狗邪韓国（水・陸行）
5000里	1000里	狗邪韓国―対海国（水行）
	800里	対海国（陸行）
	1000里	対海国―一大国（水行）
	600里	一大国（陸行）
	1000里	一大国―末盧国（水行）
	500里	末盧国―伊都国（陸行）
	100里	伊都国―不弥国（陸行）
	12000里	（全里程）

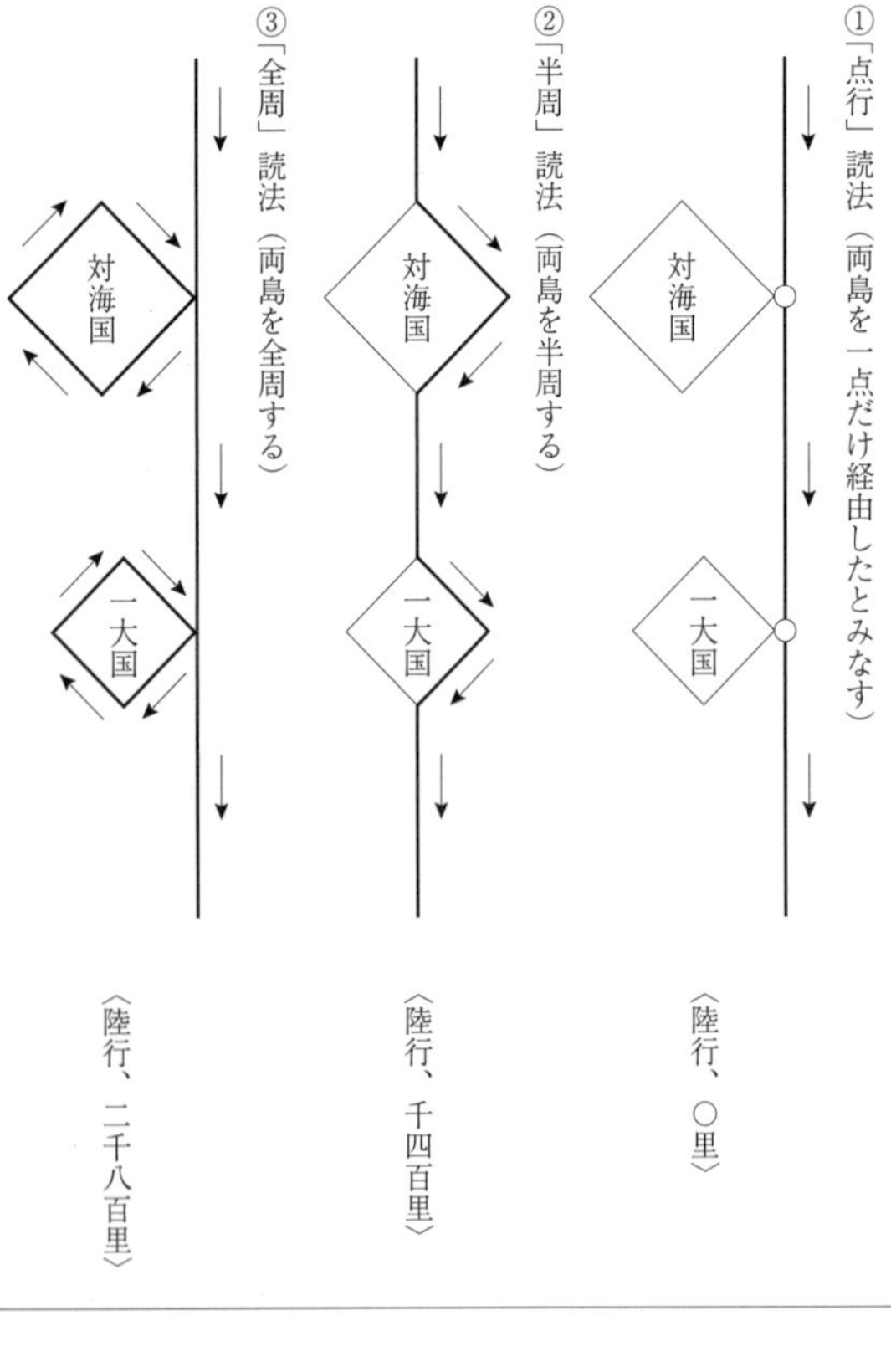

（出典）古田武彦『「邪馬台国」はなかった』ミネルヴァ書房、二〇一〇年、より。

「千四百里」が「不足」している。その「不足」分が、右の「二島、半周の道理」によって、ドン・ピシャリと〝満たされ〟たのである。

これがはたして「偶然」だろうか。否、わたしはこれこそ、「陳寿の算法」であると確信したのである。

沈黙し続ける学界

第一書『「邪馬台国」はなかった』が刊行されたのは、一九七一年（昭和四十六）だった。幸いにも、その後、版を重ね、文庫本（朝日文庫、角川文庫）や最近の復刊本（ミネルヴァ書房）が相次いだ。四十余年の歳月が流れたのである。

けれども、その間の「邪馬台国」の研究者たちが、右のわたしの「提起」など、あたかも無かったかのように〝振る舞って〟いるのはなぜか。

もちろん、わたしの本は、わたし自身の説をのべているにすぎない。他の研究者がそれに「従う」義務など、毛頭存在しない。知れきったことである。

だが、そのさい「不可欠の論法」がある。

「これこれの理由で、古田の算法はまちがっている。これに反し、新たな、自分（当の研究者）の立場に立てば、古田のおち入っていた『あやまち』を正し、より厳密な、より十分な理解へと導くことができる。」

この一事の立論こそ、不可欠なのではあるまいか。なぜなら、わたしはただ漫然と「自分流の理解」をしめしたのではない。

「部分里程の総和は、総里程である。」

という、古今東西に一貫すべき「道理」によってのべたのであるから、同じく、人類普遍の論理を以てわたしの説に正面から反対し、忌憚なく批判し尽くす、それが学問研究者にとって不可欠の道である。わたしはそのように深く信じる。

俾弥呼の年齢

話題を一転させよう。

俾弥呼の年齢である。かつて彼女は老婆のように〝見なされ〟てきた。たとえば、手塚治虫の漫画『火の鳥』に出て来る彼女は、おどろおどろしい老婆として描かれていた。

だが、これは誤解である。中国(魏)の使者が彼女に会ったとき、「三十代半ば」の女性だった。女性の魅力〝真っ盛り〟の年齢だったのである。その証拠に、倭人伝には、

「年已に長大なるも、夫壻無く、男弟有り。」

と記されている。この「長大」が〝老婆〟として錯覚されたのである。

この「長大」という用語は、三国志の中で他にも用いられている。

「丕《ひ》(曹丕)の、業を継ぐに逮《およ》ぶや、年已《すで》に長大。」(呉志七)

曹丕は、魏の第一代の天子、文帝である。彼は黄初七年(二二六)、四十歳で死んだ。天子として即位したときは、三十四歳だった。その「三十四歳」に対して、「年已に長大」と記されている。すなわち、俾弥呼もまた、中国の使者に会ったとき、三十歳代半ばだったのである。

後にのべる、俾弥呼の墓「冢《ちょう》」もそうだが、倭人伝の中の用語を「三国志の用例の中で理解する」という、文献理解の常道を無視し、〝勝手気ままに〟自分の「解したい」ように解する。この宿病《しゅくあ》（長い病い）は、日本の「邪馬台国研究」の中に根強く深く残っているようである。

もちろん、敬愛すべき手塚治虫に対してこれを要求するのは、あまりにも気の毒だ。だが、専門的研究者が、重要な「冢《ちょう》」のスケールの問題などについて、後で詳述するように、同じ轍《てつ》（わだち）を踏んでいることは、決して見逃すことができないのである。

「三国志の全用例に従って倭人伝を読む」

このルールを無視したまま、輝く女王の本来の姿に辿り着くことはできないのである。

2　倭人伝解読の三命題

「倉田命題」

倭人伝の「訓《よ》み」は何か。このテーマこそ第一書の刊行以来、今日に至るまでに、一大進展をしめした、最大のポイントだった。倭人伝の中の「国名」や「官職名」などの固有名詞、これをいかに訓むべきかの問題である。研究の進展状況を逐一のべていこう。

かつてわたしは誤解していた。

「倭人伝内の国名や官職名などの固有名詞の表記は、中国側の表記である。」

と。言いかえれば、それらは「陳寿の表記」だ、と〝信じて〟いたのである。第一書は、その立場から書かれていた。

それを批判して下さったのが、故倉田卓次さんである。当時、佐賀県の地家裁（地方裁判所と家庭裁判所）の所長だった（のち、東京高等裁判所の判事を退任して弁護士）。わたしに宛てられた書簡の中で、未知の方だった倉田さんは縷々のべられた。第一書全体に対する〝賞美〟の言葉のあと、右のテーマを批判された。いわく、

「壱岐のような〝ちっぽけな〟島を、中国側が『一大国』などと表記するはずはない。」

と。道理だった。わたしは直ちに「承服する」旨の御返事を書いたのである。

しかし、その立場、つまり、

「倭人伝の中の国名や官職名表記等は、倭人側が倭語の上に立って漢字表記したものである。」

という立場からの倭人伝解読は、いまだにわたしの「力量」を超えていた。〝手にあまる〟世界だったのである。だが、この「倉田命題」は、以後わたしの新しい指針となったのである。

「都市命題」

次に到来した、思いがけないテーマ。それは「都市《といち》命題」である。

二〇〇九年の六月下旬、一枚のファクスが寄せられた。博多の上城《かみじょう》誠さんからだった。そのファクスには、一枚の名刺がコピーされていた。その名は「都市佳美」とあった。

上城さんの塾（創明ゼミ）に来られたコピー機会社から派遣された若い女性のものである。上城さんはこれを見て、直ちに倭人伝の一節を思い浮かべられた。「都市牛利」である。

景初二年（二三八）、俾弥呼が洛陽へ倭国の使節団を送った。正使は難升米、副使が都市牛利である。

まず、帯方郡治に至り、中国側に導かれて洛陽へ向かっている。そのさいの魏の明帝の詔書に、この名前は三回出現している。

「帯方の太守劉夏、使を遣わし、汝の大夫難升米、次使都市牛利を送り、汝献ずる所の男生口四人、女生口六人、班布二匹二丈を奉じ、以て到る。」

「汝が来使難升米・牛利、遠きを渉り、道路勤労す。」

「今、難升米を以て率善中郎将と為し、牛利を率善校尉と為し、銀印青綬を仮し、引見労賜し遣わし還す。」

中国側の最高の史料である「天子の詔勅」に三度出現しているのである。

これと「同じ姓」の「都市さん」が、コピー機の仕事で来られた。「もしや」と、ひらめいた上城さんは、早速わたしのところへファクスで転送して下さったのだった。わたしも、共感した。「これは、捨てておけない。」そう思った。だから、その時自分のやっていた、すべての仕事を捨てて、博多に向かったのである。

もちろん、「反論」は容易である。

「三世紀の古典と、二十一世紀の一日本人の姓と、全くレベルがちがう。問題にもならない。」

そう嘲《わら》笑うことは容易である。だが、何か、そう嘲笑い捨てることのできない something をその名刺に感じたのである。

久留米大学での講演のあと、長崎県北松浦郡の鷹島へ向かった。単独だった。博多の近くに住む、佳美さんの御親戚から親切にお教えいただいたのである。鷹島の宮崎旅館に着いた。都市さん一族のお家におうかがいしようとしたら、夕刻すぎ、向こうから来られた。そのお出でいただいた都市政文さんの御案内で深夜（二十二時半）、黒津へ行き、さらに翌朝松崎英雄《てるお》さんの御案内で墓地に登った。明治のはじめ近くまで、都市一族の住居、そして墓地のあったとされた地点である。そのまぎれもなき「土地鑑」を得ることができたのである。「黒津」は「黒潮」の「黒」。〝神聖な〟の意義である。その黒潮分流の松浦水軍の拠点、それがこの「黒津」である。

「都市」は音訓併用の名前

わたしには驚きだった。

「倉田命題」に接したあとも、わたしはそれを「音表記《おん》」の問題として理解していた。漢字を「音《おん》」で読もうとしていたのである。

しかし、「都市（といち）」は「音表記」だけではない。「都（ト）」は音《おん》だが、「市（イチ）」は訓《くん》なのである。つまり「都市」を「といち」と訓むのは「音・訓、併用」の〝訓み〟で、その漢字使用法なのである。三世紀の倭人伝に、すでに「音訓併用」の漢字使用、それも「倭人側からの漢字使用」が出現していようとは。従来の、わたしの理解を〝絶する〟世界だったのである。

しかも、その出現個所は、中国（魏）の天子、明帝の詔勅である。漢文中の漢文、もっとも正規の漢文である。その中に倭人側による倭人の漢字表記が堂々と〝姿を現わして〟いることになる。戦慄《せんりつ》した。

難升米は「難」という姓か

このテーマをさらに進展させたのは、難升米問題である。彼は俾弥呼の使者、ナンバー・ワンである。

ナンバー・ツウの都市牛利が「姓と名」をもっているとすれば、ナンバー・ワンの難升米が〝名前だけ〟のはずはない。従来、「ナシメ」などと〝訓んで〟きたのは、〝不当〟である。「難」が「姓」、「升米（しめ）」が名。そういう構成だったのではないか。

それを〝裏付ける〟報告があった。中国の河南省。洛陽の近く、河南省で石碑（南北朝時代、四二〇〜五八九）が出土した。それは「難」家の系譜だった。その代々が刻まれていたのである（『中国人の苗字おもしろ談義』丘桓興『人民中国』二〇〇六年四月。水野孝夫さんの御教示による）。

そこには「難樓」という名の鮮卑族の官僚の事跡が記載されていた。後に松花江に移り、「難江」に改名。難姓の鮮卑人は、その後、朝鮮半島に移り住んだという。それを知った、韓国のその子孫に当たる家々の人たちが、「先祖のもとへ参る」ために、集団で現地（河南省の難姓の村）へ行ったというのである。

すでに中国の古代、この「難」は古典に存在した。周礼である。

「難（おにやらい）」

「難は凶悪を難郤《きゃく》するなり。周礼、方相《ほうそう》氏、百隷《れい》を率いて時難《じなん》、或は■に作る。通じて儺に作る。」（集韻）

「遂に始難をして疫《えき》を敺《く》す。」（周礼、春官、占夢）

「故に書、難、或いは儺と為す。」（注）

その後継者と見られる「難」姓が今回出土の石碑だったのである。

このような経緯から見ると、倭人伝に出現する「難升米」も、その系流の一員だったのではないかと思われる。

第一に、太宰府の天満宮も「鬼やらい」の信仰を背景としている。

第二に、「難」の音《おん》は「ダン」または「ナン」であるが、「団・段」などの姓が福岡市や北九州市に散在し、有明海沿いには「南（ナン）」あるいは「南（ミナミ）」の姓が分布している。

難升米がそのような系流に属する渡来人（いわゆる「帰化人」）だったとすれば、俾弥呼の使者としての「洛陽詣で」は、すなわち〝先祖の地〟に至ったことに他ならない。言わば〝熟知〟のルートだったのである。

「都市」は職能だったのか

見のがせないテーマがある。

「難升米」の「難」姓に対して、ナンバー・ツウの「都市」の場合、倭人伝では必ずしも「姓」とは言えない、という問題である。

右の詔書の中では、
（A）――「都市牛利」（一回）
（B）――「牛利」（二回）
と、（B）では「都市」が省かれている。ナンバー・ワンの難升米の方は、（A）（B）共に、同じである。

この状況から見ると、「難」姓とは異なり、「都市」の場合は「姓」というより職業もしくは職場ではないか、という問題である。

たとえば江戸時代でも「豆腐屋の甚兵衛」と言う。「甚兵衛」だけなら、他にも〝あり得る〟名前だから、「豆腐屋の」という〝職業〟によって、当人を「特定」するのである。

だが、その場合、一回目だけであり、二回目からはもう、その「職能」は〝付ける〟必要がない。それと同じである。

すなわち、この「都市」は現代では明白に姓となっているけれど、三世紀の倭人伝のケースでは、いまだ「姓」ではなく、「職能」もしくは「職場」なのではないか。そういう問題である。

「都市」という意味

「都市（といち）」とは何か。

（その一）「ト」は戸口。神殿の戸口を指す言葉である。

（その二）「イチ」は市。倭国に「市」のあったこと、倭人伝に明記されている。

「国国市あり。有無を交易し、使大倭（したいゐ）之を監す。」（従来の訓みでは「大倭をして之を監せしむ。」）

とある通りだ。「神殿の戸口の周辺におかれた市場」の意である。後代の〝神社や寺を中心として作られた市場〟の原型である。

しかしこれは「十市（トイチ）」である。「都」に限った存在ではない。ところが「都市」の場合、

「ト」に「都」の漢字を〝当てて〟いる。すなわち、この場合は、倭国内の各国にある、一般の「トイチ」ではない。女王国の首都にある「都の〝トイチ〟」なのである。女王国に〝一つだけ〟の、中心の「トイチ」である。

それを掌握していたのが、この松浦水軍だったのである。

倭人伝に次の文面がある。

①（対海国）「良田無く、海物を食して自活し、船に乗りて南北に市糴《してき》す。」

②（一大国）「差《やや》田地有り、田を耕せども猶《なお》食するに足らず、亦、南北に市糴す。」

右の「南北市糴」の表現は、「北」（狗邪韓国）と「南」（末盧国）との間の経済交流を指す言葉であろう。その「海上交流」を支え、管理していたのが、松浦水軍である。だからそのボス、責任者が、

「都市の牛利」

と称したのは、当然だったのである。わたしは倭人伝の中の人名表記について、さらに一歩をすすめることができたのである。

後世（七世紀）、万葉集に出現して有名な「十市（といち）の皇女《ひめみこ》」も、大和における「トイチ」の存在を示しているものと思われる。

このように考察してくれば、景初二年の俾弥呼の使者のナンバー・ツウにこの「都市牛利」の名のあることはその意義が明確となろう。当時の朝鮮海峡の「南北交流」の海路を支配していたのは、松浦水軍であった。その松浦水軍のルートに依って、俾弥呼は使節団を帯方郡へと派遣することが可能

だったのである。

卑弥呼は国書に音訓併用を使った

このテーマのもつ意義、それは絶大だ。だがその「絶大な意義」については改めて後述することとし、今は「倭人伝の訓み」の問題にポイントをしぼり、考察の焦点を向けたい。それは何か。

「三世紀において、倭人はすでに漢字の音《おん》と訓《くん》を用いて、自分たちの固有名詞、国名や官職名や人名などを表記していた。」

この一事の認識、今問題としている「文字認識」の問題である。

思えば、当然だ。魏の明帝は長文の詔書を卑弥呼に送った。それが中国（魏・西晋朝）側の「正史」である三国志に明記されている。長文そのものが堂々と引用され、倭人伝中の「白眉」とされているのである。もし、倭国側の卑弥呼が、これを「訓《よ》めなかった」としたら、東アジア世界の〝物笑い〟となろう。「これだけ、堂々たる詔勅を送ったのに、彼等倭人の、その王朝は、全く〝読め〟ず、猫に小判だった。」ということになるからである。

しかし、さに非ず。卑弥呼は堂々と返便を書いた。国書を以てこれに応じたのである。いわゆる「上表」である。それは当然ながら、右の明帝の詔書を読み、その意味するところを正確に理解した上での「反応」だった。「文字外交」である。

それはもちろん「漢文」であっただろうけれど、その中味は当然、例の「音訓併用」の文字使用をふくんでいたことと思われる。なぜなら、本来「訓《くん》」を知らぬはずの中国側の詔勅にさえ、「都市」

といった「音訓併用語」が使用され、「引用」されているのであるから、当の倭国側、俾弥呼の方の国書にそれが〝欠けて〟いたはずはない。自国の固有名詞、国名、官職名、人名等には同じくその「音訓併用」の実例がもられていたこと、察するに難《かた》からぬところではあるまいか。

くりかえす。

「倭人伝の固有名詞は、倭語を『音訓両用』の漢字表記したものである。」

この道理を今は「再確認」する他ないのである。これを「都市命題」とする。

このように現代の一女性の名刺が、わたしを「時を越えて」三世紀の女王の国に至るパスポートとなったのだった。

「令支《れいき》命題」

次は「令支」の訓みである。

三国志の魏志の列伝「公孫瓚伝《こうそんさん》」（八巻）に次の注記がある。

「公孫瓚、字《あざ》伯珪《はくけい》。遼西の令支の人なり。

令音、郎定反。

支音、其兒反。」（紹熙本。廿四史百衲本、一一二ページ）

「令」は「郎（ロウ）定（テイ）」の「反《はん》」だから「レイ」である。これに対して「支」は「其（キ）兒（ジ）」の「反」（反切）であるから、この「令支」は「レイシ」ではなく、「レイキ」と訓む、という意味の注記だったのである（「反切」は〝音表記法〟）。

倭人伝の国名表記などに「支」という文字表記の多いことは当然知っていたから、わたしは喜んだ。

直ちに京大の中国文の言語学者、尾崎雄二郎さんにこれを報告したのである。すると、

「それは、そこ以外は『シ』と訓《よ》め、という意味の注記ですよ。」

と即答されたのである。「なるほど」と思った。さすが専門家による「専門家の目」の見識、そう思って心服したのである。

しかし、今ふりかえってみると、それは必ずしも「諾（イエス）」ではなかった。なぜなら、もし三国志の魏志倭人伝の固有名詞表記が、一貫して中国側の表記、陳寿による「選字」であるとすれば、尾崎説の通りだ。漢書西域伝などにも「支」を「シ」と訓む例は少なくないからである。

「安息の長老伝之聞く、條支に弱水有り、西王母も亦未だ嘗て見ざるなり。」（六十六、上）（史記大家伝では「條枝、安息の西、数千里に在り、西海に臨む」とある。）

だが、現在到達したように、倭人伝の中の固有名詞が「倭人による漢字表記」であったとすれば、先の尾崎説のように、簡単に「反転」させていいかどうか、問題である。その前に、「倭人の漢字表記」の〝いわれ〟とその歴史が問題だからだ。

「倭」が中国の古典に最初に現われている例としては、「山海経」が有名である。

「蓋国《がいこく》は鉅燕《きょえん》の南、倭の北に在り。倭は燕に属す。」（『山海経』海内北経）

「蓋国」は「蓋馬大山」の地である。

「東沃沮は高句麗の蓋馬大山の東に在り。」（東沃沮伝）

右にある「〜に属す」という表現の意義は何か。政治的のみならず、文化的にも〝深いかかわり〟

をもっている。そのように解しても、大きくはあやまらないであろう。

今、「支」を「キ」の音で使っている「令支」の地は、この〝燕の領域〟なのである。とすれば、少なくとも、かつての「尾崎命題」を〝はなれ〟て、倭人伝の中の固有名詞の「支」を「キ」と訓《よ》むべき道、今はそれが〝開かれ〟えたのである。これはわたしの倭人伝の「訓み」にとってきわめて重大だった。「閉《とざ》されていた眼帯（アイ・マスク）」を取りはずし、自由に倭人伝を訓《よ》む。——それが可能となったのである。これを「令支《れいき》命題」と呼ぶこととする。

後述するように、倭人伝の中の、倭人の固有名詞には「支」の用字が少なくない。女王俾弥呼の周辺から、新しい光が生き生きと今よみがえってきたのである。

3　一大国と対海国の証明

新たな「訓《よ》み」が正当であること、それをリトマス試験紙のように裏付ける史料がある。倭人伝の中の「一大国」と「対海国」の二国である。

「一大国」を求めて

まず、「一大国」。古事記の「国生み神話」に「亦の名」がある。〝古い用例〟である。これを考えてみよう。この「一大国」はむろん壱岐だ。その壱岐は「亦の名」では、

「天比登都柱（アマヒトツハシラ）」

である。「天」は「海士（アマ）族」の「アマ」を、「天」という〝美しい文字〟で表記したものであ

る。「アマミオオシマ」（鹿児島県）や「アマ（海士）町」（島根県）のように、対馬海流上の島々にこの名前が残されている。この対馬海流上に活躍した部族、それが「海士（アマ）族」なのである。

「比」は「日」。「登」は「戸」。「都」は「津」。「ヒトツ」は〝太陽の神の神殿の戸口にある港〟の意である。

これに対して「柱」は「ハシラ」。「ハ」は「葉」。根や茎に対して〝広い場所〟の意味だ。「シ」は〝人の生き死にするところ〟。わたしの言素論の基本語の一つだ（後述）。「ラ」は接尾語。「ウラ（浦）」「ムラ（村）」「ソラ（空）」など、日本語にもっとも多い接尾語の一つである。だから「ハシラ」とは〝広い、人の生き死にするところ〟の意なのである。

以上を要すれば、これは「原の辻」を指している。壱岐島の中の「弥生遺跡の中心地」である。その東側に湾があり、入江になっている。ここが「ヒトツ」に当る場所である。その西に短い間道を通って、原の辻が存在する。すなわち、

「海士族のための、太陽の神殿の戸口のある港に臨む、人の生き死にする広い場所」

これが「原の辻」の古称なのである。

わたしはかつて〝岩や山が柱状になっているところ〟を求めてこの島を何回も歩き廻ったことがある。しかし（後代に造成された記念物は別として）一切「～の柱」なるものを見出すことはできなかったのである。

「対海国」を求めて

決定的だったのは、「対海国」である。この方は「一大国」とは異なり、一見すれば〝穏当〟に見える。対馬は四面、海に対しているからである。だが、よく考えれば「否（ノウ）」だ。なぜなら、もしそのような意味なら、日本列島の中の大部分、この表記に〝当たって〟しまう。阿蘇山や信州など、一部の例外を除いて。だから〝不当〟なのである。

しかし、「古い用語」では、ちがった。例の古事記の「亦の名」では、

「天之狭手依比売（アマノサデヨリヒメ）」

である。「天」は、例の「海士（アマ）族」である。「狭手」は〝熊手〟。砂浜で貝などを〝たぐり寄せる〟器具だ。「依（ヨリ）」は〝よりしろ〟。神の降臨したまうところである。「比売」は当然〝太陽の女神〟だ。つまり、「海士族にとって、狭手を〝よりしろ〟として降臨したまう、太陽の女神」の意味である。

一方の「対海」。漢字面である。

「対」は〝こたえる〟の意。「海」は〝水の大神〟である。

對（こたへる）――「言を聽く、則ち對」（詩、大雅、桑柔）「對、答也」（箋）

海（水の神）――「海之鹽蜃。」（左氏、昭、二十）「海、是水之大神」（疏）

「対海」とは〝海の大神の「アマノサデヨリヒメ」にお答えする祭りを行う国〟の意なのである。

海には海のルールがある。漁師たちは、それを守る。海の大神の定めたまうたルールと考えている。それを破るとき、災害がおとずれる。破らない一年は〝無事〟だったのである。――それを報告する、

お祭りなのである。

今も、対馬（北部）には「アマノサデヨリヒメ」を祭神とする神社が少なくない。そういう倭人側の「目」で、倭人によってつくられた国名、それが「対海国」だったのである。

「対海国」と「対馬国」の違い

ここで「対海国」と「対馬国」の〝ちがい〟にふれておこう。

三国志には、二つの古刊本がある。いずれも南宋本。一つは「紹興本」、一つは「紹熙本」である。

紹興（一一三一～六二）

紹熙（一一九〇～九四）

右の年代のしめすように、「紹興本」の方が「紹熙本」より古い。しかし、「紹熙本」は実は北宋年間の咸平六年（一〇〇三）の「牒《ちょう》」が付されているように、

「北宋本の復刊本」

なのである。すなわち、その実質においては「紹熙本」の方が「紹興本」より古いのである。

もちろん、その文面のほとんどは、両者同一である。「邪馬壹国」なども、両者の間に変わるところはない。

ただ一つの〝ちがい〟、それが、

（A）対海国――紹熙本

（B）対馬国――紹興本

の一点なのである。では、どちらが「本来の形」か。

今までの史料批判からも明らかなように、(A)の方が本来形であり、(B)の方は現在(二十一世紀)も使用されている「現地名」によって「改定」したものである。

そして岩波文庫も、(B)の形を「正当」としているため、漫然とこれに従っている論者が多い。不当である。この点、第一書以来、くりかえし記してきたところ、改めて念を押しておきたい。

4　任那と文字伝来の真相

以上により、「一大国」「対海国」とも、「倉田命題」によって〝解明〟できることが証明されたのである。

「任那」から分かること

他にも、これと同類の事例として、

「任那(ミマナ)」

の「任」も、「壬」と同義。「北方の大地(ナ)」の意義の用字である。すなわち、これは日本列島(九州)の倭人側の「用字」なのである。まちがっても、中国や韓・朝鮮側が朝鮮半島の南辺、釜山あたりを「北方」と呼ぶことはありえないからである。

この「任那」は、例の高句麗好太王碑に出現している。「任那加羅」の表記である。

「改削説」の李進熙《りじんひ》氏が日本の参謀本部側の「造字」として疑いはじめた、その〝発端〟の一つが、この「任那」である。しかし、「改削説の否定された」現段階において、「四一四年成立の高句麗好太王碑の中に、倭人が『造字』した地名、その固有名詞が用いられている。」

この事実に対して、深く注意する人は少ない。北朝鮮・韓国側の学者はもとより、日本側の学者にも、数少ないのではないか。

ことに、近来再び「韓・朝鮮半島から日本列島へ」の、一方的な文化伝播、歴史伝播を強調しようとする論者たちは、この明白な事実に対して「目をそむけ」つづけているのではあるまいか。三世紀の難升米の時代を経て、四〜五世紀の高句麗好太王碑の時代が、「倭人による韓・朝鮮半島地名使用」の時期に属したこと、今はあまりにも「自明」すぎる事実なのである。

念押ししておこう。

文字伝来はいつか

二〇〇九年の四月二十六日の午後十一〜十二時半、ＮＨＫ教育テレビの「古代人々は海峡を越えた」（「日本と朝鮮半島二〇〇〇年」第一回）において、

「日本への文字渡来、百済起源説」

が強調された。隋書俀《たい》国伝の、

「文字なし、ただ木を刻み縄を結ぶのみ。仏法を敬す。百済において仏経を求得し、始めて文字あり。」

を典拠とし、四〜五世紀の百済からはじめて倭国へ文字が渡来した旨を述べ、日本側の学者（山尾幸

久氏等）や韓国側の学者をくりかえし登場させ、

「文字の伝来は、百済からであること。」

「百済の聖明王がそのために力を尽くしたこと。」

「その文字の伝来によって、日本側に『律令』が制定されたこと。」

これらをこもごも語らせたのであった。


もって「近畿天皇家による『律令制定』が東アジア的世界に背景をもつ」という、山尾氏等、日本の学界の「通説」を〝定着〟させようとした。もちろん、その後もＮＨＫは右の番組をくりかえし「再放送」して、今日に至っている。――正当だろうか。

三世紀には文字を使っていた

もちろん、先述来の記述のしめす通り、右は全く不当である。歴史の真実とは、遠く相はなれているのである。

三世紀の三国志の倭人伝を見れば、一目瞭然、三世紀にはすでに倭国には「文字」はあった。あったどころではない。「音訓併用」の文字使用の時代だったのである。

さらに、四～五世紀、南朝劉宋の時代、倭王武は見事な漢字の「上表文」を記した。そこには「仏教」や「経典」のにおいすらなき、純正な漢文の作文者、それが倭王武の時代だったのである。右の隋書の「文字初伝記事」「百済初伝記事」「仏教関連初伝記事」は、いずれも真実に非ず、〝真っ赤な虚構〟の記事にすぎなかったのである。なぜか。

「日出ずる処の天子」を記録した背景

隋書は、唐代の史書である。唐のはじめ（六三六）、早急に出版された。その目的は一つ、「唐朝の正当化」である。

唐の高祖（六一八〜六二六）は、隋朝の臣下だった。その「臣下」の李淵が、御主人の天子、隋の煬帝の孫、恭帝（唐の武徳二年、六一九年五月、十五歳で崩ず）を斥け、みずから天子を名乗った。いわば「反逆の王朝」である。その「反逆」を〝正当化〟するために、『隋書』は作られ、出版されたのである。

その中のハイライト、それが「俀《たい》国伝」だ。その焦点、それが有名な、

「日出ずる処の天子、書を日没する処の天子に致す、恙なきや、云々」

の「名文句」である。だが、中国側の大義名分からは〝許しえぬ〟ところである。それを〝許した〟どころか、多少の〝不気嫌〟をしめしただけで、正規の使者を「俀国」に遣わして「国交」を結んだ。中国の大義名分から見て、〝許しえぬところ〟である。だから、唐の高祖（李淵）はあえて、「主人」である隋の天子を〝受け継い〟だ。すなわち一見「反逆」とも見える、李淵の行為は実は中国の大義名分のための、実に止むをえぬ行為だったのである、と。——この弁明である。

あの「名文句」を基礎とする弁明には、一つの難点があった。それは、「南朝の国交を〝承認〟せぬ立場」

中国史書の大義名分

のためだ。北朝の創始をなす「北魏」の魏書では、「高句麗伝」があり、好太王の事績は書かれているけれど、その好敵手だった「倭国伝」はない。なぜならその倭国は「北魏」に朝貢したことのない

〝相手〟だったから、「歴史書には存在しない」のである。

すなわち、「三世紀の、倭国と西晋の国交」も「四〜五世紀の、倭国と南朝劉宋との国交」も、いずれも、「なかった」という立場、それが北朝の「唐」としての「大義名分の〝立て前〟だった」のである。そのため、現実に存在した、「日出ずる処の天子、書を日没する処の天子に致す、恙なきや。」という「名文句」の〝背景〟として、「百済による、仏教由来の〝私的交流〟による文字伝来」という立場を、一個の「大義名分上の〝立て前〟」として導入し、「前置き」せざるをえなかったのである。

以上のような「立て前」論に〝気づかず〟、これをあたかも「歴史上の事実」のように扱ったもの、それがＮＨＫの「一連の放送」の実体なのであった。

5　戦中遣使の真実性《リアリティ》

卑弥呼に返ろう。

倭人伝中、出色のテーマがある。「戦中遣使」問題である。

景初二年か三年か

三国志では、紹熙本でも、紹興本でも、すべて卑弥呼の使者の最初の派遣は、「景初二年（二三八）六月」となっている。

これに対し、すでに江戸時代、新井白石や松下見林がそろって、

「景初三年六月」

のあやまりとした。その理由は、景初二年六月は、魏軍の司馬懿《しばい》と遼東の公孫淵との激戦の最中であり、その間の「魏と倭との国交」など、ありえないというのである。戦闘は景初二年の八月に"the end"を迎え、公孫淵の首は洛陽に送られた。

「景初二年か、三年か。」――わずか一年の〝ちがい〟にすぎないけれど、「時の中の緊迫性」に関しては、全く様相を異にしているのである。

この点、わたしの第一書『「邪馬台国」はなかった』を読んだ人々には、すでに周知のテーマであるけれど、右の本が公刊されて以来、三十数年、依然このテーマを正しく見、正しく論ずる研究者が少ないこと、きわめて遺憾である点、率直にのべたい。

しかも、このテーマを抜きにしては、三国志の倭人伝を正確に読むことは不可能なのである。否、三国志そのものを客観的に理解することができないのである。詳述しよう。

第一書『「邪馬台国」はなかった』では、第二章「いわゆる『共同改定』批判」の「戦中の使者」として論ぜられた。

明治になって、まずこの問題を論じ、「景初三年説」に左袒《たん》（賛成）した内藤湖南（京都大学）の説をわたしは紹介し、その「否（ノウ）」を精細に論じた。論じ尽くした。

しかし、岩波文庫本の倭人伝はこの、

「景初二年(1)六月、倭の女王、大夫難升米等を遣わし、郡に詣り、天子に詣りて朝献せんことを求む。」

の一文に対し、

「(1)明帝の年号。景初三年（二三九）の誤。『日本書紀』所引の『魏志』および『梁書』は三年とする。」（五〇ページ）

と、平然と記し、わたしの詳細な反論を一切無視したのである。

岩波文庫本の末尾の参考文献には、『史学雑誌』七八―九（昭和四十四年九月）を挙げながら、第一書『「邪馬台国」はなかった』（昭和四十六年）は〝カット〟している。昭和五十二年五月・十一月の、わたしの「邪馬壹国論争」（『東アジアの古代文化』一二・一三）まで収録しているのだから、第一書に関しては、当然「知っていて、カットしている」そのようにしか考えられない。

五つの疑問は戦中だからこそ

すでに第一書で詳述したところだから、その要点を簡約してみよう。

第一に、「なぜ、中国側は俾弥呼の使者、難升米たちを〝ともなって〟洛陽へととどけたのか。」

第二に、「倭国側の奉献物が貧弱なのは、なぜか。」

第三に、「中国側の倭国に対する下賜品が逆に〝莫大〟であるのは、なぜか。」

第四に、「景初二年の十二月の『詔書』だけが長文引用されているが、その時点で実際は〝下賜〟された形跡のないのは、なぜか。」

第五に、「右の『詔書』に書かれた下賜品が実際に倭国の女王、俾弥呼に与えられたのが、翌々年

（正始元年）であり、しかもわざわざ中国側から倭国の女王へと〝とどけ〟られたのは、なぜか。」

以上だ。

右の「五つの疑問」は、「景初三年六〜十二月」という時間帯では、「解説、不可能」だ。だが、原文通りの「景初二年」だと、理解可能なのである。

第一は、「戦中」だからこそ、中国側の〝つきそい〟が不可欠だった。

第二は、「戦中」だから、〝莫大な奉献物〟をたずさえることができなかった。

第三は、中国側は、この時点における「倭国からの交流」を歓迎した（この点、後に詳述する）。

第四と第五を解く鍵は、「魏の明帝の急死」である。それは、

「景初三年正月丁亥」（魏志三、明帝紀）

だった。この「崩」によって、景初二年十二月の詔書の「実行」が不可能となった。ために、本来の、「倭国の使者、難升米たちへの〝下賜〟」の行事は「中断」された。

そして、その「中断」の〝欠礼〟を補うため、逆に、「中国側から倭国へ使者と下賜品を送りとどける」こととしたのである。

三国志の「帝紀」と「列伝（倭人伝）」を併せ読めば、右の状況が明白となる。そういう形で、三国志全体は構成されているのである。

このような、わたしの「解説」は〝無駄〟なものだろうか。否（ノウ）だ。わたし以前に、このような角度から、この問題を「解明」した者はなかった。その後もいない。不可解である。

今回、第一書の「復刊本」を読み直していて、気づいたことがある。

なぜ詔書が掲載されたのか

それは「詔書」の存在だ。三国志の全体の中で「夷蛮」の国に対する「詔書」が掲載されているのは、この倭人伝だけ。今問題にしている「景初二年十二月」の項目だけなのである。これは、なぜか。あまりにも、ハッキリしすぎていて、誰も〝ことさら〟に気づかない。そういう問題なのである。

それだけではない。周知のように、魏の明帝は、倭国に対して〝おびただしい〟下賜品を〝渡そう〟とした。しかし、「明帝の急死」によって「中断」したけれど、律気に、歳を改めて〝送りとどけ〟ている。なぜだろう。

もちろん、東方の「未知あふれる、女王からの遠路貢献」が、魏朝の「自尊心」をくすぐった。そういうこともあろう。また、その「遠路貢献」をもって、魏朝の天子の「正統性」を、天が認めた証拠、そのように誇っていた、と考えても、大過はあるまい。

しかし、それにしても、この下賜品の「量」は、莫大だ。〝度を越している〟といっても、いいくらいである。なぜか。このような疑問が自然に〝解けて〟きたとき、はじめてわたしたちは倭人伝が「本当にわかった」ということができるのではないだろうか。

光り輝く女王俾弥呼の素顔に、はじめて到達できるのは、その瞬間からなのではないか。

6 「松浦水軍」の秘密

三十数年前、第一書を書いたとき、夢にも知らなかったのは、「松浦水軍」のテーマである。二〇〇九年に舞いこんだ一枚の名刺のコピーが転換点となった。

俾弥呼の使者たち

「都市命題」である。

俾弥呼の使者団、難升米たちを先導したのは、都市牛利の率いる松浦水軍の一団だった。彼らは釜山から対馬、壱岐を経て博多湾岸に至る、対馬海流領域一帯の支配者だったのだ。だから、俾弥呼の使者団は彼等の領域を通って、韓・朝鮮半島へ、そして大陸へと向かうことができたのである。

考えてみれば、当然のことである。だが、問題はそこで〝終わって〟いたのではない。否、そこからこそ「真の問題」が〝はじまって〟いたのだった。今回、やっとそれに気づいたのである。

公孫淵の存在

当時の魏朝は「鼎立」の中にいた。魏・呉・蜀の三国である。しかし、もう一つ、重要な存在があった。遼東半島の公孫淵である。

呉の孫権は早くより、公孫淵と連係し、「呉と遼東との間」の交流船が時として魏朝の海岸（大陸の東側）に〝流れ着いた〟という。また、前にも引用した、次の一文がある。

「（景初元年、二三七、秋七月）初め権（孫権）使を遣わして海に浮び、高句驪と通じ、遼東を襲わんと欲す。」（明帝紀）

この事実は、ストレートに「予告」している。東北方の公孫淵と南方の呉と、この両者の〝はさみ打ち〟に遭う。魏朝にとって最大の危険である。

のちに『三国志演義』が通俗本として著名となった。そこでは「蜀の諸葛孔明と魏の司馬懿《しばい》の対立」に〝歴史〟と〝物語〟の焦点がおかれた。この著名な本では「倭人伝」などは〝斬り捨て〟られた。ためにこの「公孫淵と孫権の連係」という、魏朝の「死命を制した」テーマが、平然と無視あるいは軽視されたのではあるまいか。

魏の公孫淵討伐

魏の明帝は「公孫淵討伐」を目途としながら、その企画段階で〝悩んだ〟ことが三国志には明記されている。

「帝曰く、四千里征伐、奇を用ふと云ふと雖も、亦当に力に任ずべし。当に稍《やや》役費を計るべからず。」（魏志三）

公孫淵の支配領域を「四千里」と称している。「短里」だ（この点、のちに詳述する）。東夷伝では韓地が「方四千里」とされている。その「東西幅」は、朝鮮半島の東西幅と同様だから、「実定値」は明確だ。その「東西幅」と同一の〝長さ〟、それを公孫淵の領域として〝推定〟しているのだ。おそらく、その領域の「西南端」から都城（遼東半島）までの〝大約の距離〟であろう。

しかし、相手（公孫淵）と自分側（魏軍）の「奇」（思いがけぬ策略）や「力」（力量）に依存することであるから、そのための「役費（費用）」を測定することができない、と言っているのである。

確かに、ナポレオンやヒトラーのモスクワ攻撃失敗の例がありていにしめしているように、背後にシベリア大陸をもつ公孫淵側に対して、魏の明帝側が「成算」なきに苦しんでいたのは、まちがいない。陳寿はそれを正確に記録しているのである。

確かに、魏朝が不用意に「公孫淵討伐」の遠征軍を発したとしたら、ナポレオンやヒトラーのような「愚」を犯すことになった、と考えても、決しておかしくはないのである。

しかし、歴史上の真実は、逆に進行した。魏朝の「公孫淵討伐軍」は大成功を収めたのである。

「(景初二年秋八月)丙寅、司馬宣王公孫淵を襄平に囲み、大いに之を破る。淵の首を京都に伝え、海東の諸郡平かなり。」(魏志三、明帝紀)

この勝利の「原因」は何だろうか。

都市牛利らの軍事協力

明帝が「公孫淵討伐」に先んじて実行したところ、それは「東方渡海策戦」である。

「景初中、大いに師旅を興し、淵を誅す。又、軍を潜めて海に浮び、楽浪・帯方の郡を収め、而して後、海表謐然《ひつぜん》、東夷屈服す。」(魏志三十、東夷伝序文)

「景初中、明帝密かに帯方の太守劉昕《りゅうきん》、楽浪の太守鮮于嗣を遣はし、海を越えて二郡を定めしむ。」(魏志三十、韓伝)

いずれも、「公孫淵討伐」に先立ち、楽浪郡・帯方郡に対する「征圧の成功」が行われ、それこそが「公孫淵討伐」の〝成功〟の前提だったことを特記しているのだ。

特に、東夷伝序文の一文は重大である。なぜなら、この東夷伝が「倭人伝」をもって結ばれていること、そして「倭人伝」において、他の東夷の国々とは異なり、「倭の女王、俾弥呼」に対してのみ、長文の詔書を贈っているからである。さらに、後述するように、この「東夷伝序文」の実態は、本来「三国志全体の序文」だったのである。

しかも、特に「親魏倭王」の称号を贈り、漢代まで「夷蛮、出国禁制品」だった絹や錦類を大量に「下賜」しているのである。——なぜか。

わたしは今回、改めて三国志を、東夷伝を、当の魏志倭人伝を、熟視するとき、これほどの「魏朝の歓喜」を、「倭国側の、魏朝への協力」と〝結びつけず〟に解してきた、従来の論者の「立論のゆるみ」に驚かざるをえない。

少なくとも陳寿は、「これでもか」「そしてこれでもか」と、倭国側の魏朝に対する協力が、いかに魏朝自身にとって「有益」だったか、その一事をいうなれば「特筆大書」していたことに驚かされるのである。

もちろん、「景初二年の六月」に、倭国側の魏朝への〝協力〟そのものが「開始」されたわけではないであろう。文字通り「景初中」の「楽浪・帯方二郡の制圧」に際し、倭国はすでに〝魏朝側に立って〟協力しはじめていたと思われる。何の協力か。もちろん「軍事協力」だ。どのような「軍事協力」か。当然、「東シナ海の海路の案内」である。それをリードしていたのが、松浦水軍の都市一族だったのである。

難升米は、俾弥呼の「正使」である。洛陽近辺に〝祖先〟をもつという〝渡来人〟だ。だが、その難升米のみにとどめず、わざわざ副使としての「都市牛利」の名を三回にわたって特記したのは、なぜか。

すでに読者にも明らかであろう。東シナ海の複雑な海流のルート、その全貌と詳細を知悉した倭人集団、その海上熟知の水軍をリードしていた倭人こそ、この都市牛利その人である。だからこそ、この明帝の詔書は、三度にわたって副使である「都市牛利」の名を、難升米と共に特記したのである。

以上、しめすところは、もちろん「戦中遣使」である。後代のインテリが〝手直し〟した「戦後遣使」では、陳寿のさししめした明晰な歴史の真実が、全面的に崩壊した上、空しい〝抜けがら〟となってしまうであろう。それ以外にないのである。

わたしたちはこのようにして、倭国の女王俾弥呼の果たした役割の実像をようやく真正面から見ることができはじめたようである。

7　「会稽東治」の重大性

「治」か「冶」か

「会稽東治」問題に目を向けよう。

従来の論者は、これを「会稽東冶」のあやまりとしてきた。

たとえば、内藤湖南は、

「会稽東治　治は冶の訛りなり。続漢書郡国志に東冶県なし、楊守敬が三国郡県表補正に其の誤脱なることを弁ぜり。今の福州府治なり。」（『卑弥呼考』）

としている。

しかし、わたしは第一書で論じたのである。

「この『会稽東治』は、通例の『A郡のB県』（「地名定型」）といった書き方ではない。」

と。「会稽」は、歴史上著名の名山である。『東治』は『治績』『治政』の『治』なのである。

これに反し、後漢書の范曄はこれを〝ありきたり〟の、「地名定型」と〝誤読〟した。そのために「東治」を「東治県」のミス記載と考え、安易に「原文改定」を行なったのである、と。

中国の学者、楊守敬も、日本の学者、内藤湖南も、みなこれに同《どう》じ、「三国志を誤読した」のである。——なぜか。

陳寿の書いたこと

「隠すより顕《あら》わるる」のたとえ通り、この「会稽東治」の一文の直前に、陳寿はその歴史的背景を詳述している。

「（上略）郡より女王国に至る、万二千余里。男子は大小と無く、皆黥面・文身す。古自り以来、其の使中国に詣《いた》るや、皆自ら大夫と称す。夏后少康の子、会稽に封ぜられ、断髪・文身、以て蛟龍の害を避けしむ。今倭の水人、好んで沈没して魚蛤を捕え、文身し亦以て大魚・水禽を厭《はら》う。後稍以て飾りと為す。諸国の文身各異なり、或は左にし或は右にし、或は大に或は小に、尊卑差有り。其の道里を計るに、当に会稽東治の東に在るべし。」（傍点、古田）

右について、肝要の点をあげよう。

第一に、「万二千余里」を受けて「其の道里を計るに」といっているように、右の文の全体が〝一連の解説〟となっていること、疑いがない。

第二に、この文章中に「古より以来」と「今」の表現があるように、ただ「今」(三世紀)だけでなく「古」(夏代以前)からの〝歴史的叙述〟なのである。

第三に、特に重大な、肝心の一語、それは「会稽に封ぜられ」の「会稽」だ。司馬遷の史記でも、「禹の治績」の地として特記されている名山である。そこに〝諸侯が集まった〟から、「会計」の意だという(史記、夏紀賛)。「人をあつめて其の功を計る」ことだとされている。

第四に、右の文面では、現在の倭人の風俗が、この歴史の「反映」だと〝解説〟されているのである。

第五に、右のような「長文」を〝さしはさんだ〟上で、末尾の、「会稽東治」の一句に至っているのである。だから「二つの会稽は、同一の会稽」である。すなわち、「歴史的名山」としての「会稽山」であり、古代以来の〝統治中心〟を指す一語なのである。

だから、会稽山から、はるか南方にはなれた「東治県」などでは決してない。歴史上の〝政治的概念〟をしめす「東治」でなければならぬ。――これが、第一書で、わたしの力説したところだった。文字通り、肝要の一段だったのである。

しかし、岩波文庫の和田清、石原道博氏等はこれを無視し、本文そのものを「改変」した。

「その道里を計るに、当に会稽の東冶の東にあるべし。」

この「改変」文の「東治」に対して、次の注記をつけている。

「県の名。今の福建省閩侯県附近。東治とするものあるは東治の誤。」（四六ページ）

わざわざ〝念を押した〟形で、わたしの論証を「否定」、ないし「無視」しようとしている。

「会稽東治」はありえない

だが、わたしは第一書で、「会稽東治」を「否（ノウ）」とする、実証的な論証をハッキリとあげていたのである。それは次の表だ。

A　会稽（分郡より前）

①八月、会稽南部反す。〈呉志三〉（太平二年〔二五七〕）

②会稽の治の賊、呂合・秦狼《しんろう》等、乱を為す。〈呉志十〉（太元二年〔二五二〕以前――孫権の代）

③長子宏、会稽南部の都尉たり。〈呉志十二〉（太元二年以前――同前）

④時に王朗、東治に奔る。〈呉志十五〉（建安元年〔一九六〕）

⑤会稽東治五県の賊、呂合・秦狼等、乱を為す。〈呉志十五〉（太元二年以前――同前）

⑥会稽東治の賊・随春、南海の賊・羅厲等、一時に並び起る。〈呉志十五〉（嘉禾四年〔二三五〕）

⑦繇《よう》の軍敗れ、儀、会稽に徙《うつ》る。〈呉志十七〉（太元二年以前――同前）

B　建安（分郡以後）

①其の家属を建安に徙《うつ》す。〈呉志三〉（甘露元年〔二六五〕）

②督軍、徐存、建安より海道す。〈呉志三〉（建衡元年〔二六九〕）

③建安に送付して、船を作らしむ。〈呉志三〉（鳳皇三年〔二七四〕）

④建安に送りて、船を作らしむ。〈呉志八〉（元興元年〔二六四〕）

⑤抗、卒して後、竟《つい》に凱の家を建安に徙す。〈呉志十六〉（建衡元年〔二六九〕以後——陸凱《りくがい》の死後）
⑥従兄の禕《い》と与《とも》に倶《とも》に、建安に徙《うつ》す。〈呉志十六〉（天策元年〔二七五〕）
〈注〉ただ、つぎの例は、後漢の代の「建安県」である。「漢興県」「南平県」と並ぶ。
建安・漢興・南平、復《ま》た乱る。斉の兵を建安に進む。〈呉志十五〉（建安八年〔二〇三〕）

右のAとBを分ける一点、それは次の一文である。

「（永安三年二六〇）以㆓会稽南郡㆒為㆓建安郡㆒。」（呉志三）

すなわち、三国志の成立時点の三世紀末（陳寿は元康七年、二九七没）には、

「会稽郡、東冶県」

という地名はなかった。存在せぬ名前だったのだ。もし、その「東冶県」を指すためには、

「建安郡、東冶県」（「建安東冶」）

といわねばならない。

従来の「定説」はあやまっていた。ことの道理を無視していたのである。

内藤湖南や楊守敬がこの事実に〝気づかず〟にきたことは、「やむをえず」とできよう。彼等には三国志の記載事実をくまなく調べ抜く〝いとま〟がなかったのであろうから。

しかし、わたしがそれを丹念に調査し、歴然と表示したあともなお、岩波文庫がそれを「無視」し通して今日に至っているのは、なぜか。不明である。

「会稽東治」問題について、三つの点を改めて今、〝念押し〟しておこう。

その一は、「点と面のバランス」の問題である。

「郡」と「県」

右の「一万二千余里」計算の〝始発点〟は、帯方郡治だ。すなわち「郡」なのである。その下部単位の「県」ではない。その〝終着点〟は、もちろん女王国だ。「七万余戸」の、東夷の大国である。

その「郡と国」を結ぶ〝広大な数値〟、「一万二千余里」に対する「比定点」として、〝単なる一県〟を「選ぶ」べき必然性がない。いかにも、バランスが悪いのである。「会稽郡」にせよ、「建安郡」にせよ、「郡」ならば（現在の日本とは逆で）もちろん「県」より広く、かつ中国人側の読者にも周知である。読者が読んでいて、「県」という「点」ではなく、「郡」という「面」だから、地理上の〝目見《めけん》当《とう》〟も立てやすいのである。このような「構文上の配置」と「目くばりの妙」、それは三国志全体にゆきわたっている。

しかし、中国の後代の学者、楊守敬も、日本側の〝中国研究の雄〟だった内藤湖南も、共にこの一点を〝見のがしていた〟こと、今読みかえしてみて、わたしには改めて不審にたえないのである。

范曄の誤り

右のような「誤断」の発起者、それは後漢書の范曄であった。彼は倭伝の冒頭部に、

「その地、大較会稽の東治の東にあり、」

として「東治」への改定文を特記している。ところが、その直前に、

「その大倭王は、邪馬臺国に居る。楽浪郡徼はその国を去る万二千余里。」

とのべた。ここでは、

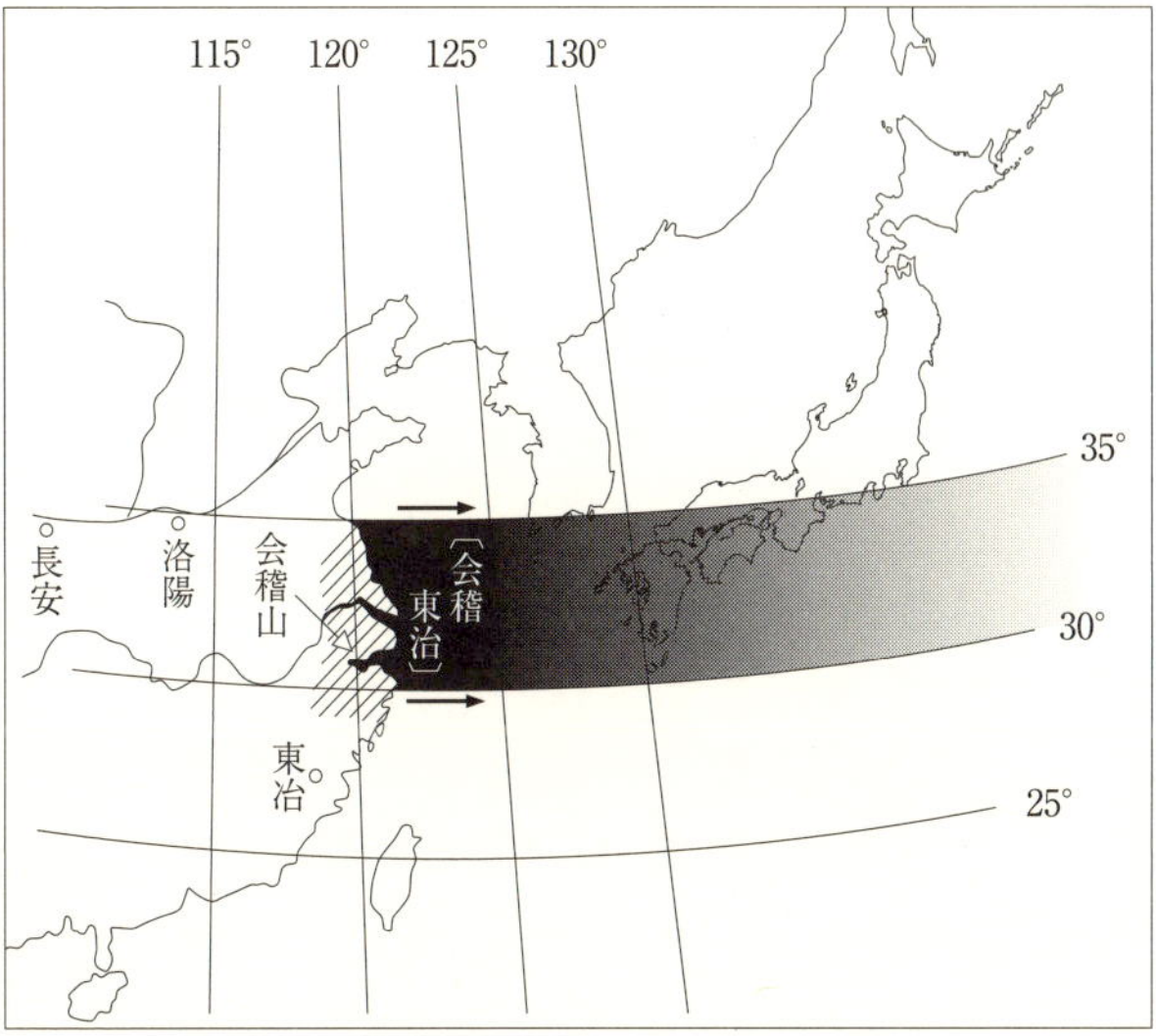

「会稽東治の東」に相当する領域図
（出典）古田武彦『「邪馬台国」はなかった』より。

「楽浪郡」
ではなく、
「楽浪郡の徼《きょう》」
としている。「徼」とは、
「みまはり」巡卒。
「或千里無二亭徼一」（史記、平準書）
「さかひ、とりで。
邊塞、木柵をくみ、境界をめぐらした
境界。もと中国の西南方に設けたもの。
徼、一曰、境也。（集韻）（さかひ）
徼二麋《び》鹿《ろく》之怪獣一（史記、司馬相如伝）
（さえぎる）　（諸橋大漢和辞典）
右のように、「地名」や「固有名詞」
ではなく、
「楽浪郡の（境界の）一端」
といった形の表記をしていたのである。
かつて第一書を書くとき、わたしはこ

れを、

「後漢代はまだ、帯方郡が存在しなかったからだ」

と考えた。代わって〝苦肉の策〟として、この「徼」という表記を用いた、と考えたのである。

それも、一応〝もっとも〟と言えるかもしれぬ。だが、それだけではなかった。西（中国本土側）の「終着点」を「郡」ではなく、「県」とした。「東冶県」という、眇《びょう》たる「一県」と見なした。それに〝合わせ〟て、こちら側（朝鮮半島側）も、〝あいまいな、一個所〟めいた表現へと〝移し変えた〟のではないか。そうでなければ、堂々と、「帯方郡の旧称（漢代名称）」に当たる「領域名」を書けばよかった。

それを書けば、三国志と同じく、「一点（県名）」ではなく「一領域（会稽東冶の領域）」として〝対応〟できたのである。

「一個所の改変が、他の改変を〝呼びおこした〟」

その一例だったのではあるまいか。

「邪馬壹国」との連動

論じてここに至れば、人々は気づくことであろう。一番肝心の、「『邪馬壹国』から『邪馬臺国』への〝変動〟」もまた、このテーマと「連関」していることを。

「邪馬壹国」は「七万余戸」の大国だった。これに反して「邪馬臺国」は、「大倭王、ひとり」の拠点だった。少なくとも、その表記の形で、范曄は記したのである。

「面から点へ」という、「表記の規模」の〝変動〟もまた、范曄による、「東治から東治へ」という、「表現規模の矮小化《わいしょうか》」のテーマとも、動かしえぬ相関性をもっていた。今のわたしの目には、ハッキリとそう見えているのである。

里単位の問題

この問題をあつかってきて、見のがせぬテーマ、それは当然ながら、「里単位」の問題である。このテーマに関しては、改めて詳論しなければならないけれど、ここで一言だけ、注意しておきたい。それは、

「中国側（魏朝）の、本土内の『里単位』と、朝鮮半島・日本列島側の『里単位』とは、同一の『里単位』である。」

という、自明の命題である。

「自明」といったのは、他でもない。

「第一、洛陽（陳寿のいる魏の都）と第二、東治」

これが中国本土側（A）だ。これに対し、

「第二、帯方郡治（「万二千余里」の測定起点）と女王国（同じく、測定終点）」

これが朝鮮半島・日本列島側（B）だ。

この（A）と（B）を比較して、

「女王国は、『会稽東治』の領域の東に当たる。」

と「論定」しているのだから、（A）と（B）の「基礎単位」が同一でなければ、全く無意味である。

およそ「比定」や「論定」の〝態〟をなさないこと、疑いようもない。だから、わたしはこれを「自明」といったのである。

これがもし「自明」でなければ、陳寿が、あるいはわたしの理性が〝支離滅裂〟だということになろう。

さらに、「蛇足」を加えよう。

魏朝にとって、最大の敵手、少なくともその一つは、もちろん「呉」であった。すなわち、呉・越の地、この「会稽の領域」は、その最大の敵手の中心領域だった。その中心領域の〝ありか〟や〝広さ〟を、魏朝が知らなかった。――こんな「仮定」が成り立つものだろうか。わたしには到底考えられない。

しかも、後にも詳述するように、「周・魏・西晋朝の『短里』」と「漢・東晋以降の『長里』」とは、およそ「一対六」の比率なのである。「最大の敵手」の本拠地を「六倍の錯覚」、面積でいえば、その「二乗」だから「三十六倍の錯覚」をしていたのでは、戦争にも、何にもなりはしない。「実地の錯覚」の〝度を越して〟いる。ありえないことだ。ことに陳寿は、一個人としての一私史を記述したのではなく、「公的な歴史官僚（史官）」だった。この一点が重要である。

単なる、不用意な「ひとりの地理学者」ではなく、魏朝の公的認識を背景にした「歴史官僚」だった。それが陳寿なのである。

だからわたしは「自明」といったのである。

現在、なお日本の学界で〝生きつづけて〟いる、というより〝隠された定説〟のような「よそおい」を与えられている「東治」、後漢書の范曄の「改定」文面は、率直に言えば一〇〇パーセント「否（ノウ）」である。全く成立の余地はないと言うほかはないのである。

8　漢字と日本列島の絆《きずな》

訓みをめぐる問題

本題に帰ろう。三国志の魏志倭人伝の〝訓み〟をしめすのである。「倉田命題」「都市命題」「令支命題」等を手にした今、それらのルールに従って、今や倭人伝内の地名、三十国、さらに官名、職名、人名などに対して、すじの通った〝訓み〟をしめすことができる。そういう幸せな地点に、今わたしは立っているのである。

もちろん、従来とて、それらはすべて〝訓まれ〟ている。否、それらに対する〝訓み〟こそ、いわゆる「邪馬台国」論議の中枢をなしてきた。そう言っても、過言ではない。第一、「出発点」をなした「邪馬台国」を「ヤマト」と〝訓み〟、奈良県の大和や福岡県の山門に当てる。さらには、島原半島を中心とする、周辺の各地名に〝対応〟させる。それらが、従来の論者にとって、むしろ「唯一の手段」そして「最高の手法」とさえされてきたのだった。そのあげく、日本列島各県・各地に「邪馬台国」候補地が氾濫する〝てい〟となったのだった。

それらのすべてに対して「否（ノウ）」と告げたわたしにとって、わたしの提起した基本のルール、根本の方法に従って〝訓む〟、〝訓み切る〟そういう地点に到達したのである。

いかなる苛烈な批判も、喜んでこれを受けたい。どんな辛辣《しんらつ》な批判であっても、それらはまさに「わたしの方法」そのものに対する批判なのであるから。

古代と現代の日本語は同じか

とは言っても、これほどの問題だ。肝心の「展開」に入る前に、慎重に〝足もと〟を確かめてみなければならない。具体的には、倭人伝の中の用語は、果して日本語か、という問題だ。その前提はもちろん、すでに「倉田命題」で保証されている。しかし今は、さらに進んで、次の一点の確認が重要である。

「現代の日本語で倭人伝を〝訓んで〟もいいのか。」

この一点である。わたしたちの日常使っているのは、二十一世紀の日本語である。だから、三世紀、倭人伝の中の日本語とは、「開き」があるはずである。事実、古事記や万葉集などの研究者は、七〜八世紀の日本語がわたしたちの日常使っている日本語とはちがう、有名な「甲類・乙類の特殊表記」の橋本（進吉）法則一つとっても、これを〝忘れたら〟話にならない。これは古典を学ぶ者の常識である。だから、うっかり現代の日本語で倭人伝を〝訓む〟なんて、とんでもないこと。——そのように力説する論者が、それこそ枚挙にいとまもなく現れて当然である。では、どうか。本当にそうか。

この問題に〝手をつける〟前に、「念押し」したい。

「倭人伝の中の倭人は、『日本語』を使っているのか。」

陳寿の記した日本語

今さら〝馬鹿々々しい〟問いかけのように見えるかもしれない。しかし、もし当時（三世紀）の倭人の使用言語が「倭語」ではなく、中国語や韓国語や高句麗語だったとしたら、今わたしの試みようとしているテーマは、根本的に〝成り立ち〟えないこととなろう。

しかし、先述のように、貴重な事例を、陳寿は倭人伝の中に記録してくれていた。著名の一節である。

「下戸、大人と道路に相逢えば、逡巡して草に入り、辞を伝え事を説くには、或は蹲《うずくま》り或は跪き、両手は地に拠り、之が恭敬を為す。対応の声を噫《あい》と曰う、比するに然諾《ぜんだく》の如し。」

この一文は、次の二点をしめす。

第一に、「大人」と「下戸」という階級社会、それが倭国だ。だが、両者に〝共通〟する言語がある。――「噫」である。「アイ」もしくは「イ」という発声である。いわゆる“yes”あるいは〝ＯＫ〟に当たる日本語だ。「ハイ」である。幼児語などでは、今も「アイ」とも言う。二十一世紀に通じる日本語である。

第二に、だが、より細かく見つめれば、現在は“Hai”だから、語頭に“H”もしくは“Ha”の音を加えるのが通例である。つまり「接頭語」もしくは「接尾語」が〝付加〟されているのである。すなわち、倭人伝内の固有名詞や術語の場合も、その「手」の変動の存在する可能性がある。

陳寿の活写した一文に対し、わたしたちは深く礼を言わねばならぬ。

陳寿の記した「ヤマ」

もう一つ、重大な一語がある。

それは「邪馬（ヤマ）」である。これに〝付加〟された「壹（イチ）」については、後に詳述する。

まず、最初の「邪馬」を「ヤマ」と〝訓む〟こと、これもおそらく異論はないであろう（「ジャバ」といった〝訓み〟も、一説には、存在した）。

その証拠は、倭人伝の冒頭である。

「倭人は帯方の東南大海の中に在り、山島に依りて国邑を為す。」

この「山島」表示のあと、出現するのが、問題の、

「邪馬壹国」

だ。だからこの「邪馬」が「山」であること、その発音が「ヤマ」であること、陳寿がそれを〝見事に〟指示しているのである。すなわち、これが〝mountain〟に当たる倭語であること、そしてそれが二十一世紀の現代日本語にとっても基本語の一つであること、疑いえない。

しかも、これは先述の「噫（アイ、イ）」のような、一種の擬音語ではない。レッキとした「有意」の言語である。だが、三世紀から二十一世紀まで、連綿として継続している日本語であること、この一事の意味するところは、限りなく大きい。深いのである。

しかも、「平野」や「沼地」ではない、「山」が特記されていること、その意義はやがて読者も〝うなずく〟こととなろう。ここでも、陳寿の的確な描写力に対して、脱帽しなければならない。

「ジャバ」とは訓めない

さらに、見のがせぬ局面がある。

「邪馬」を「ジャバ」とする〝訓み〟の可能性があるけれど、これは「否（ノウ）」

である。今、まともにこれを「南海のジャバ島」などと〝結びつけ〟て論ずる人はいないであろう。なぜなら「ジャバ」では「日本語」にならず、地理的にも〝遠き〟に過ぎる上、倭人伝に列記する「三種の神器」や「絹と錦」の出土分布を（三世紀近辺の地層に）見ることがないからである。

では、「ヤマ」と〝訓むべし〟とした場合、どうなるか。ここにも「倭人伝の固有名詞と術語」解読の「基本のヒント」がふくまれているのだ。右の「ジャバ」の場合、いわゆる「漢音」である。北朝音である。これに対して「ヤマ」の場合、南朝音、いわゆる「呉音」系列なのである。

三世紀以前の日本語は南朝音

若干の解説を加えよう。

「周・漢・魏・西晋」系列の中国音は、西晋の滅亡（三一六）をもって断絶する。鮮卑が南下して洛陽・西安を征圧して「北魏」を建国したからである。

「北魏」のもたらした〝鮮卑系の発音〟が新たな天子や支配層の言語であり、被支配者層の「西晋以前」の中国音は、これと〝混合〟せざるをえなかった。文字の「字形」においても、各種の変動が生じた。羅振玉の『碑別字』は、その時期の「新型、文字群」の研究である。

当然ながら、「文字の発音」についても、一大変動がおこった。いわば「北朝音」だ。これを（北朝の）彼等は「漢音」と称した。「漢の正統を受け継ぐ」旨を〝偽称〟もしくは〝擬称〟したのである。――これがいわゆる「漢音」である。

これに反し、「西晋以前」の、本来の中国音は、東晋に〝受け継がれ〟た。建康（南京）を都とする「南朝」である。ここでは「西晋以前」の、本来の中国音が「支配者層の言語」であり、これと被支配者層としての「呉・越等の、現地音」とが〝混合〟された。――これを「呉音」と称したのである。

しかし、「漢音」「呉音」とも、いわゆる「大義名分上の〝造成の術語〟」にすぎず、本来の「言語学上の表現」ではなかったから、今はあまり〝用い〟られていない。

しかし、ポイントは、次の一点である。

「倭人伝の漢字は、三世紀以前に伝来した文字と〝訓み〟であるから、基本的には、右の『呉音』、より正しくは『南朝音』の方が妥当する。もっと厳密に言えば、〝妥当する可能性が高い〟のである。」

と。右の理路を、はからずも、今とりあげた「邪馬」が、「ジャバ（北朝音）」ではなく、「ヤマ（南朝音）」であることをしめす。その一事が〝証言〟されていたのである。

もちろん陳寿は、自分の死後まもなく（三一六）、西晋朝が滅亡し、黄河流域の洛陽や西安が〝鮮卑語なまり〟の時代へと突入することなど、「予知」してはいなかったであろう。

しかし、右の「邪馬（ヤマ）」という二字、その一言の表記は、わたしたち二十一世紀の後代人に、「倭人伝の〝訓み方〟」をまさに「告知」してくれていたのである。

日本語の原則は変わらず

楽しい話題を加えよう。

日本列島は「冷凍庫」または「冷蔵庫」である。三世紀以前に渡来してきた「文字」と「訓み」が、今も〝腐らず〟に保存されている島なのである。

中国の大陸本土では、歴史とは王朝の交替だった。外来の異民族が、新たな征服者として、中国本土を支配した。先述の鮮卑以後も、モンゴル（元）や満州族（清）など、中国の「外」からの〝侵略〟と〝征服〟がくりかえされてきた。周知のところだ。あの「周」でさえ、シルクロード上の一民族が、匈奴などの圧迫に耐えかねて、西安周辺への「亡命」を殷朝から許されて移り住んだ、異民族の一つだった。文字通り、周知のところだ。

民族の移動と共に、国家も変転し、同時に「文字」も「訓み」も、変動しつづけて今日に至っているのである。

しかし、日本はちがった。右のような「文字」や「訓み」の変動を〝よそに見て〟、みずからは古く到来した「文字」とその「訓み」を守り、「保守」しつづけて今日に至っているのである。

だから、あの新井白石が、わざわざ中国人（明・清）を呼んで、倭人伝などの〝訓み〟を学んだ、というのは、彼ならではの「心くばり」だったけれど、実際は〝逆〟なのである。十八世紀前後の江戸時代の中国人の「発音」で、倭人伝を訓むなどとは、〝とんでもない〟手法、「方法上のあやまち」だったのである。

わたしたちは、このような「島国の幸せ」のただなかに生まれた。そして三世紀の倭人伝に直面した。この島国に伝えられた「訓み」を無上の〝武器〟として、この倭人伝の解読に取り組むとき、あの女王俾弥呼は、はじめて魅力あふれる素顔をわたしたちにありありと見せてくれはじめるのではあるまいか。

第四章　邪馬壹国の真相

1　「三十国」の訓み方

倭人伝の中の「三十国」中の「二十一国」について、わたしの辿った道を、そのまま書こう。

邪馬国

まず、「邪馬国」。〝訓み〟は「ヤマ」だ。女王国の中心「邪馬壹国」と語幹が共通している。両者の〝関係〟は深い。むしろ、同根の〝伝播〟であろう。——「大和（ヤマト）」である。

「ト」は〝戸口〟。〝神殿のありか〟をしめす、接尾語だ。わたしは、そう考えた。

とくに、古事記・日本書紀が、天皇家の来歴を「九州からの伝播」としていること、特に古事記が「筑紫《ちくし》の日向《ひなた》の高千穂のクジフルタケ」を〝出発地〟としている点が注目される（日本書紀は、宮崎県の「日向《ひゅうが》」の霧島連峯とする）。「筑紫の日向」の地には、最古の弥生王墓、「三種の神器」（勾玉と銅剣と銅鏡）の出土地である、吉武高木がある。この博多湾岸を中心に出土する「三種の神器」や「絹」は、やや遅れて「大和（奈良県）」から出土することが、今は周知である。

したがってこの「邪馬国」を奈良県の「大和」とする立場、それはわたしには〝ゆるぎ〟のない見地だった。津田左右吉のように、神話をもって「後代の造作」とし、「六世紀の天皇家の史官の〝造作〟」とした場合、筑紫（福岡県）の出土事実との「対応」と「一致」を、単なる〝偶然の一致〟とする他ない。全く無理なのである。

勾玉と剣と鏡の「三種の神器」が、筑紫の日向の高祖《たかす》山周辺の弥生の王墓から出土する、この事実に対して、今も「津田左右吉の後継者たち」は堅く〝目をおおうて〟いる他ないのである。

それは「三種の神器」だけではない。後述するように「絹と錦」もまた、

「筑紫（福岡県）から大和へ」

の、文明の〝伝播ルート〟が〝リアル〟であることをハッキリさししめしていたのである。だから、

「邪馬壹国（A）と邪馬国（B）」

という〝流れ〟を無視することはできない。

津田左右吉は、不幸にも、「考古学上の出土分布」との対応を見る、という「歴史学者としての目」をもっていなかった。そのための「錯失」であろう。

邪馬壹国

倭人伝の中の二つの国名、「邪馬壹国」（博多湾岸とその周辺山地）と「邪馬国」（奈良県）とが、右のように一個の仮説として「定置」されたとき、この倭人伝の「三十国」の国

名が、九州から関西に至る、西日本一帯の存在ではないか。そういう〝アウト・ライン〟が浮かんでくる。

しかし、まだ女王国の入口から「半歩」足を踏み入れたのにすぎない。一段と慎重に、考えてみよう。

わたしに、次の一歩、重要な一歩を踏み出させたもの、それは「為吾国」の存在だった。

奈良県の「生駒（イコマ）」である。「マ」は接尾語。語幹は「イコ」だ。語尾の「コ」は、濁音化すれば「ゴ」である。

日本語の清音と濁音の〝ちがい〟は微妙である。「高田」は「タカタ」（地名）と〝訓む〟ケースと「タカダ」（姓）と〝訓む〟場合と、まちまちである。「古田」は「フルタ」であって「フルダ」とは訓まない。このような、清音と濁音の区別は、当の日本人にも、うまく〝説明〟できない。外国人から聞かれても、ほとんどの日本人が〝答えられない〟であろう。ただ「そうなっている」としか言えないのである。

ただ「語末が濁音化しやすい」傾向のあることは、誰でも経験的に知るところである。奈良県でも「ヤマト、三山」などと呼ばれているのは、県内盆地の南半部分の〝呼び名〟だった。「大《おお》ヤマト」と呼ばれている地帯などをふくむ。飛鳥や桜井市の周辺である。

これに対し、奈良県の北部分、奈良市から生駒にかけての地帯、それがこの「為吾国」だったのではあるまいか。「吾がため」もしくは「吾と為す」といった、親愛の字面である。

「伊邪国」
ながらく〝解けず〟にいたのは「伊邪（イヤ）国」である。それが解けた。四国の徳島県の「祖谷（イヤ）」である。

今までは、平野部の地名に〝目が縛られ〟ていた。それが、「邪馬（ヤマ）」や「為吾（イゴ）」（生駒）の例から、「山地の名」へと、わたしの目は、向かってきたのである。

考えてみれば、当然だった。

三世紀は「弥生の時代」だ。稲作がしめすように、平野部や泥湿地帯に「人口」が集中しはじめていた。しかし、それ以前、「縄文時代」さらに「旧石器時代」には、逆だった。「山」こそ人間にとって〝依るべき場所〟だったのである。

第一に、収穫。山々には果樹が実り、人間に対して「食」を与えてくれる「生産と収穫の場」だったのである。

第二に、安全。野獣、他の部族からの襲撃を〝いち早く〟発見し、「対抗」するための、絶好の場所だったのである。「石を投げる」際にも、「上から下へ」と「下から上へ」と、いずれが有利か、言うまでもない。津波等の襲来に対しても、「山」の方がより安全なのである。「山」こそ、縄文以前の、人間の〝拠点〟だった。その〝拠点〟には、当然「地名」がつけられた。

三世紀という時代、その「弥生時代」に新たにつけられた地名より、はるかに「長い歴史をもつ地名」、それは「山の地名」だったのである。地名の、質・量ともに「中心」は、他ではない「山の地名」だったのである。

わたしの両親は土佐（高知県）の出身である。父親は高知市、母親は安芸市である。室戸岬に近い。祖母（父親の母）が幼いわたしにいつも土佐の思い出を語ってくれた。その中で石鎚《いしづち》山と剣山が畏敬の対象だった。その剣山のそばに「祖谷《いや》」がある（郵便番号帳にもある）。この「祖谷」ではないか。そう考えたのだった。吉野川の上流である。

これまでのわたしは、平野部に「目」をつけてきた。このような高山の周辺など、まるで「目」もくれなかった。しかし、前述のように、「旧石器時代」や「縄文時代」は「山」を中心とする時代であり、その「山」の周辺にはすでに「地名」があった。

三世紀の倭人伝の中の「地名」は、「山」を中心とする「地名」だったのである。質・量ともに、そうだったのである。

わたしは、孫のわたしに対して飽きずに語ってくれた祖母に対して、厚い感謝の念をささげたい。

2　邪馬壹国表記の真実

「山島」と「邪馬」

肝心の「邪馬壹国」について、丹念に考えてみよう。

先述したように、陳寿は倭人伝の先頭において、この倭国を「山島」と形容している。「邪馬壹国」の「邪馬」は、その「山」をしめす日本語である。縄文・弥生から現代の二十一世紀におよぶ、典型的な日本語であることが、見事にしめされていたのである。

次の「壹」も、同じだ。「イチ」という、現代日本語に至る、〝旧《ふる》い訓《よ》み〟で訓まなければならない。外来民族の「侵入」によって、次々と変動させられてきた「鮮卑（北魏）系」や「モンゴル（元）系」や「満州（清）系」等の、代々の変動させられた中国語ではなく、日本列島伝来の「日本人の訓み」で訓まなければならないのである。

「壹」

次は「壹（イチ）」である。この一語こそ、倭人伝解読のキイ・ワードなのである。日本の地名では「イ」を接頭語にもった地名が少なくない。たとえば「伊豆（イヅ）」、〝神聖な津〟である。たとえば「伊勢（イセ）」、〝神聖な瀬〟である。たとえば「壱岐（イキ）」、〝神聖な要害〟である。たとえば「伊予（イヨ）」、〝神聖な世〟である。

すでにわたしは「言素論」（『多元』に連載）で、くりかえしこのことを論じてきていた。わたしにこのテーマを「開眼」させたのは、「家島（エジマ）」（兵庫県）だった。わたしの親戚のある島である。姫路に近い、瀬戸内海上の島だけれど、いつも「家島（エジマ）の伯父《おじ》さん」といった呼び名がわたしの家庭で日常的に用いられていた。

ところが、この島の教育委員会の方にお聞きすると、「イエシマ」とも言うとのこと。もちろん、生まれて以来、この島に住んでいる方である。

わたしはそれまでは「エジマ」は「江島」であり、〝入江のある島〟という意味だと思ってきた。「江戸（エド）」が〝入江のある神殿の戸口〟を意味するのと、同型にすぎない、と思っていた。これを「家島」と書くのは、〝類音〟にすぎない。そう思ってきたのである。

しかし、ちがった。「イエシマ」という発音も、同時に行われているのである。この「イエ」は何か。当然〝神聖な入江のある島〟の意味なのである。

現代のアイヌ語でも、同種の用法があるという（片山龍峯『日本語とアイヌ語』すずさわ書店。「アイヌ語――日本語音韻対応表」、五ページ参照）。原初日本語の用法（右の各地名）が、現代のアイヌ語にも遺存しているのではあるまいか。名詞の上につけられた「ｉ」は「神聖であること、タブーであること」をしめして用いられているというのである。

ともあれ、今問題の「壹（イチ）」も、まさにこの「イ」が接頭音として用いられているのである。

「チ」について

「チ」については、言うまでもない。わたしの言素論の基本語の一つだった。大切なテーマであるから、重複をおそれず、再説しておこう。

わたしの尊敬すべき先輩、梅沢伊勢三さん（東北大学）は、古事記研究に一生をついやされた方である。その中で、「神（カミ）」とは別個の、〝古い、神をしめす言葉がある〟ことを「発見」し、詳述された。

「アシナヅチ」「テナヅチ」「ヤマタノオロチ」「オウナムチ」などの「チ」である。古事記の中に、このような「カミ」とは別体系の「神を意味する、言語」の存在することを力説されたのである。

東北大学の学生時代、村岡典嗣先生亡きあと、いつも日本思想史科の助手の梅沢さんの薫陶をうけつつ、学生生活をおくっていたわたしにとって、研究の原点となったのである。後年、北海道や樺太の対岸、ハバロフスク州に住む「オロチ族」の古老をたずね、「オウナムチ」の「ナム」が〝海〟、「ナ」

は大地、「ム」は水を意味する、「古きオロチ語」であることを確認できたのも、この問題意識から発していた。わたしの言素論の原点の一つとなったのである。

そのため、この「壹（イチ）」の意味も、わたしにはすでに鮮明だった。〝神聖な、古き神〟を指すべき、重要なる一語に他ならなかったのである。

大義名分論の罪

このように考察してくると、今までの「邪馬台国」研究史の〝犯してきた〟ところ、それがいかに〝重大な改変〟、ハッキリいえば倭人伝解明の中心棒を「熔融」させる暴挙であったかが判明しよう。

「わが国の中心は天皇家以外にない。」

そういう「朱子学流」の大義名分論に立ち、「天皇家がおられたのは大和（奈良県）である」。だから「『ヤマト』と読めない、倭人伝の『邪馬壹国』を捨て、『ヤマト』と読めそうな、後漢書の『邪馬臺国』と〝取り変える〟べし」と。

このような「手法」が、学問の文献処理の「方法」として〝乱暴極まりない〟やり口であったこと、ことの筋道をふりかえってみれば、誰人にも「否定できぬ」ものがあるのではなかろうか。

「ヤマイチ」とは何か

では、その「邪馬壹国」の「ヤマイチ」とは何か。ここで「山（ヤマ）」といっているのは、どこの山か。そしてその「山における神聖なる神」とは、誰か。「問い」は必然的に、その一点へとすすまざるをえないであろう。

古事記は「天孫降臨」地として、次の一句をあげている。

「竺紫（チクシ）の日向（ヒナタ）の高千穂の久士布流多気（クジフルタケ）。」

竺紫は「チクシ」（ツクシ）、福岡県である。日向は「ヒナタ」。高祖山《たかす》には「日向（ヒナタ）峠」があり、「日向（ヒナタ）川」が高祖山の東側へと流入し、室見川と合流する。そこは「日向（ヒナタ）」の地であり、最古の「三種の神器」を出土した、吉武高木遺跡は、その合流地に当たっているのである。その高祖山こそ、筑紫の「原点」なのである。

陳寿は倭人伝において、魏使が帯方郡を出発点として、不弥国に到着するまでを「里程」で表記した。その不弥国こそ、糸島市（福岡県）から博多湾岸（福岡市）に入ったところ、その地帯を指していた。その地帯をもって魏使の行路を終結し、その南が「女王国」であると指定した。「邪馬壹国」の〝ありか〟としたのである。すなわち、この高祖山連峯の地に到着したこと、それが「邪馬壹国」の領域に他ならないことをしめした。

この倭人伝の眼睛（目玉）をなす一語を無造作に〝投げ棄てる〟ことから、従来の「邪馬台国」研究は出発していたのである。

「邪馬壹（ヤマイチ）」とは、この高祖山をもって「山」と呼び、この高祖山に祭られた「古き神」をもって「壹（イチ）」と呼んでいた。倭人側による、倭人の呼んだ倭語が、この一語だったのである。

陳寿がしめした倭人伝の表記は、古事記（そして後述するように、日本書紀も同様である）のしめす、「倭人の伝承」そして「倭人の神話」に語るところと、ピタリと一致していたのである。驚くべきことである。

高祖山

　ではなぜ、「高祖山」なのか。その秘密はこの山の東西に分布する稲作中枢の地帯にある。西に菜畑（佐賀県）や曲田（福岡県）、東に板付（同上）。いずれも初期稲作水田の地である。かっては「BC三五〇」あたりにおかれていたけれど、C14の測定により、BC八〇〇年から一〇〇〇年前後に〝さかのぼっ〟た。今は周知のところである。

　この東西両地域の「稲作中枢地帯」を眼下に見おろすところ、その「山地」こそこの高祖山連峯なのである。この「山地」を支配すれば、東西の「稲作中枢領域」を〝脚下〟に収められる。支配できるのである。そしてむろん、東の油山の山地、そして宝満山。西の背振山脈へと、それこそ「山伝い」に移動できるのである。「縄文時代」以来、軍事上枢要のポイント、文字通りの要地だったのである。

　「東日流《つがる》外三郡誌」（「和田家資料1」二二四ページ）の「荒吐《あらはばき》神要源抄」には、

「筑紫にては南藩民航着し、筑紫を掌握せり。（中略）筑紫の日向に猿田王一族と併せて勢をなして全土を掌握せし手段は、日輪を彼の国とし、その国なる高天原寧波《たかあまばるニンポー》より仙霞の霊木を以て造りし舟にて、筑紫高千穂山に降臨せし天孫なりと、自称しける。即ち、日輪の神なる子孫たりと。」

として、この高祖山を「筑紫の高千穂」として特記している。彼等、江南の高砂族が、太陽の出るところ、対馬海流の東に当たる、この筑紫の地に、「一大拠点」をもうけたのも、偶然ではなかったのである。

高祖山（右側）（西坂久和氏撮影）

天孫降臨

　周知のように、日本書紀の「天孫降臨」神話では、
「葦原の千五百秋の瑞穂の国は、是、吾が子孫の王たるべき地なり。ここに爾皇孫《いましすめみま》、就《い》でまして治《しら》せ。行矣《ゆけ》。寶祚の隆《さか》えまさむこと当に天壌と窮り無けむ。」
として、「稲作地帯に対する、侵入と支配」を、彼等（天照大神側）の「主目的」としている。必ずしも、「我々が稲作をもたらした」と言わず（一例あり）、ほとんどは、「すでに存在する稲作中枢地」に着目しての「侵出」もしくは「侵略」であることを明記しているのである。

　このような「表記」は、まさに「稲作」をめぐる歴史の真実を〝裏書き〟しているのではあるまいか。

「古事記の神話の背景に、東日流〔内・外〕三郡誌の記録がある。」

　いわゆる「偽書説」の周辺にとどまっていた人々にとっては、〝奇想天外〟そのものかもしれないけれど、「先入見」を排した「真実の歴史の論証」は、まさにそれをしめしていたのである。

3 「三十国」の探究

「三十」について

倭人伝には「邪馬壹国」以外に、三十国が並記されている。そのうち、九国は帯方郡から不弥国までの途上国だ。主線行程と傍線行程がある。

これに対して「二十一国」は国名だけが〝投げ出され〟ている。これが今回の問題である。「次に」という言葉で並記されているから、一見「倭国内の地理的位置」の順序かと見えるけれど、それではうまくいかないこと、多くの人の「実験」されたところであろう。この点、貴重な示唆をいただいたのが、加藤一良さん（東京、北多摩病院院長）である。

その提言は「三十国は〝倭国側からの情報に拠った〟のではないか。」ということである。倭国からの上表文や交流の中に、その存在があげられていた。それを陳寿が〝採用〟して書いたのではないか、と。「盲点」だった。

倭人伝では、四回の「倭国から魏晋朝への国交」が報告されている。

第一回は、景初二年（二三八）。例の難升米《なんしめ》や都市牛利《といちごり》の洛陽行きである。第二回は、正始元年（二四〇）。倭王は上表文を献上している。次に正始四年（二四三）、正始六年（二四五）と続き、そして第三回は、正始八年（二四七）の太守王頎《おうき》のときの、倭載斯烏越等の帯方郡行き（狗奴国問題）である。

そして第四回の壱与のとき、次の一文がある。

「因りて臺に詣り、男女生口三十人を献上し、(云々)」

とある。ここにも、「三十」という数字が出ている。問題の「三十国」との関係の有無いかん。――このテーマである。

この「加藤命題」を発端とする疑問は、思いがけぬ「一大テーマ」へと発展した。それは後に詳述するとして、今はその「三十国」の中の、一見バラバラに並べられた「二十一国」問題へと目を向けよう。わたしが最近〝目を開かれた〟テーマから、逆にさかのぼって解説してゆこう。

「二十一国」

「二十一国」は次のようである。

「次に斯馬国有り、次に已百支国有り、次に伊邪国有り、次に郡(都)支国有り、次に弥奴国有り、次に好古都国有り、次に不呼国有り、次に姐奴国有り、次に対蘇国有り、次に蘇奴国有り、次に呼邑国有り、次に華奴蘇奴国有り、次に鬼国有り、次に為吾国有り、次に鬼奴国有り、次に邪馬国有り、次に躬臣国有り、次に巴利国有り、次に支惟国有り、次に烏奴国有り、次に奴国有り、此れ女王の境界の尽くる所なり。」

「蘇」の字をもつ三国

わたしはすでに、安んじて指摘することができる。「二十一国」中、「蘇」の字をもつ三国のことだ。倭人側の表記である限り、これがあの九州随一の名山、阿蘇山を指す。これは誰人にも、容易に思いつくところではなかっただろうか。

(a) 対蘇国
(b) 蘇奴国

（c）華奴蘇奴国

倭人伝で「奴（「ヌ」あるいは「ノ」）」は、「野」の意義で使われているようだ。その頻度から見ても、「新規の、平野部」を指す言葉として、もっともふさわしいからである（従来「ナ」と訓んで、博多湾岸に当ててきたのは、「否（ノウ）」だ。後述する）。

だから（b）の「蘇奴国」は、〝阿蘇山を取り巻く原野〟の意と思われたけれど、難題は（c）だった。この「二階建て」のような「四字国名」は、何物か。この疑問だった。――それが〝解け〟た。「華奴」は「火野（カヌ）」だ。〝火の燃える原野〟の意味である。「華」と「火」とは、〝日本人の「訓み」〟では、ほぼ対応している（中国音では「否」（ノウ））。

問題は「二階建て」の構造だ。古事記を見ると、「甲の乙」という形で、「甲」は〝全体の一部〟、「乙」は〝全体〟を指すことが少なくない。「伊予の二名の島」（上巻）は、「身一つにして面四つあり」として、四国全体を指す、とされているけれど、

（甲）伊予（狭）

（乙）伊予の二名の島（広）

という「二階建て」構造をもっている。要するに、その「全体（乙）」の中の一点（甲）から、〝全体を指す〟用法なのである。

後代の行政制度の中の、「丙（広）の丁（狭）」とは、逆の「書き方」、視点なのである。

また、「筑紫島」の場合も、「身一つにして面四つ有り。」として、九州全体を指す、とされている

けれど、その「一部（狭）」の「筑紫」という視点から、九州島全体を指す、という用法に立っている。

おそらく、海人（アマ）族が、海の側から一個の「島全体」を表現するとき、自分のいる一個所（狭）を拠点として、全体（広）を表現した、その表記法ではないかと思われる。

このような立場から見ると、今問題の、「華奴蘇奴国」は、阿蘇山そのものを「基点」として、〝阿蘇山を取り巻く原野〟を表記したものであろう。もっと、つきつめれば、「蘇奴国の中央に阿蘇山あり」――この一点を表記していたのである。

「対蘇国」

この点、逆に、かえって〝不分明〟なのは「対蘇国」だ。これも、中心点が阿蘇山であることは疑いないけれど、その阿蘇山に対する国というのは、阿蘇山の〝東西南北〟いずれから「対して」いるのかが、問題だ。

もっともすでに「対海国」のとき論じたように、「対」というのは、決して〝現代風に（地理的に）相対する〟という意味ではない。「その地の神を祭る」というのが本来の意味だ。だとすれば、「東西南北」いずれとも可。要は「阿蘇山の神を尊崇し、これを祭る国々」の意であり、〝どの地点か〟というような「発想」こそ、「否（ノウ）」なのかもしれない。

この「阿蘇山」という表記、そして「発音」は古い。『東日流〔内・外〕三郡誌』によれば、シベリアの黒龍江方面から、最初に樺太、北海道、青森へと南下してきた部族、それが「阿蘇部族」だった。旧石器の時代である。「ア（阿）」は、接頭語、「ソ（蘇）」は「神の古名」である。対馬の「アソウ（浅茅）湾」も、京都の「アソウ（阿蘇）湾」（明治維新まで。舞鶴湾の古称。現在も一部に使用）も、同じ「ソ（蘇）」だ。もちろん「キソ（木曽）」（長野県）の「ソ」も、同じ語法である。

してみれば、今まで何回も論じてきた「山嶽地名」中の筆頭、右代表の位置にあるもの、これが他でもない、この「蘇」の一字だったのではあるまいか（「久曽神（きゅうそじん）」という姓が現存している。「クソガミ」の音読みであろう。「ク」は〝奇し〟である）。

「好古都国」

嶮峻を登ったあと、「下り道」を楽しもう。

その一つは、「好古都（コウコト）国」である。これは「出雲（島根県）」だ。

「えっ？」と、驚かれるかもしれない。だが、筋道を通してみれば、三世紀の邪馬壹国、女王の都は、いわば「新規の都」の地である。

その「目」から、〝好ましき古き都〟と称することのできるのは、出雲しかない。そうだ。例の「国ゆずり」神話である。筑紫の倭国側の「目」では、

「出雲の王朝は、みずからの『都』を、筑紫へと（平和裏に）〝ゆずった〟好ましい国」

なのだ。もちろん「好ましい」というのは、筑紫側の立場、いうなれば「自己コマーシャル」の視点以外の何物でもないのであるけれど。倭人伝は「筑紫の倭人」の立場から書かれたもの、それが陳寿によって〝採用〟されているのである。

「では、そのような『表意』だけで、『発音』は関係ないのか。」

と問われれば、〝yes〟だ。「関係あり」なのである。

かつてわたしは「出雲神話に、銅鐸なし」という認識だった。本居宣長の〝訓んだ〟古事記伝に従って「古事記」を〝訓んで〟いたからである。

だが、ちがっていた。宣長は、自在に、「自分の美学」に従って「原文」（真福寺本、古事記）を自在に〝書き直し〟ていたのである。

ストレートな事例としては、「弟（オト）」（＝音）の文字を「矛（ホコ）」と書き直していたのである。例の有名な、古事記の「国生み」の段の「天の沼矛を賜ひて」は、真福寺本では「天の沼音」であり、「沼（ヌ）」は小銅鐸、「音（オト）」は〝sound〟の意味だった。弓が矢を放つように、小銅鐸は（楽器だから）音を発する。その形容だったのだ。だからこそ、あの印象的な、

「鹽許々袁々呂々邇（シホコヲロコヲロニ）」

という形容句が現われているのである。これはまぎれもない「楽器の音」の形容だ。「矛」などをどんなに〝突きまくって〟みても、こんな〝ひびき〟は到底ありえないのである。

したがってつづいて出現する「天沼琴」も、〝宣長訓み〟のような「あまののりごと」ではなく、「アマ（海士）ノヌ（小銅鐸）ノオト」なのだ。このわたしの理解の正当なこと、それは出雲の荒神谷や加茂岩倉などから大量に出土した小銅鐸の存在が何物にもまして、雄弁に「立証」しているのではなかろうか（他の「矛→弟」改変にもとづく「宣長訓み」の興味深い諸例は、『盗まれた神話』（復刊本、ミネルヴァ書房）所載の「日本の生きた歴史(三)」参照）。

以上のように観察してくると、今問題の「好古都」の三文字が「ココト」であることに驚く。「コ

ト」は、平安時代風の「琴」などではなく、楽器としての「銅鐸」だった。もちろん、中国の例がそうであるように、「音階」を変えて（釣り紐の長さを変え）楽器として用いるとき、文字通りの「古代琴」の性能を発揮していたのである。「ココト」の「コ」が「小」であること、言うまでもないであろう。「表意」のみならず、「表音」においてもまた、この表記は「正確」だったのである（右の「小銅鐸」以前の、「陶塤（トウケン）」、いわゆる「弥生の土笛」のテーマについては、『古代史を疑う』の「日本の生きた歴史(八)」に詳述する）。

「倉田命題」「加藤命題」に導かれて、わたしはいよいよ女王の微笑を真近かに見る日が近づいたようである。

「躬臣国」

次は「躬臣（クシ）国」。これは簡単である。筑紫である。本家本元の称なのである。

その「表意」は何か。「みずから臣下となった国」だ。もちろん「天孫降臨」神話の指すところ、対馬、壱岐の「海士（アマ）国」の首長、天照大神（アマテルオホカミ）」が、「国ゆずり」で、出雲から主権を奪ったあと、目指す筑紫、「高祖山連峯」を占拠した、女王国の始源をなす、画期的な事件である。もちろん、菜畑や曲田、そして板付という最大の始源稲作領域に対する「侵略」と「支配」であったこと、すでにのべた通りである。だが、「侵略」というのは、「被支配者側の目」による言葉だ。「侵略者側の目」では、逆である。「みずから進んで、臣下となった」というのは、例の「サルタヒコ」の〝出迎え〟恭順を指しているのである。

「サル」は沖縄では〝太陽が輝く〟の意という。太陽神なのである。「天孫降臨」以前の主神である。

九州や周辺に、広く〝祭られ〟、分布しているのである。そのような「従来の主神」がすすんで恭順した。もちろん「女王国側の目」による〝イデオロギー的表現〟である。

次は「表音」である。もちろん「クシ」である。筑紫（チクシ）または筑紫（ツクシ）と言う。「チ」は、例の「太陽の神」の古称、「ツ」は、もちろん「津」。博多湾である。要するに〝信仰上の表現〟か、〝地理上の表記〟か、の違いだけで、その語幹は同一。「クシ」だ。「ク」は〝奇し〟の「ク」。「シ」は、〝人の生き死にするところ〟（「言素論」参照）である。

興味深いテーマがある。はじめわたしは、「筑紫」を「チクシ」と〝訓む〟のは福岡県だけ、と思っていた。「筑紫ヶ丘高校」は「チクシガオカ」なのである。

ところが、あとになって、聞いた。「島根県でも『チクシ』と言いますよ」と。初耳だった。もちろん、島根県在住のすべての方々が「チクシ」と発音されるのかどうか、判然としないけれど、少なくとも、島根県（出雲）には福岡県（筑紫）と同じ「発音」が現在も〝継続〟しているようである。「言語の継続性」の不思議である。

「出雲と筑紫との連係」――この古代の「歴史」は、二十一世紀の言語分布にも、〝消えず〟に遺存していたのである。驚くほかはない。

「ヤマト」という地名

ここで、もっとも著名な事例をふりかえってみよう。すでにふれた「邪馬（ヤマ）国」である。

これを「大和」（奈良盆地の南半分）に当てて考えてきた。著名な「大和三山」の地である。

「ヤマト」という地名自身は、日本列島各地に多い。日本列島全体が、いわば「山地」であるから、当然のことである。

だが、なかでも古事記・日本書紀に言う「神武東征」、実は「神武東侵」の到着地の「ヤマト」となれば、他にはない。この「大和三山」の地の「ヤマト」である。

したがって倭人伝の「二十一国」の中の「邪馬（ヤマ）国」をこの地に比定したのである。「ヤマト」の「ト」は接尾語だ。だから、現在は〝接尾語付き〟で使用しているのである。

ちなみに、九州の「山門」と近畿の「大和」とは、ちがう。例の「甲類・乙類の特殊表記」がちがっている、と強調された時期があった。敗戦後の頃、この一点が「邪馬台国近畿説」の〝決定力〟をもっているかに力説されたのである（浜田敦「魏志倭人伝などに所見の国語語彙に関する二三の問題」前出）。

しかし、ここには「盲点」があった。「夜麻登」「夜摩苔」等の方は、「表音」であるのに対して、「山門」の方は「表意」である。この重要な〝差異〟を「無視」して論ずるのは、その基本において〝筋が通らない〟のである。これは筑後山門（女《ぞ》山）でも、筑前山門（福岡市）でも、変わらない。

古事記によれば、神武の軍が出発した「筑紫の日向（ヒナタ）」は、「筑前山門」を眼前にした室見川の上流域だから、この「筑前山門」の「ヤマト」が、到着点の「ヤマト」（大和）という地名の背景となった。そういう可能性もあろう。

ともあれ、倭人伝の「邪馬（ヤマ）国」が、奈良県の「大和」、「大和三山」の「大和」を指す。それはもっとも可能性が高い。

だが、この場合もまた、古事記・日本書紀の神話、ことに本来をなす古事記の「神武伝承」を背景としていること、疑いないのである。

すなわち、倭人伝の「二十一国」が、古事記などの「神話伝承」を背景としている。このテーマはすでにここにも存在していたのである。

「鬼国」「鬼奴国」　次は「鬼（キ）国」。当然、「鬼ノ城（キノジョウ）」で知られた、岡山県の中心拠点である。神籠石《こうごいし》と古型山城（いわゆる朝鮮式山城）の合成型の長大な山城の存在で知られている。

次いで「鬼奴（キノ）国」。右の「鬼国」の周辺の原野であろう。

また「烏奴（ウノ）国」。岡山から香川へ渡る、出発点は宇野港である。この「宇野」である。

九州では、断然「阿蘇山」が中心だった。「阿蘇山」を中央とする国名が幾層にも連ねられていた。ここ中国地方の山陽道では、この「鬼国」が中枢を占めているようである。

「斯馬国」　次いで、「二十一国」の順を追ってのべてみよう。

まず「斯馬（シマ）国」。日本列島は島国であり、列島であるから、各地に「～島」の部類の地名は数多い。

しかし、福岡県の志摩郡の「志摩（シマ）」の場合、「一大率、常駐」（後述）の「伊都（イト）国」の隣である上、全くの「同音」であるから、もっとも可能性が高い。そう言って過言ではないであろう。

逆に、「伊都国」の三方（西南の「末盧（マツロ）国」、東南の「奴（ヌ）国」、東の「不弥（フミ）国」）を記しながら、北の「志摩国」のみ欠如しているとすれば、かえって不自然であろう。

もう一つ、この「斯馬国」の事例から見ても、「一つの、まとまった島」の意義ではないことが注意される。だから「対海国」の場合も、「対馬の全島、丸ごと」を指す、という〝必然性〟は、必ずしもないこととなろう。

「已百支国」

次は「已百支（イハキ）国」である。わたしたちは漢字を憶えるとき、「巳（ヘビ、ミ）」と「已（スデニ、イ）」と「己（オノレ、コ）」の三字形を峻別すべきことを教わった。「ミ（巳）は上に、スデニ（已）半ばに、オノレ（己）は下に」という〝呪文〟で暗記した。たとえば「巳（ミ）の刻」「已然形（イゼンケイ）」「自己（ジコ）」などの別だ。

しかし、三国志の紹熙本・紹興本などを見ると、必ずしもこのような「峻別」はされていない。たとえば「已（スデニ、イ）」と「己（オノレ、コ）」は同型である。あの峻別は、「三一六」以降の「漢音」の時代のようである。

「百」は「ハ」。「支」は例の「キ」だ。「シ」ではない。では、「イハキ」とはどこか。

「井原」のよみ方

わたしには、研究上の重要な「転機」があった。「君が代」の地名分布を追跡していたときだ。糸島市（旧・前原市）に「井原遺跡」がある。有名な「三雲遺跡」のやや南方である。わたしはこれを「イハラ」と発音していた。ところが、鬼塚敬二郎さんが「これはイワラですよ。」と教えて下さった。鬼塚さんはながらくこの周辺で警官をされていた、篤実な方だった。

「念のために、土地の者に、聞いてみます。」と言い、やがて「やっぱり、そうでした。『イハラ』とは、言うたことがないそうです。」とのこと。

「イワラ」なら「岩羅」だ。「ラ」は「ウラ」「ムラ」などの接尾語だから、語幹は「岩」。「君が代」の、「岩穂（イワホ）となりて」と〝対応〟することが判明したのである。その貴重な経験があった。

この「イワキ」の「キ」は、「柵、要害」の意だから、「イワキ国」はここ、「井原」の地。わたしはそう考えたのである。

「弥奴国」「不呼国」「姐奴国」「呼邑国」　次の「郡（都）支国」は、重要な問題をはらむから、改めて詳述する。

次は「弥奴（ミヌ）国」である。「美濃（岐阜県）」がある。「邪馬（ヤマ）」や「為吾（イゴ）」が奈良県とすれば、その東隣の岐阜県の「美濃」が出現していても、不思議はない。

次に「不呼（フカ）国」。筑前国（福岡県）に「深江」がある。唐津湾に近い。ここではないだろうか。けれども、「深津郡（備後国）」や「深川郷（長門、大津）」など「深」のつく地名は、他にも少なくない。後にのべる「不定」のケースの一つであろう。

次は「姐奴（ソヌ）国」。「姐」は「女子の通称」「女のすがた」「色白くみめよい」（集韻等、諸橋大漢和辞典）などをしめす文字であるから「女山（ゾヤマ）」（筑後山門、福岡県）をしめしているかもしれない（筑前にも「女原（ミョウバル）」（福岡市）があるけれども、こちらは「発音」が全く異系である）。

次は「呼邑（カイフ）国」。もしこれが「甲斐（カヒ）国」（山梨県）であれば、富士山という最高峰の下の「山嶽地名」となろう。重要だ。富士山固有の女神「コノハナサクヤヒメ」は、記紀ではニニギノミコトの妻の「別称」として出現させられている。

「巴利国」　つぎの「巴利（ハリ）国」も重要である。なぜなら「播磨（ハリマ）国」（兵庫県）と「尾張（オハリ）国」（愛知県）と、いずれも「マ」（接尾語）か「オ（ヲ）」（接頭語）をくわえれば、〝妥当〟するからである。

すなわち、わたしの〝訓み〟の方法論に立って、〝別々の可能性〟をもつ「二つの国」が明白に存在しているからである。

これは、今回のわたしの解読の方法による帰結が、決して「究極の決定性」をもつものではなく、一つの可能性の「示唆」にすぎない。という、いわば「当然至極の道理」をこの「巴利国」の事例が明白にしめしているのである。この点、わたしにとって（自明の道理ながら）極めて重要な事例である。

女王国の中にそそり立つ女王俾弥呼のイメージはいまだ、妖艶な未知の姿をわたしたちに見せつづけているようである。

「支惟国」　次の「支惟（キイ）国」は、当然「紀伊（キイ）国」（和歌山県）だ。「支」を「シ」と訓まねばならぬ、という「尾崎命題」では〝訓めなかった〟国名だが、今は容易に〝訓む〟ことができよう。

「奴国」

残された、「二十一国」中の最後の国、それは「奴国」だ。「三十一国」中の「伊都国」の東南「奴（ヌ）国」（後述）は「二万余戸」の大国である。「七万余戸」の「邪馬壹国」、「五万余戸」の「投馬国」（後述）に次ぐ、第三位の「大国」である。この「二つの奴国」の異同が、従来も種々論議されてきた。

しかし、わたしにとっては明白である。別国である。「邪馬壹国」の場合も、「語幹」は「邪馬国」だった。同音の「二つの国」だ。だからこの「奴国」の場合も、同名の国があっても、なんら〝奇〟とするに足りない。もし、両国が同一国なら、陳寿はそれを簡明に注記することができよう。「已《すで》に記したり」などである。逆に、文章の中の〝位置づけ〟のちがいによって、この二つの「同名国」が〝別国〟であることを、簡潔に示唆している。それが陳寿の筆法である。

では、この「二十一国」中、最末の「奴国」、しかも有名な、「これ女王の境界の尽くる所なり。」とある。この「奴国」とは、どこか。

わたしは「能登（ノト）」（石川県）だと思う。能登半島の「能登」である。「ト」は〝神殿の戸口〟の「ト」。接尾辞である。「大和」や「山門」の「ト」とも、共通の用語である。

古事記上巻（神代巻）では、八千弟（「矛」は、古事記伝の「改記」）神が高志（コシ）国の沼河（ヌカハ）比売に対して、次のように歌っている。

「八千矛の　神の命は　八島国　妻枕《ま》きかねて　遠遠し　高志《こし》の国に　賢《さか》し女《め》を　有りと聞かして
（下略）」

「八島」の内実には、種々の立場がある（日本書紀）けれども、ここでは「高志（＝越）」は、「出雲を中心する、八島国」には入っていない。すなわち、能登半島以西が出雲の「勢力範囲」となっているのである。

「国ゆずり神話」や「天孫降臨神話」などの〝内実〟が「女王国の歴史」として、倭人伝の中の、倭人側による「国名表記」に対して、いちじるしい「前提」とされ、「痕跡」を残していること、すでに多くの事例でしめしたところである。

だから、この「第二の奴国」のケースもまた、能登半島以東が「倭国」とは〝別領域〟として、ここに明確にしめされていたのである。

隠れた女王、俾弥呼の横顔は、一面では意外に明確な輪郭をわたしたちにクッキリとしめしていたようである。

4　「郡支国」の解決

三十国中、わたしをもっとも〝悩ませ〟てきた国名、それがついに解決した。その経緯をのべよう。

二つの紹熙本

三国志の最古の版本が、南宋の紹熙本であることは、すでに第一書で詳しくのべた。

日本の皇室図書寮にあったものを、中華民国の張元済が訪ねてきて写真に撮って帰った。それを彼の編集した「廿四史百衲本《ひゃくのう》」の中に、最良の版本として収録したのである。これがわたしの三国志研究の基本史料となった。

その写真版を、『倭人伝を徹底して読む』（大阪書籍、一九八七年十一月刊）の先頭に収録した。そのあと、同書が朝日文庫（一九九二年七月刊）として再刊され、右の写真版が〝同じく〟掲載されていた。

ところが、意外な情報が二人の方からもたらされた。

一人は山中理さん。兵庫県の白鶴美術館の学芸課長である。永年、わたしの著述を熟読し、世に紹介してこられた。たとえば、「人を信じるということ——卑弥呼の鏡に妖惑されて」（『日の眼』平成二十一年五月、里文出版）などである。山中さんは、わたしの本の「大阪書籍版」と「朝日文庫版」と、両「紹熙本」に〝ちがい〟のあることを「発見」して、わたしに告げて下さったのだった。

それは「郡支国」だ。「大阪書籍版」では、そうなっている。しかし、「朝日文庫版」では、「都支国」なのである。両方とも、「紹熙本」のはずだった。

もちろん、この国名に両表記あることは、岩波文庫（改訂版）にもしめされていた。しかしそれが「同じ紹熙本」の表記であるなどとは、夢にも思っていなかったのである。

この点、同じテーマに着目され、御注意いただいた方があった。オランダ在住の天文学者、難波收さんである。やはり、当然「同文」であるはずの「紹熙本」に異同があることを「発見」されたのである。

わたしは当惑した。一方の「大阪書籍本」の方の写真版は、わたし自身が皇室図書寮に行ったとき、原本を拝見した上で、「写真版」をお願いして送っていただいたものだったのである。

他方の「朝日文庫本」の場合、わたしは直接に編集にタッチしていなかったが、「廿四史百衲本」から〝収載〟されたようである。それでも本来はこの張元済の「百衲本」も、「日本の皇室図書寮本」からの「写真版」であるという、彼の「証言」からすれば、〝変わり〟があるはずはなかった。

問題が解決したのは、昨年（二〇一〇年）の六月だった。ミネルヴァ書房へ行ったとき、社長の杉田啓三さんに、この「永年の疑問」をお話ししたところ、直ちに、右の二本「大阪書籍本」と「朝日文庫本」をその場で比較してみられた。そしてすぐ、

「あっ、これは〝いじって〟いますよ。朝日文庫本の方ですね。この『都』のところの活字が、ちがっていますよ。前の活字が〝くずれ〟て、『版』を〝直しています〟。」

さすが、歴年のプロだ。直ちに「朝日文庫版」（廿四史百衲本）側の〝手直し〟の事実を確認してくださったのだった。

一般の読者には〝とるに足らぬ〟些事と見えるかもしれないけれど、文献処理の基本問題として、〝ほっておけぬ〟テーマが、久しぶりに解決し、晴れ晴れとした思いで帰宅したのである。

「郡支国」

では、「郡支国」とは何か。「郡」は「クン」もしくは「グン」だから、「クキ国」あるいは「グキ国」とは、いずこであろうか。

肥前国（佐賀県）の三根郡に「千栗（知利久）」がある。「チリク」だ。漢字から見ると、「チクリ」と〝訓み〟そうだが、逆だ。「チリク」なのである。この神社に訪れたことがある。基山の西方であ

る。

「チリ」という「接頭辞」は、不思議ではない。「チ」は例の「太陽神」の「チ」。「チクシ」の「チ」である。「リ」は「吉野ヶ里」などの「リ」。一点をしめす言葉である。

問題は「ク」である。「チクシ」のように、語頭、もしくは語中にはしばしば現れるけれど、語末には珍しい。

大和（奈良県）には「イトクの森」があり、漢風諡号では「神武・綏靖・安寧・懿徳」がある。一方、土佐（高知県）の縄文遺跡に「イトク遺跡」が注目される。「縄文時代の戦闘の痕跡」か、と報ぜられたケースである。このような「語末」に来る「ク」が本来の語法を反映している可能性が高い。

ともあれ、この「チリク」もまた、語末に「ク」の来る、珍しいケースの一つである。

「郡支国」を「クキ国」とすると、「キ」は例の「柵・要害」をしめす〝接尾辞〟だから、「郡支国」がこの地を指す可能性は高い。この地は、背振山脈方面の高地へ〝登りゆく〟入口に当たっている、重要地点である。

第五章　倭人伝の「官職」

1　対海国・一大国と投馬国

「卑狗」

ここで倭人伝内の「官職名」について検討しよう。

まず、「対海国」の大官と「一大国」の官は「卑狗（ヒコ）」。副は共に「卑奴母離（ヒヌモリ）」である。この「卑狗」は〝太陽の男〟の意。志賀島の志賀海神社の祭儀で「山彦（ヤマビコ）」が登場する。登山のとき、人間の声が山間に「反映」して〝野太い声〟として〝こだま〟するのを経験する。これは「男性の声」のようだ。だから「山彦」は〝男性の神の声〟なのである。当然、縄文以前の「山嶽言語」である。だからこの「大官」名も、「男性の称号」なのである。現代でも「彦」は「男子の名前」であるから、「縄文から現代へ」と継続している日本語、その基本語の一つなのである。

この「狗（コ）」という発音が、「俾弥呼（ヒミカ）」の「呼」と〝対応〟する「別音」であることは、前述の通りである。

すでにのべた「呼邑（カイフ）国」とも〝相対応する〟テーマとなろう。

「卑奴母離」

副官の「卑奴母離」は、永らく「誤読」されてきた。「ヒナモリ」と〝訓んで〟「定説化」されてきたのである。これは「大和」を〝原点〟と考えたから、九州の「対海国」や「一大国」を「夷（ヒナ）」と〝考えた〟のである。典型的な〝イデオロギー解読〟である。しかも博多を「奴（ナ）国」と〝訓む〟、〝第一イデオロギーの波及〟である。

倭人伝に「奴」は多い。「ヌ」または「ノ」である。志賀島の金印も、「倭奴（ヰヌ）国」だ。「漢の委（ワ）の奴（ナ）国」というような、「三段訓み」は「否（ノウ）」である。一般の「印文」でも、「三段訓み」は、ほとんど存在しない。いわんや「金印」に対して「三段訓み」というのは全く「否（ノウ）」なのである。倭国の中の「付属国」に対して「金印」を与える、などというのは、中国の印制解読上の「ルール破り」と言う他はないのである。

漢にとって終生のライバル「匈奴」（フンヌ）は〝たけだけしい部族〟の意だった。これに対して〝従順な部族〟の意味を蔵する。それがこの「委奴（ヰヌ）」なのである。

このような「あやまったイデオロギー」を〝前提〟としたのが、今問題の「ヒナモリ」〝訓み〟である。全く「否（ノウ）」である。

正しくは「ヒヌモリ」。〝太陽の原野を守る官職〟である。直前の「大官」と〝直結〟した称号なのである。〝遠い大和〟を意識してはじめて〝つけた〟てい（ヽ）の副官名ではない。それなら「大官」の方にこそ〝遠方にして服属すべき〟官名が〝つく〟はずであろう。「大和中心主義」に立つ、イデオロギー読解である。

「伊都国」の官職

次の「伊都国」は問題である。

「官」が「爾支」。従来の「支（キ）」〝訓み〟からすれば、「ニキ」となろう。しかし、後述のように、これは「ニシ」である可能性がある、と考えている。なぜか。

問題は「副官」の方である。「泄謨觚（セモコ）」「柄渠觚（ヘココ）」といった、〝見馴れない文字〟が用いられている。

倭人伝の、通例の文字には、現代のわたしたちにも〝見馴れた文字〟が多く使われている。いわば、有名な「千字文」という、中国側の〝通用〟の代表的な文字群の一つ、といったものが多い。

ところが、この伊都国の「副官」の場合は〝異例〟なのだ。「文字の質」が異なっているのである。おそらく、他の文字群とは〝ちがう時点〟、すなわち〝より早い時期〟の流入時の漢字、また、その〝訓み〟なのではあるまいか。

とすれば、「大官」の方も、他の倭人伝並みの〝爾支（ニキ）〟ではなく、「ニシ」である可能性もあろう。漢書西域伝などの「支（シ）」〝訓み〟に準ずる。そのように解すべきかもしれぬ。

「ニシ」は、もちろん「西」であるけれど、博多近辺では「ヌシ（主）」のことを「ニシ」と発音するという（児玉奈翁一氏による）。

「奴国」の官職

次の「奴（ヌ）国」の大官「兕馬觚（ジマク）」も、「伊都国」の副官と同じ「千字文、以前」の「文字使用」と見える。副官は「対海国」「一大国」と同じ「卑奴母離（ヒヌモリ）」、〝太陽の原野を守る官〟である。

次の「不弥国」の大官は、「多模（タモ）」。これは通例の「文字使用」である。おそらく「多（タ）」は「太郎」の「タ」。〝第一の〟の意義。「模（モ）」は〝海の藻〟などの「モ」。出雲（イズモ）の「モ」などと同じ〝集落〟の意であろう。

これに対し、副官は例の「卑奴母離」。〝太陽の原野を守る〟の義である。明らかに、「対海国」「一大国」の大官の「卑狗」が一大中心であり、この二国を〝守る〟形で、他の二国（「奴国」と「不弥国」）の副官名が〝つけられている〟のである。

いいかえれば、これらの副官名は「女王国」ではなく、「対海国、一大国」の両国を〝中心〟として命名されている。この点、注目すべきである。後に「一大率」問題を論ずる際に詳述させていただきたい。

「投馬国」の官職

次は「投馬（ツマ）国」の大官の「弥弥（ミミ）」と副官の「弥弥那利（ミミナリ）」である。ここでは「那」が「ナ」の音に用いられている点に注目しよう。「奴国」を「ナコク」と〝訓む〟のは、やはりルール違反。少なくとも「異例」なのである。

現在の「サツマ（薩摩）」は、接頭語の「サ」が〝ついて〟いるだけで、「投馬（ツマ）国」と〝対応〟している。

その大官と副官とも、それぞれ〝対応〟している上、「ミミ」の地名は、日本列島（西日本）各地に少なくない。

たとえば、大阪府の仁徳陵のあるところは「耳原」である。「耳（ミミ）さん」というのが、土地の旧家である（「うどんすき」の店、「ミミウ」など）。京都でも山科に「耳塚古墳」がある。「土地の長官の墓」である。京都市東山区の豊国神社前の耳塚は「（秀吉のとき）切った耳を持って帰って埋めた」といった類の〝解説〟があるけれど、これは〝こじつけ〟の「俗説」にすぎない（別述）。やはり「土地の長官の墓」の意の「耳塚との混線」なのである。

「ミミ」は「ミ」（女神）の〝二重反復語〟であり、南方（太平洋方面）に多い語型である。日本語の「言語伝統」を〝正しく〟伝えた「官名表示」なのである。決して「弥生時代」あたりに〝造られた〟「新規の官名」ではない。鹿児島県の縄文期における「神々への祭祀」期に淵源する「大官名」と「副官名」なのではあるまいか。

2　女王国の官職

いよいよ女王国、「邪馬壹国」の官職名である。こちらには「新規の、弥生命名」と〝おぼしき〟官職名が次々と出現している。

「伊支馬」

第一は「伊支馬（イキマ）」。「マ」は接尾語である。「伊支」は当然「壱岐」である。「壱岐」からの侵略軍、それが「博多湾岸等の稲作地帯」への支配を〝目指し〟、それを完全に「達成」したのである。「一大率」の項で詳述する通りである。「イキ」という、本来の「地名」で表現されている「壱岐からの侵入軍」が女王国の軍事支配の「要（かなめ）」だ。その肝心の一事が、この第一官名に〝見事に〟しめされていたのである。当然、「弥生期の命名」である。

「弥馬升」「弥馬獲支」

次は「弥馬升（ミマシ）」と「弥馬獲支（ミマカキ）」。いずれも「弥馬（ミマ）」という言葉が〝冠〟となっている。「弥（ミ）」は〝御（ミ）〟。美称であろう。「馬（マ）」は〝真（マ）〟。これも、美称である。共に「ミマ」というのが、女王国の中心的官職名をしめす「美称」なのではあるまいか。尊敬語だ。

最初の「弥馬升」。「弥馬」という尊敬語を除けば、語幹は「升（シ）」である。「チクシ」「ツクシ」の共通部分は「クシ」だけれど、それをさらに分析すれば「ク」は〝奇し〟の「ク」。〝ほめ言葉〟だ。語幹は「シ」なのである。「シナノ」「コシ」の「シ」と同じく、「人の生き死にするところ」を意味する基本の「倭人語」である（「言素論」参照）。

「ミマシ」は〝筑紫を支配する、中心官僚〟の存在をしめす「自尊、官職名」なのである。当然、稲作中枢の「板付《いたつけ》」をふくむ。

次の「弥馬獲支（ミマカキ）」。「カキ」の「カ」は〝神聖な水〟。「河（カワ）」の「カ」。そして「俾弥呼」の「カ」である。「キ」はもちろん、〝柵、要害〟である。

だから「獲支」とは〝獲得せられた、神聖な水の要害〟の意だ。もちろん「呼」と「獲」では、日本語では同じ「カ」でも、中国音では、「別発音」である。しかし、倭人側の「漢字使用」では「獲」の一字を以て〝われわれの支配し、獲得した、神聖な水をたたえる要害〟の意を〝ふくめて〟いるのである。

すなわち、この「弥馬獲支」とは、あの御笠川の上流、天満宮の地、のちの「水城（みずき）」の地を〝指して〟いるのである。

もちろん、後世（七世紀）の「水城」のような要害は、まだなかっただろうけれど、博多湾岸の平野部に住む人たちのための「水がめ」の役割は、すでに地形上存在していたのではあるまいか。住民用の〝必須の水〟の存在は、同時に、軍事上枢要の地であったはずなのである。この地に「海士（あま）族の御津」としての「天満宮」（「てんまんぐう」は「アマミツノミヤ」）が建てられたのも、決して偶然ではなかったのである。

「奴佳鞮」

次は「奴佳鞮（ヌカテ）」である。現在、福岡市西区に「野方（ノカタ）」がある。壱岐団地の南、例の「最古の三種神器」の出土遺跡、「吉武高木」の北に当たっている。「額田」とも書かれていた。

「鞮（テイ）」は「テ」。「手」である。〝広がった場所のあたり〟を指す。人間の「手」に〝なぞらえて〟いる。「縄手」（長野県松本市）などの「手」と同じである。

ここは、他ではない、「吉武高木」の神殿に対する〝北方からの侵略〟を防ぐための軍事基地である。先の「天満宮」や「後世の水城」に対する「弥馬獲支」と同類の、重要な地点なのである。

このように「邪馬壹国」の四つの官職名「伊支馬」「弥馬升」「弥馬獲支」「奴佳鞮」のいずれも、女王国の中枢部にとって、もっとも重要な「機能」と「領域」をもつ地帯に対する「新規の、弥生命名の官職名」なのであった。

女王俾弥呼を取り巻く一大軍事集団、それは奇しくもあの「天孫降臨」という名の「侵入者」たち、そのリーダーとして、歴史の面影をクッキリとしめしつづけていたのである。

3　「一大率」の真義

最も重要なテーマ

倭人伝の中の官職名、最も重要なテーマを詳論しよう。「一大率」である。

「女王国自り以北には、特に一大率を置き、検察せしむ。諸国之を畏憚す。常に伊都国に治す。国中に於て刺史の如き有り。」

とし、さらに、

「王の使を遣わして京都・帯方郡・諸韓国に詣らしめ、郡の倭国に使するに及ぶや、皆津に臨みて捜露す。伝送の文書・賜遺の物、女王に詣るに、差錯するを得ざらしむ。」

とあるように、女王国における「一大率」のもつ意義、その重要性は比類なく、重く、かつ大きい。

したがって「邪馬台国」論者の各氏、そろってこの問題を論じた。

たとえば、「大和説」。この「一大率」をもって後代の「大宰府」に比定して〝よし〟としたものが多かった。ではなぜ、それが「大宰府」ではなく、この「伊都国」におかれたのか。この問いには十分に答えることができなかった。

そこで「九州説」、たとえば松本清張氏は「中国側の官庁」説を唱え、終生これに〝固執〟されたようである。門脇禎二氏等もこれに同調されたのである。

しかし、わたしの目から端的に言えば、ともに「否（ノウ）」だ。まず、すでに何回ものべたように「邪馬台国大和説」が「否（ノウ）」である以上、その説からの〝波及説〟である「大宰府、比定」説が成り立つ可能性はない。

また松本清張氏の「中国側の官庁」説も「否（ノウ）」だ。なぜなら、もしそうであったとすれば、ここにその「具体的な官庁名」が書かれないはずはない。倭人伝中の〝屈指の表記事項〟であるはずなのである。「中国側の官庁」名を陳寿が知らないはずはなく、知っていて書かないことは万に一つもありえないのである。松本氏歴年の「新説」には、意外な「欠落点」が横たわっているようだ。

この〝看過すべからざる〟問題点を指摘せず、看過するようでは、かえって今は亡き松本氏に対して「真の礼を欠く」もの、わたしにはそのように思われたのである。

「率」の意味　では、真相は何か。

「率」は「ひきゐる」である。

㋑すべる・たもつ。

率、一に曰く、領なり。一将以て兼ねて之を率いる。（荀子、王覇）、率、領なり。（注）

㋺ひき従える、将となる、使ふ。
率、将なり。(広韻)師を率いて以来、(左氏、宣、十二)率、将なり。(注)天下之人を率う。(孟子、告子、上)率、驅なり。(注)
天子親率。(淮南子、時則訓)率、使なり。(注)(諸橋大漢和辞典)

とあるように、古今を通じ、堂々たる用法、それは「軍団をひきいる者」その将を指す言葉であること、疑いがない。


とすれば、「一大率」とは何か。

「一大国の軍団をひきいる将」をしめす以外にありえない。

「一大率」は一大国の軍団の長

この「一大率」の直前といっていい場所に、歴然として「一大国」の国名が出ている。それにつづくこの「一大率」の表記だからである。

このような理解は、おそらく「自明」である。倭人伝を読む人が、この「一大率」の三文字に接したとき、最初に〝もった〟理解、それはこれ以外にはないであろう。なぜなら、「一大国」の表記があり、そのあとこの「一大率」の表記が出現しているからである。


しかし、従来、この理解が〝採用〟されなかったのは、なぜか。――「先入観」である。

「なぜ、『一大国』の軍団の長が、この伊都国を〝わが物顔〟に占拠しているのか。」

と。この「問い」に対する回答ができなかったからである。

「『天孫降臨』という名の、壱岐・対馬からの、『海士《あま》族』の侵略軍、それが稲作地帯の倭国を征圧した。」

これを史実として認めることができなかったからである。――学問の方法の問題なのである。

その一つは、倭人伝内の固有名詞、国名や官職名が「倭人側の命名」によるものである、という「倉田命題」が欠けていたこと。

その二つは、「倭人側の命名」にも、その〝もと〟が「縄文以前」にさかのぼるもの（「山嶽用語」など）と、「弥生期」の「新造、命名」によるものがあること、先述来のわたしのテーマに対する認識がなかったのである。

その三つは、右の「新造、命名」の場合、女王国の成立史が〝色濃く〟刻まれていること、「好古都国」や「躬臣国」などにも、それが現れている。それらは古事記の中に「神話」として記録されているもの、いわゆる「国ゆずり」や「天孫降臨」神話だったのである。

その四つは、そこで「国ゆずり」や「天孫降臨」と呼ばれているのは、「勝者側」としての「海士《あま》族」のイデオロギー、「自尊・自賞」の立場であり、その実態は、たとえば『東日流《つがる》外三郡誌』では、いわゆる「天孫降臨」をもって、「筑紫の日向（ヒナタ）の賊」から侵入を受けたもの、と称している。これが「真実（リアル）」な史実であったこと。

その五つは、この倭人伝で再度にわたって用いられている「畏憚」の二文字は、右のような「武力侵入」が、いわゆる「天孫降臨」の実体であった、という事実認識が〝欠損〟している限り、到底理解不能であった、という他はない。

しかし、すでにのべた「大人」と「下戸」との間の、極端な「差別制度」の存在によっても、そのような「侵入」とそれによる「畏憚」が存在した事実を認めざるをえない。決してわたしたちの「親天皇家」や「反天皇家」のたぐいの「感情」や「先入観」によって歴史理解を左右されてはならないのである。

以上のように「学問認識の方法」を正しくし、それに立つ限り、

「一大率は、一大国の軍団の長である。」

というテーマは、およそ「自明のテーマ」という以外の何物でもなかったのである。

「伊支馬」と「一大率」の異同

なお、残されたもう一つの疑問がある。それは、「邪馬壹国」の第一官職名の「伊支馬」と、この「一大率」との異同である。「一大国」が「壱岐」であるとすれば、両概念ははなはだ〝相近い〟のではあるまいか。

この「異同」は簡明である。

まず「伊支馬」。これは言語そのものとしては「自然的命名」である。「壱岐」は〝神聖な要害〟の意の「自然地名」であり、「馬（マ）」は日本語にもっとも多い接尾語の一つだ。「ヤマ」の「マ」などである。もちろん、この官職名が「邪馬壹国」の官職名の第一位に属すること自体は、きわめて「政治的」かつ「歴史的」な背景をもつ。いわゆる「天孫降臨」という名の「海士（アマ）族の侵略」という史実を抜きにしては考えられないこと、当然なのである。

これに対して「一大率」。これは「倭人によって工夫された造字」である「一大国」を語幹として

いる。先述のように、「天一柱」という古名をもとにして〝造られた〟文字だ。「自己讃美の造字」である。この「自己讃美の造字」をもとにして、この「一大率」という〝軍団の長〟の名は構成されているのである。当然「被占領者たちに対する威圧」をふくむ造字である。まさに、「畏憚」すべき存在なのである。

そこで注目すべき「異同」は次の点である。

「伊支馬」の場合、その〝ありか〟は、壱岐の島それ自身であろう。ここでこそ「イキマ」という称号はピッタリである。これに対して「一大率」は当然「伊都国」に存在する。「壱岐と伊都国との間」こそ、「海士（アマ）族の軍団」の中心路線である。いわゆる現代の「海兵隊」のような海陸にまたがる軍団なのである。当然、この水路の海上船団としての「松浦水軍」と〝相交流した〟存在であろう。

女王国の女王、俾弥呼の横顔に印せられた立体的な陰影、それは意外に深く、そして複雑だったようである。

4　「狗奴国」の論証

官職名

次は「三十国」に〝余された〟一国、「狗奴国」とその官職名を論じたい。

まず、官職名。「狗古智卑狗（ココチヒコ）」である。「卑狗」の称号は、本来「対海国」や

「一大国」と同じく、同格の「卑狗」(太陽の男子)の〝仲間〟であったことをしめしている。

問題は「古智」だ。〝古代の智慧〟という、見事な「二文字」である。すでに見たように「好古都国」の「古都」とは、〝出雲〟を指していた。「小銅鐸の楽器」を〝礼式のシンボル〟とする「古代の都」とされていたのである。

したがってここでも、「古智」とは〝古えの出雲の文明(智慧)を受け継ぐ〟という、「誇りある自称」なのではあるまいか。倭人側も、その「自称」を尊重して記録していたのである。

冒頭の「狗(コ)」は「こし(越)」などの「コ」。〝銅鐸文明の系列を引く〟ことをしめすための接頭辞である。このように分析してみると、この「現代(三世紀)における、女王国のライバル」の〝身元〟は、おのずから〝あらわれ〟ているように見える。

「狗奴国」の位置

九州説では、多くの論者がこの「狗奴国」をもって「熊本県」あたりに〝当て〟てきた。筑後山門などの「南」に接するところにおこうとしたからである。

しかし、

「(第二回目の奴国のあと)此れ女王の境界の尽くる所なり。」

と書いて、その直後に、

「其の南、狗奴国有り、」

とつづくのは、決して「女王国の南」の意ではない。あくまで「女王の境界の尽くる所」を基点とした「その南」なのである。このような「表記上の差異」を〝無視〟ないし〝軽視〟すべきではないのである。現在のわたしはそう考える。

後漢書での記述

では、「狗奴国」の〝ありか〟はどこか。三国志の魏志倭人伝では「不明」である。倭人伝の場合、〝ありか〟が判るのは、原則的に「魏使の至ったところ」だけだ。後述の「裸国・黒歯国」などを除いては、「魏使の至らなかったところ」、いわゆる「行路記事」以外では、その〝ありか〟は、書かれていないのである。「女王に属せず」という「狗奴国」の〝ありか〟が書かれていないのは、いわば当然なのである。

だが、その「不明」を〝補おう〟とした者、それが范曄《はんよう》だった。三国志の百五十年あとに「後漢の歴史」を書こうとした、南朝劉宋の范曄だったのである。

「女王国より東、海を度ること千余里、拘奴国に至る。皆倭種なりといえども、女王に属せず。」

「狗奴国」は「拘奴国」として「卑字」を避けて記載されている。と同時にここでは、三国志の魏志倭人伝にはなかった「拘奴国」の〝ありか〟が記せられている。「方角」と「距離」が明記されたのである。断然たる「進歩」である。だが、ここには重要な「倭人伝との差異」がある。その核心は「千里」という「里程」の単位。これが「短里」か「長里」か。この問題の検討が不可欠なのである。

里程単位

先述のように、後漢書が書かれたのは、三世紀の三国志の〝約百五十年〟あとの成立である。だが、対象とした時代は一～二世紀前後、後漢代である。今、

(古)後漢代

(新)南朝劉宋

とすると、ここで新たに〝加え〟られた史料が、はたして「後漢代の史料」か、それとも、「南朝劉宋段階の史料」に拠っているか、それが最大のテーマなのである。「里程」自体が「魏・晋朝の短里」と「秦・漢の長里」と大きく変動していた。もっとも、その点では「後漢代」であれ、「南朝劉宋代」であれ、いずれも「里程」の単位は「長里」だったのである。したがってこの「千里」が「短里」にあらず、「長里」だった可能性は極めて高い。そういう問題が生ずるのである。では「長里の千里」の長さはいかに。実に「短里の六倍」もの距離となるのである。「女王国」を、弥生時代の博多湾岸中心と考えても、あるいは「南朝劉宋時代」の朝倉・小郡市中心と考えても、いずれにせよ「東方、千里」は、瀬戸内海をはるかに越え、大阪府茨木市の「東奈良遺跡」を中心とする領域へと至らざるをえない。そういう表記なのである。

すなわち、近畿における「銅鐸圏の中枢域」となろう。先述の「狗古智卑狗」の表記も、偶然ではない。出雲文明の発展的後継者、その中心領域の中枢文明を指していたのだった。大阪府の茨木市の交野（カタノ）は「コノ」とも〝呼ばれていた〟ようである。「狗野国」「拘奴国」と〝同類〟の地名だ。「女王の境界の尽くる所」としての能登半島の「南」にも当たっているように見える。

わたしたちは、後漢書の范曄が〝書き足して〟くれた、この貴重な情報に対して深く感謝したいと思う。

第六章　裸国・黒歯国への道

1　新たな「里程記事」

新たに「女王国」以降の第二の「里程記事」を追跡しよう。

いったん「女王国への到達」によって「不弥国」で終結した「里程記事」は、再び〝記され〟はじめている。

第二の里程記事

「女王国の東、海を渡る、千余里。復た国有り、皆倭種。又侏儒国有り。其の南に在り。人長《たけ》三・四尺。女王を去る、四千余里。」

ここに「千余里」「四千余里」という「里程」が書かれている。すなわち、魏朝の使者は、女王国を出発し、東方の「倭種の国」を経て方角を南に採り、「侏儒国」に到着しているのである。なぜか。彼等の〝目標〟は何か。

「又裸国・黒歯国有り、復た其の東南に在り。船行一年にして至る可し。」

この、はるか彼方にある両国の存在、それを「確認」するために、彼等は「侏儒国」という「一点」に是非とも到着しなければならなかったのである。なぜか。

この問題の真相を知るには、中国における「歴史書成立」の歴史をさぐらねばならない。

司馬遷の史記

まず、司馬遷の史記。彼は大宛《えん》列伝（六十三）の「評」において次の一文をのべている。

「太史公（司馬遷の自称）曰《いわ》く、『禹本紀に言う、河は崑崙《こんろん》に出づ。其の高さ二千五百余里。日月、相避りて隠れ、光明を為すなり。其の上に醴《れい》泉・瑤池有り。』今自《みずか》ら張騫《けん》の大夏に使するの後や、河源を窮むるに悪《いずく》んぞ本紀のいわゆる崑崙なる者を見んや。故に言う。九州の山川、尚書之に近し。禹本紀・山海経に有る所の怪物に至りては、余敢えて之を言わざるなり。」

彼は言う。

「従来、尊重されていた禹本紀や山海経に拠れば、『その高さが二千五百余里もある崑崙が黄河の源流に存在する。』といった〝怪物〟、あやしげな光景が中国の西方には見られる、とされてきた。しかし、今回、張騫がその実地を探ってみるに、一切そのような存在は見当たらなかった。従来の所伝は荒唐無稽《こうとうむけい》だったのである。」

と。旧来の謬知見を打ち破る、新たな合理主義、実地の実証に立った歴史像、その樹立を彼は誇っているのである。

班固の漢書

これを受け継いだのが、班固の漢書（六十六上）である。その西域伝に、有名な次の一文が掲載されている。

「行くこと百余日なる可し。條支国に至る。西海に臨む（中略）。安息の長老、伝え聞く。條支に弱水有り。西王母も亦未だ嘗《かつ》て見ざるなり。條支より水に乗じて西に行くこと百余日、日の入る所に近しと云う。」

安息国はペルシヤ。現在のイラン近辺である。西はチグリス、ユーフラテス両河より、東はオクサス河にわたる、広大な両域。番兜《ばんとう》城に都する。長安を去る、一万千六百里と記せられている。

その「安息国の長老」に会って、直接聞いてみると、次の見聞が伝えられた。

「この安息国から西へ百余日行くと、條支国がある。そこには弱水という場所がある。あの西王母も、かつて見たことのない場所だ。そこは陸地の西のはてである。その條支国より水（海）をさらに西へ百余日行くと、日の入る所に近い場所に至ることができる。」

と。

「日の入る所に近い」場所とは、当然「陸地」である。でなければ、このような表現で「日程を限る」意味がないからである。――すなわち、アメリカ大陸なのである。

後に、あのコロンブスがアメリカ大陸を「発見」したときも、同じく「百余日」を要している（航海記）。海流の速さとその航路は、古代と近世とで〝変わりがない〟のである。

右でしめされているところ、「安息国の長老」に会って、直接その「認識」を問うて、聞き取ってこれを「歴史」にしるす。——これが班固の採用した「学問の方法」だったのである。

三国志の陳寿は、これに学んだ。司馬遷も班固も及ばなかった「日の出る所」の認識を、倭国の〝極限〟の地たる「侏儒国」に至って、問い、聞き取り、これを「歴史」に記したのである。そして司馬遷も班固も及ばなかった、その「東の果ての地」の「国名」をも、ここに記すことができたのである。それがこの両国名「裸国」と「黒歯国」である。

念を押しておこう。

陳寿が執筆した目的

三国志の魏志倭人伝を陳寿が執筆した「究極の目標」は女王国ではない。「裸国」と「黒歯国」である。これは右の「中国の歴史書成立史」から見れば、当然の帰結である。

一つは「里程記事」のもつ論理性がこれを疑いなく証明している。

もう一つは「C14の証明」である。二〇〇四年五月三十日に公刊された春成秀爾・今村峯雄編『弥生時代の実年代』（学生社）で、九州の「弥生稲作」が、従来の「BC三五〇」から「BC八〇〇」ないし「BC一〇〇〇頃」まで、大幅に「上昇（逆のぼる）」したのは、すでに周知のところである。

だが、それにつづく地域が「大和（奈良県）」ではなく、「土佐（高知県）」であることは、意外に知られていない。しかも「大和」の場合とは異なり、「土佐」の場合は「九州北部」と〝ダブリ〟〝相重なって〟いるのである。

これらの点につき、（このテーマが千葉の国立歴史民俗博物館で発表・展示されたとき）責任者の一人、今村峯雄さんに、わたしが直接その点を確かめたところ、率直に「分かりません。」の一語がお答えだった。「なぜ、大和の前に土佐が来るのか」その事実は〝まちがい〟ないけれど、その理由は「不明」との明晰なお答えだったのである。

従来の「邪馬台国」論議でも、「土佐」などが〝浮上〟したことはほとんどなかった。ことに「北部九州につづく土佐」という命題自身が存在しなかったのである。

しかし、わたしはちがった。この展示事実に対し、「了解（イエス）」だった。わたしの「邪馬壹国」論の場合、この「土佐」の存在は欠くことができなかったからである。それが、わたしにとって今回C14の成果が「深い共感」をもたらしてくれていたのである。

従来の邪馬台国論の欠落

従来の「邪馬台国」論には、「大きな欠落」があった。この「侏儒国」に関して「論じない」ものがほとんどである。もちろんほとんどの研究者は「裸国」「黒歯国」を論じることもない。なぜか。

それは「侏儒国」が、日本列島よりはるか南方の太平洋上に「没する」他なかったからである。だから「これは〝架空の存在〟である。」と、各論者が〝手をつないで〟〝知らぬふり〟をして無視してきたのである。――明らかに「不道理」である。学問のルールに反しているのである。

なぜならまず、日本列島の中の「一定地点」にこれを特定した上で、「これこれの理由で」この地域は〝まちがって〟いる。そのように立証するならいい。それもせず、いきなり「架空」としてこの「史料事実」を無視する、とは。俗説にいう「みんなで渡ればこわくない」の類の〝手口〟にすぎない。およそ学問の世界のありかたではない。

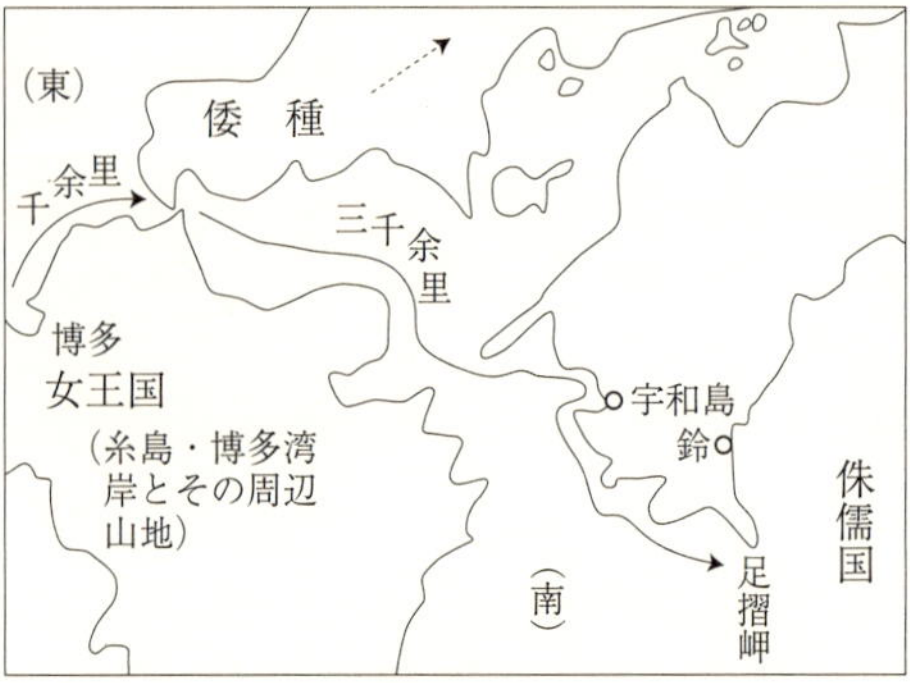

侏儒国への道

(出典) 古田武彦『「邪馬台国」はなかった』より。

もちろん、このテーマは「短里」問題とも直結している。わたしの場合、「女王国」の原点を博多湾岸周辺におき、「一里＝七十六メートル前後」の「短里」と見なしたから、この「土佐」の地に至った。その「五～六倍」もの「長里」で、〝日本列島内にとどまる〟ことは到底無理なのである。全く成り立ちえない話なのである。――この「短里」が真実《リアル》である、という重要なテーマもまた、この問題には深く、そして不可避的に「内蔵」されているのである。各「邪馬台国」論者がこぞってこれを〝敬遠〟したくなるのも、無理はないのである。しかし、厳格な学問の世界の内に存在しようと思う限り、そのような「敬遠」はやはり無理なのである。成立できない。この点、ここに明言しておきたい。

「侏儒国」という名前

この「侏儒国」という「日本語」の〝もと〟は何か。もちろん、後述するように、「身長の低い人々」を指す「侏儒」という中国語の意義と〝関係〟はあろう。しかし、それだけにとどまらず、日本語としての「現地語」と関係はないか。今まで辿りきたった論証からも、当然〝当面〟すべきテーマなのである。

高知県の足摺岬の東北、高知市の方へ少し行ったところに「すず漁港」がある。小さな漁港だ。だが、この「すず」というのは、「す」の〝ダブリ言語〟だ。「す」は〝すまい〟の「す」。兵庫県神戸市の須磨（スマ）、福岡県の鳥栖（トス）などの「ス」である。人間であれ、鳥獣であれ〝むらがり住む〟ところをさすのである。「住む」という、現代日本語の基礎動詞とも、「同類」である。

「ダブリ言語」は、太平洋上の言語にしばしば見られる特徴である。南方系である。

「侏儒」という表現

一方の「侏儒」という表現が「リアル」であること、すでに研究がある。合田洋一氏の論文「侏儒国の痕跡を沖の島（宿毛）にみた」（『なかった――真実の歴史学』第六号、ミネルヴァ書房）に報告せられている。

現在でも日本列島各地に「背の低い人々」の分布があるようである。わたしも愛媛県宇和島市の郊外で、一家みな「一メートル」前後の方々のお宅をおたずねした経験をもつ。

地球上各地と同じく、この地帯にも「背の低い人々」の生活圏があり、この表記の、一つの〝もと〟となっているのではあるまいか。先進縄文文明の、輝かしい「痕跡」といえよう。

2　裸国と黒歯国への到達

フンボルト大寒流

いよいよ、「究極のキイ・カントリー」に来た。「裸国」と「黒歯国」である。

まず、若干の回顧をのべることをお許しいただきたい。わたしが倭人伝に書かれた膨大《ぼうだい》なルート、その記述を〝信じた〟のは、「フンボルト大寒流」の存在による。
すでに敗戦以降、勇敢なる日本の青年たちが競って「ヨット航海」の冒険に生死を賭け、それを達成してきていたのである。

(a)堀江謙一（一九六二年、西宮→サンフランシスコ、三カ月と一日）
(b)鹿島郁夫（一九六七年、ロサンゼルス→横浜、三カ月と十日）
(c)牛島龍介（一九六九年、博多→サンフランシスコ、二カ月と二十日）〈往復〉一九七〇年、エンセネダ（メキシコ北端）→博多、二カ月と二十七日）

の各ルートである。その「日程」はいずれも「三カ月前後」だった。これはすなわち、黒潮という海流のスピードであり、三世紀以前も、二十一世紀の今日も不変である。

その「同じ」距離を、さらに「同じ」黒潮に乗じて南下するとき、「南米の中央部」に至る。エクアドル～チリの間である。

(甲)日本列島からサンフランシスコ付近まで――約三カ月。
(乙)サンフランシスコ付近より南米の中央部西海岸まで――約三カ月。
(甲)(乙)の計――約六カ月。

この「約六カ月」は、半年。これを「二倍年暦」で表記すれば、すなわち「一年」である。

わたしは三国志の魏志倭人伝をもって「二倍年暦」表記の世界とみなした（第一書参照）。すでにこのテーマにふれた先人がいた。安本美典氏である。けれども氏は「二倍年暦は、寿命計算だけです。」

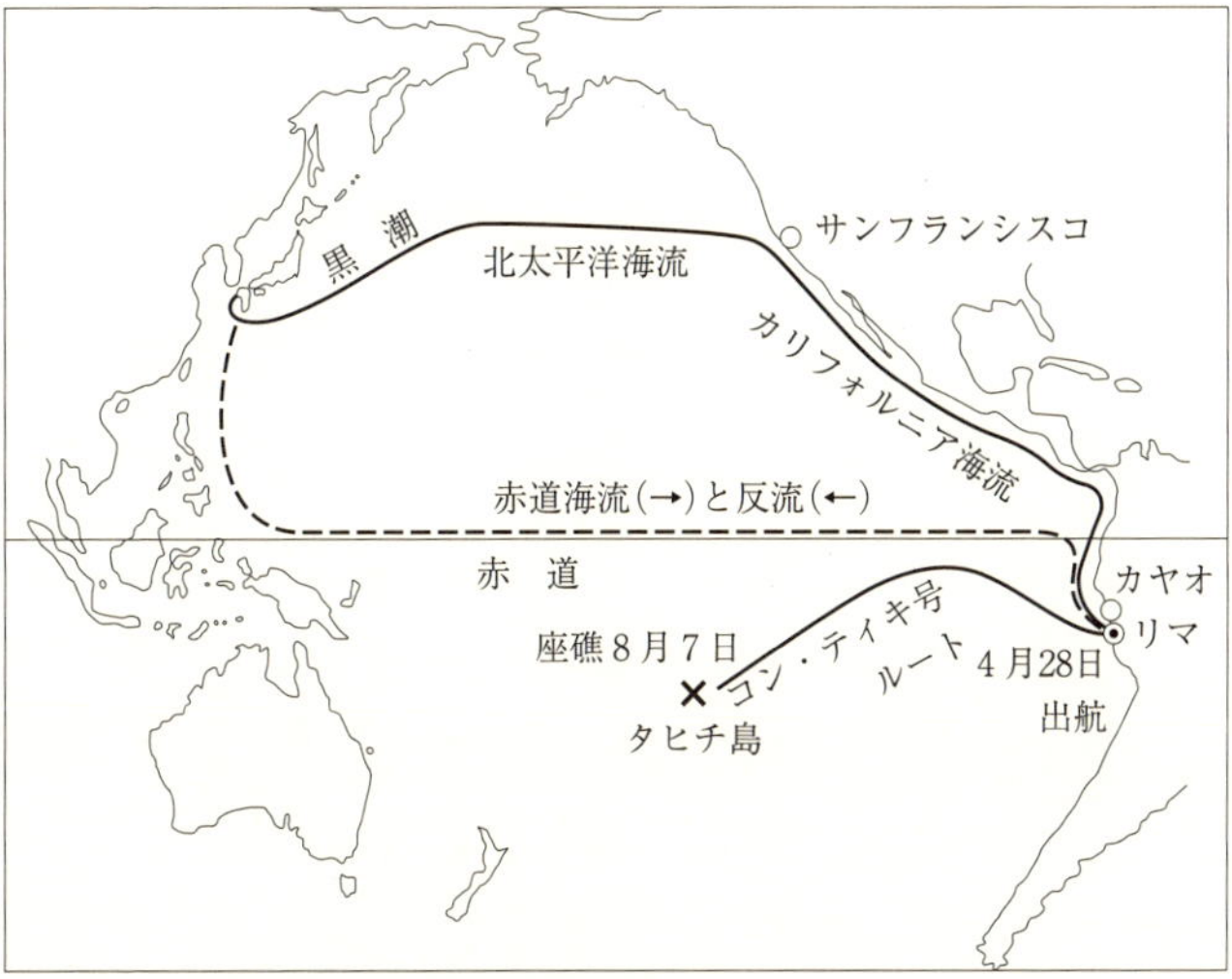

倭人の太平洋航路とコン・ティキ号ルート
（出典）古田武彦『「邪馬台国」はなかった』より。

と、わたしに語った。その一点で、わたしは氏と見解を異にしたのである。「寿命」であろうと、「日数」であろうと、「二倍年暦は二倍年暦」であり、別概念をもってこれを〝扱う〟べきではない。これがわたしの学問の方法だったのである。

この立場に立つとき、この「一年」は「半年」であり、その「半年」によって黒潮は人間を「南米の中央部」へと導き、そこで「ストップ」する。なぜ「ストップ」か。〝向こう〟から北上してくる、地球上最大の寒流「フンボルト大寒流」と〝衝突〟するからである。

黒潮という一大暖流に乗じてきた人間は、必然、不可避の運命として、ここで「ストップ」せざるをえないのである。

この地点から、さらに西進して、再びは

るかなる海上の旅路へと出発するか、それとも東側の南米大陸、エクアドル～チリの間に「上陸」するか、二つに一つ。他の選択肢はありえないのである。

このような「運命の一瞬」は、わたしの「恣意」で選べるものではない。陳寿の想像でも、書きしるすことは不可能である。このわたし自身も、そのような「フンボルト大寒流」の存在など、考えたこともなかった。学校での学習でも〝習った〟記憶は存在しなかった。黒潮のことは、土佐に生まれ育った両親から常に聞いて育ったけれども、そのような「一大寒流との衝突」など、聞いたことも、考えたこともなかった。しかし、悠遠の古代から、悠々とこの一大寒流は地球上にまさに存在しつづけていたのだった。

このテーマを知って、わたしは「東南」にして「船行一年」というこの記載、その「真実性《リアリティ》」を信じたのである。

同時に、陳寿が残してくれた「描写の的確さ」、そして史家としての信念に心裡を深く打たれざるをえなかったのである。

裸国・黒歯国は倭人

この難所に至るには、関門があった。

「其の後、高句麗背叛す。又偏師を遣わして討窮を致し、極遠を追う。烏丸骨都を踰え、沃沮を過ぎ、粛慎の庭を践み、東、大海に臨む。」とあり、この直後が問題の「長老説くに、異面之人有り、日之出づる所に近し、と。」

の一句である。三国志の魏志東夷伝の末尾近くに掲載されている。

（A）はじめ、わたしはこれを「日本列島を指す」と解した。この「長老」を「中国の長老」と解したからである。陳寿の住む「洛陽の長老」だったとすれば、「日の出ずるところ」として、この日本列島を意識したとしても、当然である。あの孔子なども、曲阜の生まれだというから、「海の彼方の、日の出るところ」として、日本列島などを意識していたとしても、不思議ではない。彼にとって「太陽の昇るところ」は、朝鮮半島から日本列島にかけてだったであろう。この立場である。

（B）しかし、わたしは「深化」した。認識を深めざるをえなくなったのである。

その結論は一つ。「長老」は、「大海の長老」であり、「日本列島内の長老」である。倭地の長老を指す、と。

一時、「粛慎の長老」と解したこともあったけれど、「中途半端」だった。この「長老説くに」という一句の「直前の地名」は、他でもない、「大海」だったのである。陳寿が倭人伝の冒頭に、

「倭人は帯方の東南大海の中に有り。山島に依りて国邑を為す。」

と書いたように、「倭人とは、大海の中の住民」この一事が先ず、疑いもなく明白に書きしるされていたのである。

「序文」とは、すでに本文の内容を知っている者が書く。――この自明の事実を、わたし自身が〝深く注意せず〟にきていたのだった。

倭人伝の中の、あの印象深い「東南」にして「船行一年」の一句を書きしるした陳寿が、今さら「日本列島から太陽が出る」などと〝信じて〟いたはずはない。それははるかに古い認識、司馬遷や

班固以前の「旧認識」にすぎなかった。非ず、陳寿は先述のように、先達の筆法に習い、この「東夷伝序文」（後述参照）の末尾に近い一句をしるした。これこそ全三国志中、白眉の一文だったのである。

この「異面の人」に対しても、倭人について書かれた「黥《げい》面文身」の一句に〝対応する〟のではないか。「裸国」や「黒歯国」の場合の「黒歯」だけの指摘では〝物足りない〟のではないか。そういう「批判」もあった。

その通りである。まさに陳寿は言っていたのである。

「『裸国』や『黒歯国』の人々は、あの倭人に属する。」

と。だから、「倭人伝」の白眉として、これを記録した。この絶妙の記録は、後に、二十世紀の研究者田島和雄さん（当時、愛知がんセンター疫学部長）たちの自然科学的研究がやがて〝裏付ける〟ところとなったのである。

3　青木洋氏との邂逅

青年の経験

もう一人、忘れてはならない方がある。青木洋さん（『海とぼくの信天翁《あほうどり》』ＰＨＰ研究所、一九七四年）である。「手づくりヨット」で世界一周をされた、大阪の方である。

当時二十代後半の青年だった。海の「航海」などには全く無知だったわたしは、青木さんを訪ね、「太平洋横断」の可否を問うた。青木さんは直ちに答えられた。

「絶対に行っていますよ。」

と。そして告げられた。

「釣針と壺をもっていれば、大丈夫です。釣針と釣糸さえもっていれば、いくらでも魚が釣れます。」

「えさは？」

「海から飛びこんで来る魚をえさにすればいいんです。沿岸での魚釣りより、ずっと楽ですよ。」

「家庭教育ができてないんですね。」

「えっ？」

「人間という、ずるい猿にだまされるな、っていう親の教育がないんですね。」

「ハハ。なるほど、そうかもしれませんね。そして大事なのは、水を入れる入れ物、壺です。」

「なるほど。」

「一週間に一回くらい、すごいスコールが降ってきますけど、それを口をあけて呑んだって足りませんからね。」

「ええ。」

「だから、水を入れる壺をもっているかどうか、それがいのちの別れ目なんです。」

「なるほど。」

この会話で、わたしは知った。水を入れる容器としての「つぼ」や「かめ」が、海洋民にとって

「いのち」をささえる不可欠な〝物〟であることを。

だから、ひょうたんや大きな貝の少ない日本列島の大部分では、「土製の容器」が必須だった。この日本列島は、黒潮と黒潮分流としての対馬海流に囲まれている。その上、火山列島である。「土が焼けて、一定の形を成している」列島なのである。その「形」を発見したのは、子供たちである。彼等の〝造った〟人形や皿状のものを最初に讃美したのは、母親だった。父親は、子供の「やり口」を模倣して、「土器」を作った。縄文土器の誕生である。――わたしの縄文土器成立観は、このようにして成立していたのである。

「父の愛」　青木さんは〝無事〟アメリカ大陸に到着された。しかし、飽きた。「水と魚だけ」の生活に〝うんざり〟されたのであろう。日本の父親に電報を打った。「世界一周を止めて、日本に帰る」と。

返電が来た。

「止めるな。男子がいったん決心したことを止めるな。」

と。青木さんは〝泣く泣く〟皿洗いをして金をためはじめた。そしてついに、「たった一人の、世界一周」をなしとげられたのである。

「あのとき、止めなくてよかった、と思っていますよ。」

と、微笑みながら、青木さんは語られた。人間に必要な「父の愛」を感じた一瞬だったのである。

4 「火山爆発」と反論

南米の「裸国・黒歯国」問題を、さらに深めてゆこう。

メガーズさんからの依頼

一九九五年十月、平野貞夫さんの御助力で、メガーズさんを日本にお呼びした。メガーズさんは、亡くなられたエバンズさんの妻で、お二人は大学時代からの共同研究者、考古学者であった。

メガーズさんは、わたしに依頼された。

「日本の火山を調べて下さいませんか。」

女性の直観、科学者の「見通し」だったのであろう。

すでに、一九六五年、世界最大の博物館、スミソニアンから発表された『エクアドル沿岸部の早期形成時代――バルディビアとマチャリラ期』で、「日本列島から南米への渡来と伝播」説を提出した彼女は、その「渡来と伝播」の原点を、火山列島である日本列島の「火山活動」に求められたのであろう。正解だったのである。

硫黄島の爆発

九州南端の硫黄島は、約六千年前に一大爆発を生じた。そして西日本全体に、その余波が及んだ。この余波が、日本の歴史を震撼させたのである。

九州南部の鹿児島県は、その八割がた全滅した。わずかに八代海側の西北部、出水郡方面のみが、

「半死半生」状態におちいった。熊本県の全体、そして大分県側も、同様だったのである。

わずかに〝生き残った〟九州の北部、福岡県周辺と島根県周辺、すなわち筑紫と出雲が来るべき「記紀神話の時代」の中心域となった。その背景こそ、その前代の「硫黄島爆発」事件だったのである。この点、改めて詳述したい。

今の問題に帰ろう。

「南米のエクアドルの土器は、日本列島の九州中央部、熊本県を中心とした縄文土器とデザイン、文様を共通にしている。」

メガーズ・エバンズ夫妻の発見されたこの事実は、右の硫黄島の一大爆発を「背景」とするとき、まさに真実（リアル）だったのである。

考古学者の反論

日本の考古学者には、反論があった。

〝もし、南米の土器が日本列島からの「漂流」の結果だったとすれば、九州の他領域、熊本県などより、第一に〝鹿児島県全体〟の縄文土器と、デザインや文様が〝共通〟していなければならない。しかるに、その鹿児島県ではなく、熊本県というのは、矛盾だ。恣意的である。メガーズ・エバンズ説は、学問としては成り立たない。〟

と（江坂輝彌「エヴァンズ博士の夢」〈『消えた縄文人』産報デラックス99の謎、3、昭和五十二年三月〉）。

右は決して「学術論文」としての反論ではなかったけれど、考古学界著名の「縄文の権威者」の〝反応〟であっただけに、日本の考古学界に〝浸透〟し、絶大なる〝影響力〟をもったようである。

次の「難点」があった。

関東の縄文土器

南米の土器と共通したデザインと文様をもつ土器は、日本列島では、鹿児島県周辺を中心とする領域だけではなかった。はるか東方に離れた、東京都北・中部および神奈川県周辺部(三浦半島等)にもまた、南米と共通するデザイン、文様をもつ縄文土器が存在していたのである。

かつてメガーズ・エバンズ夫妻が、先述の報告書を出す前、日本へ来て縄文土器の調査を行った。そのとき、京都大学の考古学研究室に立ち寄り、当時、同研究室の助手をしていた佐原真氏から、その問題に関する写真等のデータが提供されていた、というのである。

しかるに、右の報告書が出てみると、これら「関東の縄文土器とのデザイン、文様の類似」に関しては「無視」され、九州方面(熊本県中心)のみがクローズアップされていた。それによって「日本列島から南米への流出と伝播」が論ぜられていたのである。

佐原氏はこれに「不信感」をもった。そしてメガーズ・エバンズ氏に対して「屈辱的」な言辞を、(千葉県の国立歴史民俗博物館長になったあと)晩年にのべられたのである。これも、いわゆる「学術論文」の形ではなかったのである。「冠頭言」に類する一文の中だった。不幸なことだった(「学問の客観性」『検証、日本の前期旧石器』学生社、二〇〇一年一~五月、所収)。

なぜなら、氏の当時の立場(国立歴史民俗博物館長)からすれば、メガーズ博士を日本の国立博物館が招き、十二分の礼をもって日米学術交流のシンポジウムを開くこと、それは十分に可能だった、と思われるからである。しかし、それは一切行われなかったまま、氏は亡くなられたのであった。

世界各地で測定された高海面期の古海面の年代と高度

年　代	太平洋のサンゴ島[1]	南関東 横浜	バルバドス島[3]	南関東 三浦半島	奄美 喜界島	ニューギニア フォン半島[3]
3～7千年前	現海面下数m ～+2m	4 m	?	10 m	約10 m	15 m
2.8～3.5万年前	——	——	——	——		30 m
4～5万年前	——	——	——	——	25～28 m	70 m 90 m
約6万年前	——	<約10 m	>2.5～4.5 m	35 m	40～50 m	125 m
約8万年前	——	<22 m	約20 m	60～70 m	120 m >65 m	190 m
約10万年前	——	?	約30 m	73 m	140 m	250 m
12～14万年前	1.5～9 m	40～45 m	約60 m	>100 m	170 m	330 m
15万年前以前		50～55 m（約24万年前） 62～66 m（約30万年前） 60 m（約40万年前）	92 m（約22万年前）			省略
過去約13万年間の平均隆起速度(m/千年)[2]	0	0.3	0.45	約1.0	約1.4	2.56

1）オアフ島，クック諸島（マンガイア島），ツアモツ諸島，バーミューダ島，バハマ島，ジャマイカ島，モーリシャス諸島（ガブリエル島），セイシェル諸島などの研究事例に基づく。
2）約13万年前の海面高度を大洋中のサンゴ島の資料から＋6 m と仮定して計算。
3）調査域の中でもっとも隆起量の大きい地域の資料。
？は存在するが，高度の報告がないもの。
——は現海面下にあって，高度の報告がないもの。

（出典）町田洋『火山灰は語る』蒼樹書房，1977年，より。

これも、江坂輝彌氏の場合と同様、氏の「屈辱的な言辞」のみが、日本の考古学界に甚大な影響を残したようである。

箱根山の爆発

すでに、新たな「発見」があった。

硫黄島（喜界島）の一大爆発に〝前後〟して、関東でもまた、一大爆発があったのだった。富士山の隣りの箱根山の爆発である。

富士山と同じく、箱根山にも、度重なる爆発の歴史があった。町田洋氏の『火山灰は語る――火山と平野の自然史』（蒼樹書房）には、上の図が載せられている。

さらに、同書には「箱根新規火

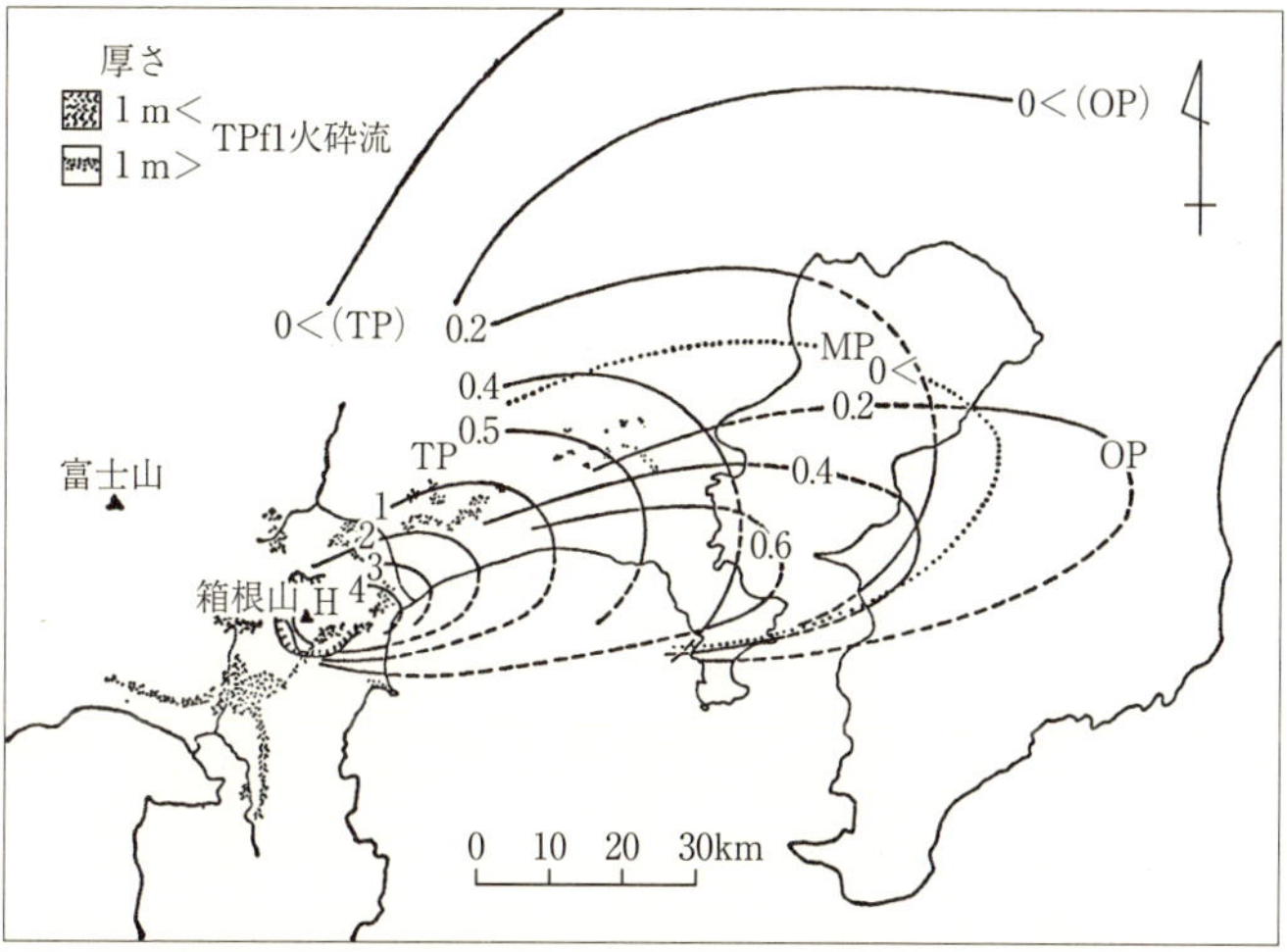

箱根新期火砕流噴出期のテフラ（東京軽石層など）の分布図
（厚さの単位はm）TP，東京軽石層：MP，三浦軽石層：OP，小原台軽石層
（出典）町田洋『火山灰は語る』より。

砕流噴出期のテフラの分布図」が掲載されている。右の本では、次のように記せられている。

「そしてそれには、指宿《いぶすき》市の西部にある一集落名をとって『幸屋《こうや》火砕流』という名がつけられた。これは薄い板ガラス片にとみ、細粒の火山灰が主体だという点で、姶良Tn火山灰に似ているが、桜島や開聞岳あるいは池田湖カルデラを起源とする粗い軽石、スコリア層とは全く似ていないため、野外で見分けが簡単につき、重要な鍵層として利用されてきた。そしてその年代は、堆積物中に入っている木炭片について、放射性炭素法により六千年前と測定された。これを利用すると、池田湖カルデラや開聞岳の活動は六千年前より新しいし、桜島の活動はこの前後にまたがっていると判断される」（一九三～一九四ページ）。

町田洋氏は、わたしが昭和薬科大学在任中より、旧知の方だった。箱根山の噴火について、氏のもらされた言葉が印象深い。

「箱根山も、昔は富士山だったのです。」

と。相重なる爆発によって、現在の「低さ」となった、というのである。

その箱根山が六千年前頃、爆発し、その火砕流が東京都南辺と神奈川県の大部分（三浦半島等を除く）を襲った。その「残流地帯の縄文土器のデザインと文様」に共通する土器が、他でもない、あの南米に遺存していた。

黒潮は、九州南部海上と共に、東京都の小笠原諸島の周辺をもまた、貫流している。メガーズさんの「火山爆発への着目」は、ここでもまた、驚くべくも的確、かつ正確だったのである。

5　バルディビアと日本

倭人伝からのヒント

ポイントはやはり倭人伝だった。鋭敏の史家、陳寿の伝えた、両国名である。「裸国」と「黒歯国」。なぜ、同じ「南米大陸の中」と見られるこの両国が、別々の「国名」で、並記されているのだろうか。今まで、誰も、この事実を正確に見つめた人はいなかったのではあるまいか。

もし、両国が〝相連なって〟いたのなら、「一国」扱いでいい。わざわざ「二つの国名」を並記する必要はないのである。

一方、南米では、二つの領域において、日本列島の古代日本人との〝連関〟をしめす徴証が存在している。

エクアドル

その第一は、エクアドルだ。エクアドルのエストラダ氏が海岸近くの土砂の中から拾得した土器が、かつてヨーロッパ留学時代に入手した写真中の「日本の縄文土器」と類似しているのに気付き、スミソニアンのエバンズ夫妻のもとへ連絡された。それが出発点だった。夫妻はエクアドル各地で古代土器類を収集し、これらを「日本の縄文土器の流入・渡来」として発表されたのである。

そこでは、先述のように「熊本県周辺の縄文土器のデザイン・文様」と共通するものと同時に、反面「バルディヴィアの女性土偶」のように、日本の縄文文明から「出土しない」ものもまた、明らかに存在したのである。

したがってこの南米に存在するのは、「日本の縄文土器そのものの再現」ではなく、「縄文型文明の、南米における新発現」と見なすべきだ。――わたしはそのように論じたのである。

しかも、右の「バルディビアの女性土偶」の「顔付き」が、日本人それ自身と「酷似」していること、それはおよそ疑うことが不可能なのである。この点、現地（バルディビア）においても、「日本から伝来した祖先」に関する〝伝承〟が存在するのを知ることができた。

「従来は、日本からの祖先伝来を〝公表〟できなかった。しかし、過去を正しく語らない者に、未来はない。」

これがわたしたちを迎えたバルディビア市長（村長）の「歓迎の辞」の一節だった。新しく「少数派の部族・連合」の大統領が出現した半月あとの時点でのこの「あいさつ」だったのである。

チリ北部

その第二は、チリ北部だ。田島和雄氏が報告されたように、「チリ北部」の、いわゆる「インディオ」の現地民、および千数百年前の「インディオ・ミイラ」のウイルスおよび遺伝子は、現在の日本列島太平洋岸部の日本人のウイルス（Ｉ型の１）および遺伝子と「同一」である。したがって両者の「祖先」が共通していること、この一事は、自然科学上の事実として疑うことが不可能なのである（『なかった——真実の歴史学』第三・四号、ミネルヴァ書房、参照）。

したがって後述するように、

（そのＡ）九州中央部

（そのＢ）関東南辺部

共に、南米の「二つの領域」の地名と、日本語との関係を「疑う」ことは、容易にはなしがたい。そういう両者の相互関係をしめしていたのである。

6　「倭語地名」の分布

すでに論じた。

「倭人伝の中の固有名詞は、倭人が倭語によって〝命名〟したものである。」

と。倉田命題の指《ゆび》さすところ、この一事はすでに疑いがたい。この命題に従うならば、今問題の「裸国」「黒歯国」は、共に「日本語」すなわち「倭語」であり、「倭人の命名した国名である。」――これは必然の帰結となろう。

「黒歯国」の表記

はじめわたしは、「黒歯国」について、これを「中国側の国名」のように考えていた。「否（ノウ）」だった。なぜなら、中国文献の場合、「黒歯国」は、中国の東北方にあり、とされている。すなわち、今回の倭人伝の中の「黒歯国」とは〝位置〟がちがう。したがって「同字、別国」なのである。

これに対し、この「黒歯」を「倭語」と考えれば、どうなるか。当然、「コクシ」の「コ」は、児島（こじま）・越（こし）などの「コ」である。「クシ」は「チクシ・ツクシ（筑紫）」の、共通の「語幹部分」「クシ」である。筑紫、すなわち福岡県である。まとめれば「コクシ」とは、いわば「福岡県分国」ともいうべき意味をもつ「倭語」だったのである。

それに加えて「黒い歯」すなわち、キニーネを常用して、「歯を黒くしている」風俗をも「加味」した用字法なのかもしれない。

さらに、「黒」は「黒潮の黒」であり、〝神聖な〟の意味だ。決して〝black〟ではない。たとえば「黒姫山」とは、〝blackなお姫さまのいる山〟ではなく、「神聖な、太陽の女性（日女）のいる山」の意味なのである。

「歯（ハ）」は、「葉」であり、「根」や「幹」に対する〝広い場所〟をしめす、常用の倭語だ。すなわち「クロハ」とは「神聖な広い場所」をしめす、古代日本語の表記なのである。黒潮に乗じて行き着く場所として、絶妙の発音表記法に基づくものなのである。

「裸国」の表記

さらに絶妙なのは、「裸国」の表記だ。

「ラ」は「ウラ（浦）」と同じ、海岸部の呼び名である。「ウ」は、接頭語。接頭語や接尾語の有無が、三世紀の倭人伝の「倭語」と現代日本語との間に存在すること、すでに「噫（「イ」あるいは「アイ」）と現代日本語の「ハイ」（〝Ha〟もしくは〝H〟音を付加）の用例をもってしめした通りである。

したがって倭人伝の「ラ」と、現代日本語の「ウラ」とは、対応している。すなわち「三浦（ミウラ）半島」の「ミウラ」は、これに対してさらに「ミ」という丁寧語を付加したもの。実は「ラ（裸国」と同一の日本語なのである。

この「三浦半島」が、先述の「箱根山の一大爆発」のさいの、「全滅」を、まぬがれた地帯、その最先端に当たっていたのである。

ペルーの存在

しかも、注目すべきは、次の一点である。

南米のエクアドルとチリ北部には、現代日本人には、あたかも「同一の領域」のように見えるかもしれないが、さに非ず、なのである。なぜなら、右の二つの領域の間には、その中間に注目すべき一国が横たわっている。ペルーである。

ここには、著名な日本人として天野芳太郎さんがいた。漁業の収益で財をなし、日本人のために博物館等をペルーや日本に建設されたことで知られている。わたしも、氏と生前、文通を行い、現地（ペルー）の古代遺跡について、数々の質疑を行った。たとえば「背の低い人種」などの存在である（中米に存在する）。

しかし、ペルー自体の中に、あのエクアドルやチリ北部のような「古代日本人の痕跡」と見なすことのできる、遺物・遺跡を御教示いただくことは結局できなかったのであった。これが事実だ。

わたしの言いたいのは、次の一点である。

「南米では、エクアドルとチリ北部の二カ所に、古代日本人〝ゆかり〟の痕跡が存在している。一方は、九州と、他方は関東との〝かかわり〟をもつ両地である。」

不幸にも、江坂輝彌氏も、佐原真氏も、共に、この「現地の事実」に対して目を向けられることなく、その判断を終えられたようである。

7　黒歯国への訪問

「東夷伝序文」（後述）と倭人伝との〝かかわり〟について、その全体像をまとめてみよう。

「裸国」「黒歯国」の重要性

第一に、「序文」に予告された「大海の長老の言」とは、日本列島内の「倭人」にとどまらぬ、「侏儒国の長老」の伝える「裸国・黒歯国」の存在への「伝承」を指していた。

第二に、この「両国の記載」こそ、倭人伝のみならず、三国志全体にとっての一大焦点、ハイライトだったのである。

なぜなら、司馬遷の史記は、シルクロードの入口、崑崙《こんろん》山の描写の批判にとどまっていた。代わって班固の漢書は、漢代の使者張騫《ちょうけん》の報告によって、はるか西方の「果て」への認識を記した。すなわち、安息国の長老の言により、西方への百余日の陸行の果ての条支国、さらに西方への百余日の海行の彼方に「日の入る所に近き地」の存在を記録しえたのであった。

これに対して三国志は、史記・漢書の及ばなかったところ、「東の果て」の地を記録した。それは倭人の女王国の使者の導きによって、さらに東南四千里の地、「侏儒国の長老」から、東南船行一年（二倍年暦）の地の存在を聞き、これを報告したのであった。

しかも、史記はもとより、漢書も全く及ばなかった「人間の住むところ」としての「国名」まで記録することができた。もちろん、それは「倭人の伝える、倭語の国名」である。もう一歩押しつめれば、この「裸国・黒歯国」は「大海の彼方」に広がった「倭人の国々」の中の二つだったのである。

現代科学による証明

もちろん、倭人伝の一主要目的が女王国そのものにあったことは、疑いがない。その女王国のために「長文」を費やしていること、その女王に対する、魏の天子、明帝の長文の詔書の存在していること、いずれもがその事実を物語っている。

しかしながら、右は「半面の真実」だ。他の「半面の真実」は、いまだ中国側に「未知の認識」にとどまっていた、「日の出ずる所に近き」地に対する「見聞」を、確かに記述したところにあったのである。

その陳寿の筆致がいかに卓抜した「実証性」と「歴史性」をそなえていたか。それを最終的に疑いなく実証したのは、現代日本の自然科学者（田島和雄氏）による「ウイルスと遺伝子の検証」だった。この自然科学的事実の検証と、三国志の陳寿の「記した世界」との一致、対応をもって「偶然の一致」と称する学者があれば、わたしたちはその学者の顔をまじまじと見すえる他ない。

すでに早く報告されていた、バルディビアなどの土器が日本の縄文土器と「相似」するデザインや文様をもつこと、土偶が「日本人好みの人相」をもつこと、これらを報告されたエストラダ、メガーズ、エバンズ氏等の報告を、いまだに「無視」し、「嘲笑」しつづけている日本の考古学者たちがいるならば、日本の考古学界の、否、世界の考古学界の最大の不幸という他ない。

ブラジルのアラウージョおよびフェレイラから、ミイラの寄生虫による「南米と日本列島の伝播」

の事実が報告されてから、すでに歳月は久しく経っているのである。

無視されてきた「裸国」「黒歯国」

従来の「邪馬台国」研究者は、すべてこれらの事実を無視して「見ぬふり」をしてきた。見よ、凡百の「邪馬台国」研究書において、果たしてこの「裸国・黒歯国」に対して〝論じた〟ものがいかほどあるか。

近畿説といわず、九州説といわず、一切これに対しては「風馬牛、吾れ関せず」の姿勢をとるもの、むしろほとんど〝共有の現象〟ではないだろうか。彼等は「倭人伝」を見なかった。否、三国志全体を見なかった。そして陳寿畢世の「歴史記述の志」をも見ようとしなかったのである。

もし、「そうではない。」と主張する人があれば、わたしはいつでも喜んでその声に耳を傾け尽くそうと思う。

8　日本語の沃野

日本語由来の地名

最後の道に入ろう。南米は日本語の沃野である。その沃野の痕跡なのである。たとえば、地名。黒潮に乗じて縄文の倭人が南米のチリ北岸に到着し、生活しはじめたとき、すでに日本列島で「地名」を使って生活していた彼等がここ南米では「地名なし」の生活に甘んじていた。そのような可能性を〝想像〟できようか。

日本列島で「言語」を使っていた彼等が、南米に来た途端に、「言語」を使わなくなる。「無口で通す」――そんなことがあるわけがない。彼等は当然「倭語」を話していた。その「倭語」で「地名」をつけたのである。

地名は「頑固な証人」である。甲という種族が占拠していた土地を、乙という新たな種族が再占拠したとき、新たな支配者は「自分の言語」で地名を〝つけ直す〟。それは必然である。でなければ、彼等にとって「不便」だからである。他の理由はない。

当然、「旧支配者」だった被支配種族に対しても、みずからの「支配者言語」を用いさせるであろう。当然である。だが、そのさい、「一〇〇パーセント」とはいかない。なぜなら、すでに、「旧支配種族」の時代以来の「旧地名」が存在する以上、それを全部〝消し去る〟ことは無理である。その支配の途中の「過程」では、当然「旧支配者の旧言語による旧地名」を、彼等（侵略者）もまた、使用しつづけていたことは、疑いないからである。したがって「支配者言語」による「新地名群」のはざまに、「旧支配者の旧言語の旧地名」が遺存する。これは必然である。

たとえば、北米を見てみよう。その全体は、当然「英語」である。ワシントンも、ニューヨークも、すべてそうだ。自分たちの「建国」と「支配」の偉人の名を冠したり、自分たちの出身地のアイルランドの「地名」に対して「ニュー」の接頭辞を加えて使用したりしている。当然「英語」である。

しかし、他方、ミシシッピー河やモルガンなど、本来の「英語」ではなく、「旧支配者」の、いわゆる「インディアン」たちの名付けた「地名」が残されている。これも周知のところである。それらは当然「英語」ではない。いわば「インディアン語」なのである。

これらは、〝目立った事例〟をあげたにすぎないが、先にのべた、「新地名の分布の中に、旧地名が残存している」事例の一つであることは、疑いない。

南米に残る日本語地名

右のように観察してくると、南米の土地、そこに残された「地名」が、古代日本語の沃野、その痕跡をとどめるところであることに、北米のケースと同じくうなずかざるをえないのではあるまいか。

それが、二〇〇七年の二月十三日から十一日間、南米とエクアドルを訪れた、二十数名の研究チームの目的だった。Aチーム八名（途中から七名）は、エクアドルのみの集中研究、Bチーム十七名は南米各地を周視して、現地における「問題」を探究したのである。

Aチームで、スペイン語の通訳として活躍した大下隆司氏がすでにその成果を発表しておられるけれど、それを道標としつつ、要点をまとめてみよう（右のケースでは、チリ北部は直接の研究対象とは、いまだなされていなかった）。

第一、チリ北部の「アタカマ」。現在は、東京大学の地震研究所がこの高地におかれているから、著名である。この「アタカマ」は、田島和雄氏が調査し、現地のインディオおよび千年以上前のミイラが、共に、日本列島太平洋岸の現代日本人と「ウイルス（Ｉ型の１）と遺伝子」が一致することを確認した地帯である。

先述のように「裸国」と見なされる地帯であり、神奈川県の三浦半島の「ミウラ」と語幹が共通している。

他に有名な地名として静岡県に「熱海」、神奈川県には「鎌倉」がある。「アタミ」の「ア」は接頭語。「タ」は「太」。第一の意義だ。「ミ」は〝女神〟。「カミ（神）」の「ミ」であり、「イザナギ（男神）」「イザナミ（女神）」がしめすところだ。神の「原型」は「女神」なのである。その「女神」を〝崇めたたえた〟言葉だ。「わが、第一の女神」、これが「熱海」の意義である。あの豊醇な温泉に対して「わが第一の女神の造りたもうたところ」と賞美したのではあるまいか。

次に、「鎌倉」。「カ」は〝神聖な水〟。「川」の「カ」である。「流水」の方を指す、現代の用法は〝第二次的用法〟であり、本来の用法は「澄んだ、深い水をたたえたところ」を指す。鎌倉にも近い、伊豆半島内の用法である（「言素論」『多元』、参照）。「マ」は、日本語にもっとも多い接尾語。「やま（山）」「たま（玉）」などの「マ」である。「クラ」は〝神聖な場所〟を指す、古代縄文語である。腰岳の黒曜石を「からすんまくら」と呼んでいる。「ん」は「の」。「クラ」は、〝神聖な場所〟を指す。「高御倉」の「くら」である。日本列島各地に、その用例が遺存されている（「言素論」）。「鎌倉」とは「神の給うた水の出る、神聖な場所」の意義である。そのような場所であるからこそ、後代、「鎌倉八幡宮」や「鎌倉幕府」の中心拠点となりえたのではあるまいか。

以上によって判明する。「アタカマ」とは、古代日本語において「わが、第一の神聖な水の出るところ」を意味していたのである。古代人の「地名呼称」として、もっとも〝当をえた〟呼び名としての「古代日本語地名」ではあるまいか。

しかも、追記すべきことがある。この地帯の気候である。ここは、南米南端部よりフンボルト大寒流が北上し、南下してきた黒潮暖流との「出会い」によって、複雑な「気候」を形成している。

現地の気候

すなわち、海岸部が〝涼しい〟のに対して、一歩〝奥地〟の砂漠地帯に入れば、「灼熱の地」として、「裸の生活」が必然とされているという。倭人伝がこの地を「裸国」と称したのも、偶然ではなかったのである。恐るべき「土地鑑」である。

チチカカ湖への予断

次は「チチカカ湖」である。南米最大の一大湖水である。国はペルー、ボリビアとチリ北部周辺の三国に近接し、ボリビア海軍も、ここにおかれているという。

この湖名に関しては、わたしははじめから、一つの「予想」、否「憶測」を抱いていたことを「告白」しよう。もちろん「父」と「母」の義ではないであろうけれど、たとえば関東の「ちちぶ（秩父）山脈」のように、日本語の「音感」と共通する要素のあること、日本人なら誰しも〝感ずる〟ところだからである。しかし、それだけに「速断」は禁物だった。

二〇〇七年二月、AチームとBチームは、アメリカ合衆国のアトランタで別れた。一方は、エクアドルへ、他方は南米各地へ飛ぶため、各チームの「待時間」をここですごしたのである。

そのさい、わたしは言った。

「もしかすれば、もしかするかもしれませんが、まゆにつばをうんとつけて聞いて下さい。」

そのように前置きした。

「あのチチカカ湖は、もしかしたら、日本語かもしれませんよ。もちろん『お父さんとお母さん』という意味ではありません。『チ』は『神』を意味する『神以前の日本語』です。『あしなづち』『てなづち』『やまたのおろち』『おうなむち』の『ち』です。古い、神様を指す、日本語です。『か』は、いつも言っていることですが、『神聖な水』です。伊豆半島で『確認』し、東京近辺の『氷川神社』で確かめました。『ひ』は〝太陽〟。「かわ」は〝river〟ではなく、〝神聖な水〟を指すものです。日本の神社は、多く〝神聖な水〟を原点として構成されています。今は『手水鉢』のある水の方は、いわば〝おそえ物〟扱いされていますが、本来はこちらの方が『原点』いや『原水』なのです。この『原水』をもとに、日本の神社の多くは成り立っているのです。『ひかわ』は〝太陽を宿す、神聖な水〟のことです。『日』を使わず、『氷』にしたのは、後世の太陽神『天照大神』に〝遠慮〟したためでしょう。埼玉県の新幹線の停まる『大宮』は、この氷川神社群の『中心地』なのです。」

　わたしは言葉を次いだ。

「『チチ』も、『カカ』も、同音のダブリ表現ですよね。南方型の言語に多いタイプです。日本でも、例の『チチブ山脈』がそうですし、『侏儒国』の〝表音上の基礎〟となったと思われる『スズ（スス）鈴港』も、高知県の足摺岬の東側にあります。

　この『チチカカ湖』なんて、一〇〇パーセント〝同音反復〟でできていますよね。ですから、もしかしたら、古代日本語と〝つながり〟があるかも、しれませんよ。」

と。大胆な「予告」だったのである。

現地での意味

はじめ、右の「予告」は〝裏切ら〟れた。

Aチームの現地通訳の方に早速お聞きすると、

「原住民の言葉では、『チチカカ湖』というのは、〝鉛の、くさった水の湖〟という意味です。現に、あの湖のそばからは鉛が出ますから。」

とのことだったのである。ガッカリした。

しかし、反面、「納得」はできなかったのである。なぜなら「鉛の、くさった水、云々」は、古代人の発想ではない。いくら鉛が出るからといって、古代人がそんな「命名」をする、そして「湖の名前」とする。そのような状況は、わたしには到底「うなずく」ことができなかったからである。何か〝そぐわない〟ものを感じていたのだった。

インカ以前の言葉

それが解けた。帰り道、それもギリギリの、東京の成田で解散する直前だった。

Bチームの到来を待っていると、先頭を団長の藤沢徹さんが馳けてきた。

「古田さん、判りましたよ。あのチチカカ湖が。」

「えっ。」

「古田さんの言った通りでしたよ。Bチームの現地通訳の方にお聞きすると、『太陽の神から賜わった、神聖な水』とのことです。インカの征服以前の『アイマラ語』だということです。」

「あっ。インカというのは、新しい征服民ですよね。日本でいえば、鎌倉・室町から江戸時代あたりの時代ですね。」

「そうです。それ以前の古代種族の言語はいろいろあるようですが、それらを『アイマラ語』というそうです。その『アイマラ語』の意味です。」

「あっ、やっぱり。それなら、古代人の言語として納得できますよね。」

先住民を「侵略」し、「支配」したインカ種族は、前代の住民にとっての「神聖なる湖」、崇敬の対象を、逆に、おとしめ、けなす意味を付した。よくあるケースだ。

日本では、旧石器・縄文の輝ける太陽神「ヒルコ」を、壁をはう「蛭《ひる》」のように、〝骨なしの、きたない存在〟だから、「神に入れず」とした、古事記の「精神」と同一だった。

また、最近わたしが没頭してきた、あのバイブルのヘブライ語原本の探究においても、「本来の、宇宙創造神」としての「イヴとアダム」が、邪神の「蛇」にだまされる、〝愚昧《ぐまい》・無知の男女〟へと「おとしめ」られていたのと同じである（後述）。その「蛇」そのものも、中近東周辺では〝最高の知恵の神〟だった。現在でも、トルコなどでは「薬局のマーク」が「蛇」であるのは、そのシンボル、痕跡である。けれどもバイブルでは、無知なイヴとアダムを〝だます〟悪者として描かれている。

前にものべたように、

「前代の神聖なる存在を、〝いかがわしい存在〟として、おとしめて描く」

それが「神話・伝承の基本ルール」だったのである（バイブルの分析については「一週間はなぜ七日間なのか――バイブル論」『Tokyo 古田会 News』一三六号、「閑中月記」第六十九回、所収参照）（英訳は Phoenix.

インターネット)。

このチチカカ湖の場合にも、「インカ以前」の神聖なる存在であった、この一大湖水を、インカ種族は〝おとしめ〟〝嘲笑〟して、「鉛の、くさった水」といったような「汚名」を〝着せ〟かけ、〝あてつけた〟のではあるまいか。——わたしはそう考えた。

やはり、わたしの〝度はずれた〟予告の通り、この「チチカカ湖」とは、古代日本語そのものだったのである。

オロチ語

もう一つ、付言したいことがある。

日本列島の北方には「千島列島」がある。この列島には三十余個の島しかない。「千(せん)の島」などとは、ほど遠いのである。当然「ち」は、「神の古名」なのである。

問題は、さらに進展した。

かつて、ロシアのハバロフスク州をたずねたとき、この地に「古代日本語」が根強く〝残留〟していることを知った。

探究の「発端」となったのは、この州を現在の住地とする「オロチ族」の存在だった。日本海の西南岸、出雲神話に著名の「ヤマタのオロチ」と共通する「表現」だったからである。

探究の結果は、「諾(イエス)」だった。現在の、現地の「オロチ族」は、黒龍江の中流域にいた種族が、中国系の部族に〝逐われ〟て、この地、ハバロフスク州に来住し、定着したという。

そのため、現代のオロチ語の中には、古来の「原初日本語」の痕跡が遺存していたのである(先述)。

出雲神話の主神は「オウナムチ」だ。著名である。「チ」は当然「神の古名」だ。「オウナムチ」は古代オロチ語の一端だったのである。

「オウナムチ」とは、「水と大地を主宰する海神」の意義だったのである。このハバロフスク州に来て、オロチ族の古老（オロチ族協会の会長）にお会いし、これを確認することができたのである。「オウナ」の撥音便は「オンナ」。現代日本語の「女」に連なっているようである。

話をもとへ戻そう。「千島」は、〝太陽の神の出で給う島〟だったのである。「どこから」の視点か。当然、ハバロフスク州側からである。地球儀をみれば明白なように、ハバロフスク州の上に輝く太陽は、朝、東から出る。「千島の彼方より昇った」のである。今も、昇っている。

9　エクアドルの新世界

残された地帯へと踏み入ろう。

ここはエクアドルである。Aチームの目指したところ、当地のエストラダ氏が海岸で「マナビ」「日本の縄文土器」に〝酷似〟した土器類を発見した。それを、大学時代同窓だったスミソニアンのメガーズ・エバンズ夫妻に連絡されたのである。この経緯は、すでに書いた。書き残したところにふれよう。

第一の「地名」、それはマナビ州だ。エクアドルの中心部に当たっている。例のバルディビアも、この州の中に存在する。

「マナビ」の「マ」は〝真〟。「ナ」は〝大地〟だ。「ビ」は「日」。末尾のため、濁音化している。したがって「真実の大地に輝く太陽」、これが古代日本語による意義である。この州はまさに赤道直下に当たっているから、そのものズバリの「古代日本語地名」なのである。

周知のように、国名のエクアドルも、スペイン語で「赤道」を意味する。その国の中心部が古代日本語でやはり「赤道」にふさわしい「地名」となっているのである。

現在でも、バルディビア周辺では「日本人にソックリの人々」が住んでいるという。わたしたち（AチームとBチーム）を迎えてくれた人々、その子供たちも、半分はスペイン系、半分は日本人系の「面射し」をもっていたのである。この経験はおたがいに〝印象深かった〟。

現代では、彼等もすでにテレビなどで「日本人の顔」を見ることがあろうから、一段と「自分たちと、はるか西北方の日本人との同類性」を〝信じて〟いるものと思われる。先述のように、「歴史を正しく語ることのできる者にしか、未来はない」旨の、バルディビア市長（村長）の〝あいさつ〟はきわめて鮮烈であった。

「ハマ」「トリ」　エクアドル西北の海岸部を見よう。

そこには「ハマ」「トリ」といった地名が連なっている。日本列島の有名な縄文遺跡、「鳥浜貝塚」を〝分割〟したような地名である。

「トリ」の「ト」は〝神殿の戸口〟。「リ」は、〝一定点〟を指す。「トリ（鳥）」「マリ（毬）」などの普遍名詞と共に、吉野ヶ里などの地名にも、語末の「リ」は多く用いられている。「トリ」全体では、〝神殿のあるところ〟の意義をしめすのが、古代日本語の意義なのである。

「ハマ（浜）」は、言うまでもない。「ハ（葉）」は〝広い場所〟。「マ」は日本語にもっとも多い接尾辞の一つだ。「ヤマ（山）」「カマ（鎌）」など。その上、全体が島国である日本列島では、「〜浜」の用例はどこにもあふれているといっていい。

このエクアドルの「ハマ」もまた、「海岸部」なのである。わたしのエクアドル滞在中、取材に来た現地の新聞記者が、「ハマ」の出身であったため、このテーマについてわたしが語ると、にわかに〝職業意識〟を超えた、深い関心をしめすようになったことは、今も記憶に鮮明である（「エクアドルで報道された特集記事――"EL UNIVERSO"二〇〇七年三月一八日、大下隆司訳、『なかった――真実の歴史学』第四号、ミネルヴァ書房、参照）。

その他の類似点

単に「言葉」だけではなかった。

日本列島の九州の福岡県を中心に分布する甕棺（「ミカカン」。通例では「カメカン」）と全く〝相似形〟をなす出土物が多出していたのである。「子供のための〝重ね棺〟」まで、日本列島の福岡県の立岩遺跡出土のものと、〝ソックリ〟だったのである。これほどの類似が「偶然の所産」とは考えがたい。これが人間の理性のしめすところである。

さらに「土面」。日本列島の九州は「土面の島」だ。現在でも、鹿児島県など、その展示物が多い。

福岡県でも、「鼻高の鬼面」を祭った神社（福岡市東区馬出の翁別神社）があり、「面」を〝つけた〟形の祭りが、現在でも行われている神社（福岡市西区今宿の熊野神社）もある。

「コクシ」の「クシ」が筑紫（「チクシ」「ツクシ」）の地名であり、「コ」はその〝分国〟をしめすもの、と解したけれど、それは単なる「言葉遊び」ではなかったのである。

黒曜石も、同じだ。日本の縄文文明で、黒曜石がもっとも重要な鉱石だったことは、周知であるが、ここエクアドルもまた「黒曜石、産出の土地」だった。それだけではない。日本列島では「未知」の「黒曜石の鏡面」が数多く作られていた。「鏡」が「三種の神器」の一つとして、倭人伝でも重要な位置を占めていること、周知であるけれど、ここではそれがこの貴重な黒曜石によって作られていたのである。

日本列島では、「鏡石」「鏡岩」といった太陽文明、その「平面石面による反射光」を尊崇する古代文明が存在し、それが弥生時代において、中国側の「銅製の鏡」に対する愛好となったことは、著名であるけれど、ここ南米の地では、その「鏡」が黒曜石によって作られていたのである。同じく、太陽信仰の儀礼の存在した痕跡であろう。日本列島の場合、黒曜石の「材質」の差異のため、「鏡」作成には至りえなかったのではあるまいか。

ともあれ、この南米の地に「日本縄文文明と、全く同一の存在を見出そう」とすれば、ハッキリと「否（ノウ）」だ。あのバルディビアの女性土偶やこの黒曜石の鏡を見ても、明確である。

しかし、「同類の文化が異質の文明として、華開いた。」――この正しい見地に立つ限り、日本列島

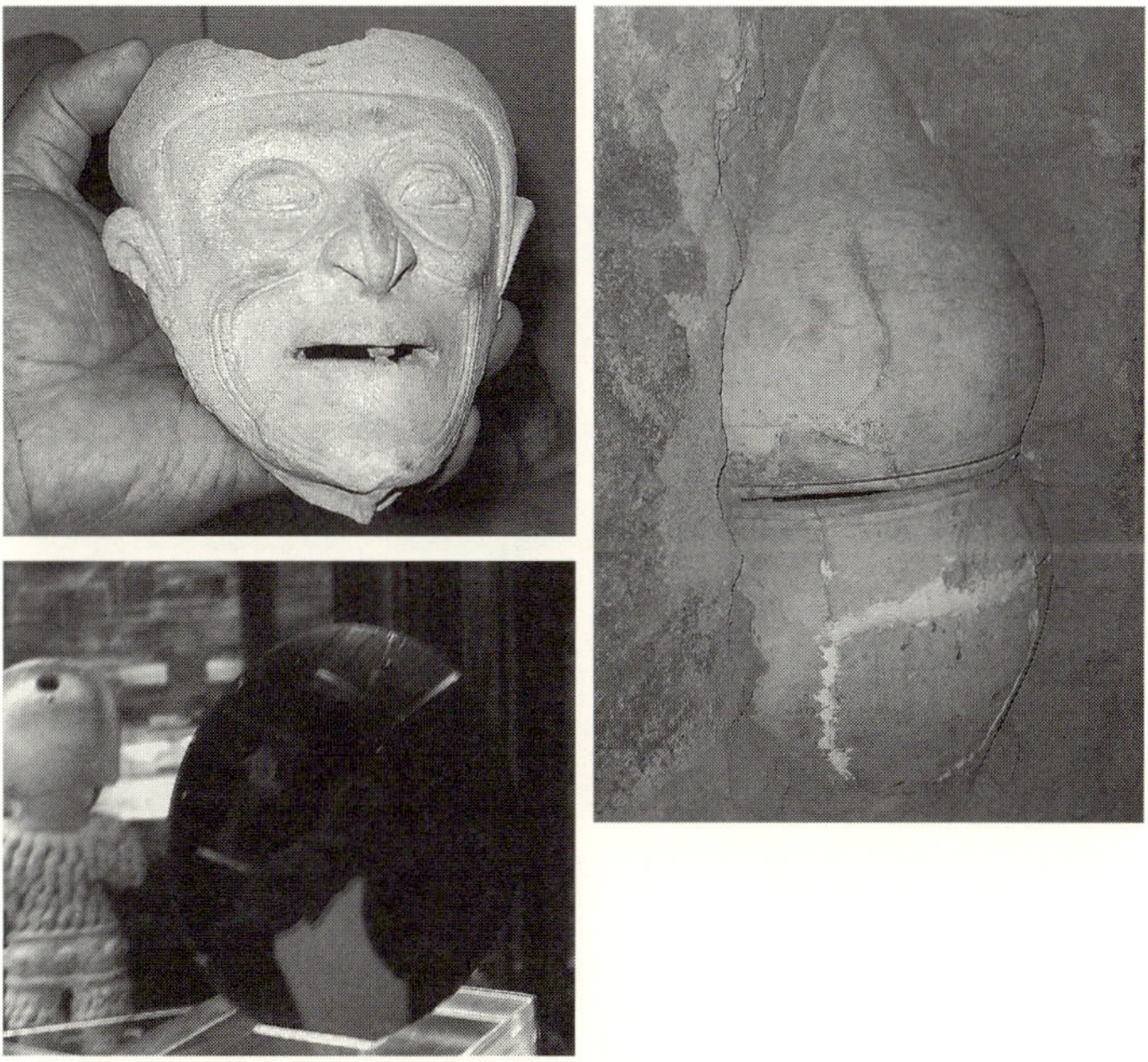

トリタ地区出土品（大下隆司氏撮影）
右：大型合口甕棺（文化の家博物館。グアヤキル市）
左上：土面（人類学博物館。グアヤキル市）
左下：黒曜石製の鏡（中央銀行博物館。キトー市）
（出典）『なかった——真実の歴史学』第五号，ミネルヴァ書房，2008年，より。

と南米との相関関係を疑うことは、およそ不可能だったのである。

陳寿の真意

幕を閉じよう。

陳寿は、「東夷伝」の中に〝閉じこめ〟た、実は「三国志全体の序文」において、三国志が従来の歴史書、史記や漢書の及びえなかった世界へと「視野を拡げえた」ことを誇った。それが三国志という歴史書にとって、最大をなす誇りだったのである。

かつて周公たちは信じた。

「海隅、日を出だす。率俾せざるはなし。」

これは日本列島を指していた。中国歴史上の、屈指の〝聖者〟とされていた周公は、日本列島をもって、すなわち倭人の住む島をもって、「日の出ずるところ」と信じていたのである。

それを陳寿は打ち破った。「周公の認識の否（ノウ）」を、敢然と指摘したのである。

陳寿は諸葛亮伝において賞賛した。「敵国誹謗の言」をも、書くことを〝禁じなかった〟ことを。魏朝の、歴史家の筆に対する「大らかな許容」の姿勢を篤く評価したのである。

三国志はそれどころではない。中国史上、最大の〝聖者〟というべき「周公の認識の否（ノウ）」を明らかにしめした。そういう、直言の一書だったのである。

それはあたかも、あのバイブルの「非」を、キリスト教世界の中で指摘するのと同一の挙、人間による、人間の認識の進歩を陳寿は敢然としめし、三国志という新たな史書の「華」としていたのである。

女王俾弥呼の横顔は、さらにはるかなる「東方へと至る道」をクッキリと〝暗示〟しつづけていたのであった。

第七章　「三国志序文」の発見

1　三国志の原点

新発見であった。「三国志全体の序文」が見出されたのである。それは正確には魏志・第三十巻の「東夷伝」として、これまでもしばしばふれてきていた。だが、今「熟視」すると、奇妙だった。三国志全体の中の「位置づけ」が〝変格〟だったのである。その点、率直にのべよう。

三国志中の二つの序文

三国志には「二つの序文」がある。

まず、蜀志の諸葛亮伝に全文掲載された、諸葛亮全集に対する序文である。三国志全体を読んだ人には、周知の「序文」なのである。全文二十四篇、十万四千一百十二字、字数まで、陳寿は厳密に計算した。その「完成」された形の、「諸葛亮全集」全体に対する序文である。それが全文ここに掲載されているのである。

第二は、魏志第三十巻、烏丸・鮮卑伝の序文である。

書経（尚書）と詩経における、中国の四夷の記述から説きおこし、

「其れ、中国の患と為すなり。」

という。その末尾に、

「故に但《ただ》漢末魏初以来を挙げ、四夷の変に備うと云う。」

と結んでいる。すなわち、中国周辺の蛮族である「四夷」の、今後の変動にそなえるため、この蛮夷伝を書いた、というのである。いいかえれば、「倭人」もまた、この「四夷の一つ」であることは、言うまでもない。

すなわち「蛮夷伝の序文」としては、右でいわば〝完結〟している形の文面なのである。

もう一つの序文

けれども、この同じ魏志第三十巻の中に、もう一つの「序文」が収録されている。

これが、いわゆる「東夷伝序文」と呼ばれているものである。

今回、わたしは感じた。

「この構成は、おかしい。バランスがこわれている。」

と。三国志の先頭にも、末尾にも、「序文」や「後跋《ばつ》」がなく、この小さな「魏志第三十巻」の中に、二つもの「序文」が〝つめこまれ〟ているのは、あまりにも変格なのである。全体の「構成」に全くそぐわない、と。そう感じたのである。

もちろん、一応は「類似の例」がなくはない。わたしが二十代から四十代にかけて心魂をそそいできた、親鸞の教行信証の事例である。この親鸞のライフ・ワークには、「三つの序文」がある。「総序」と「信巻序文」と「後序」の三序である（古田『親鸞思想』明石書店、参照）。けれども、この場合は、まだしも「構成」上のバランスは〝とれて〟いた。最初と中心部と末尾との三つだからである。

これに対して、今回の三国志の場合、三つの序文の位置が全く〝バラバラ〟なのである。第一の諸葛亮全集の序文の場合、諸葛亮本人の「立伝」中の内部なのだから、まだ〝許せる〟としても、第二と第三の「二つの序文」が、同じ魏志第三十巻の中に、〝軒《のき》を接する〟ようにして〝つめこまれ〟ている姿は、全体の「構成」上、何としても〝変格〟なのである。

これは、何かある。そう感じた。そう感じてみると、その「回答」は容易だったのである。この「東夷伝序文」と〝名付け〟られていたもの、それは本来「三国志全体の序文」として、陳寿自身によって書かれたものだった。そういう、「本来の位置づけ」が容易に判明したのである。

陳寿の不運

わたしが今回、この「構成」上の不自然さに気付いたとき、直ちにその「真相」を知るに至ったこと、それは他でもない。陳寿その人が三国志を著作するに至った経緯、そしてその「完成」時に、彼をおそった「不運」、それについてすでに十分に知悉していたからである。その概略を略述しよう。

彼は、蜀の建興十一年（二三三）に生まれた。魏の明帝の青竜元年である。ところは西辺の地、蜀。巴西郡安漢県だ。今の四川省南充付近という。俾弥呼が景初二年（二三八）、魏の明帝のもとに使者、難升米たちを送ってきたとき、彼は六歳の少年だったのである。同郡の学者、譙周《しょうしゅう》を師とし、やがて蜀朝の観閣令史の職についた、という。

だが蜀の景耀六年（二六三）、蜀朝は滅亡した。魏軍の侵入によって、蜀の天子、劉禅は降服し、魏朝に敵対した罪を悔い、みずからを「死罪に値する囚人」として、刑死後の棺をたずさえた姿で投降したという。

陳寿、三十一歳の夏である。陳寿は、戦勝国、魏朝の都、洛陽に移った。そこで彼の最大の庇護者、司空の張華の知遇をえたのである。張華は彼の才能を見抜き、魏朝の「正史」を編纂する歴史官僚、「史官」の職を与え、その編纂を託したのであった（咸熙二年（二六五）魏朝は禅譲により、西晋朝となった）。

そして彼はその仕事を成し遂げた。魏・西晋朝の「正史」、三国志を完成したのである。咸熙二年（二六五）の魏朝の西晋朝への禅譲も咸寧六年（二八〇）の呉朝の滅亡も、共に記録せられている。魏・呉・蜀志の「三国志」は完成したのである。

しかし、そのとき、陳寿にはその完成した「正史」を〝献上〟すべき場がなかった。なぜなら、彼の終生の庇護者、張華が宮中のクーデターで失脚し、政敵荀勗《じゅんきょく》が朝堂を支配していたからである。そして陳寿は、空しく元康七年（二九七）に没した。六十五歳である。

そのあと、四世紀初頭に張華派が復権し、故陳寿の『三国志』は、晴れて西晋朝「正史」のほまれを受けたのである。

以上が、三国志をめぐる「排除」と「賞美」の歴史だった。わたしはこれを「〈評伝〉陳寿伝」（『古代史を疑う』駸々堂、一九八五年）に収録した。

したがってわたしは今回、三国志中の「三つの序文」のもつ構造上の「アンバランス」に気付いたとき、その真相を、直ちに想到した。この、いわゆる「東夷伝序文」こそ、本来の、陳寿が用意していた「三国志全体の序文」に他ならなかったのである。

3　序文の「歪《ゆが》み」と実体

実体の検出　問題は、その「実体」である。構造上の矛盾は、問題の「発見」の動因として重要だけれど、それはあくまで「発端」である。肝心の、従来知られていた「東夷伝序文」が、本当にそのような「実体」をもっているかどうか。その検出なしには、ただ形式上の「構造論議」に終わる他はない。だから、再検証した。

まず、その全文をあげよう。

東夷伝

書に称す。東は海に漸《いた》り、西は流沙に被《およ》ぶ。其の九服之制、得て言う可きなり。然るに荒域之外、重訳して至る。車軌の及ぶ所、未だ其の国俗殊方を知る有らざる者なり。

虞《ぐ》より周に曁《いた》り、西戎《せいじゅう》に白環の献《けん》有り、東夷に粛慎《しゅくしん》之貢有り。皆世を曠《むな》しうして至る。其の遐《か》遠《えん》なるや、此《かく》の如し。

漢氏の張騫《けん》を遣わし、西域《さいいき》に使し、河源を窮《きわ》めしむるに及び、諸国を経歴し、遂に都護《とご》を置き、以て之に惣領《そうりょう》せしむ。然る後、西域之事、具《つぶさ》に存《そん》す。故に史官、得《え》て焉《これ》を詳載するを得たり。

魏興り、西域と興《とも》に尽くす能わずと雖も、其の大国に至りては亀茲《きじ》・于闐《うてん》・康居《こうきょ》・烏孫《うそん》・踈勒《そろく》・月氏《げっし》・鄯善《ぜんぜん》・車師《しゃし》之属、歳として朝貢を奉らざること無し。略《ほぼ》、漢氏の故事の如し。

而して公孫淵、父祖三世に仍《よ》りて遼東を有す。天子、其の絶域の為に、委ねるに海外之事を以てす。遂に隔断し、東夷、諸夏に通ずるを得ず。

景初中、大いに師旅を興し、淵を誅《ちゅう》す。又軍を潜め、海に浮び、楽浪・帯方の郡を収め、而る後、海表謐然《ひつぜん》、東夷屈服す。

其の後、高句麗背叛す。又偏師を遣わして討窮を致す。極遠に追い、烏丸の骨都を踰え、沃沮を過ぎ、粛慎《しゅくしん》の庭を践《ふ》み、東、大海に臨む、長老説くに、異面之人有り、日の出づる所に近し、と。

遂に諸国を周観し、其の法俗を采り、小大区別、各名号《めいごう》有り。得て詳紀《しょうき》するを得可《うべ》し。

夷狄《いてき》之邦《ほう》と雖も、俎豆《そとう》之象《しょう》、存す。中国、礼を失うも之を求むるに、四夷猶《なお》信ずるがごとし。

其の国を撰次し、其の同異を列し、以て前史の未だ備えざる所に焉《これ》を接せしむ。

（原文は巻末資料3に掲載）

分析しよう。

第一に、まず、尚書（書経）の一節がかかげられている。

「東は海に漸《いた》り、西は流沙に被《およ》ぶ。」

の一句は、禹貢第一の「禹、九州を別つ」にはじまる一節の終末の辞である。黄帝から堯・舜の時代を過ぎ、三代目の禹に至って、「大陸」の「九州」に支配が及んだことを叙述している。

右の一句のあと、

「四海に訖《いた》り、禹は玄圭を錫《しゃく》し、厥《そ》の成功を告ぐ。」

と結ばれている。「玄圭」は「黒い玉」。右の禹貢の「伝」に、

「玄、天色、禹功尽く四海に加う。故に堯玄圭を賜い、故に之を彰顕し、天功の成るを言う。」

とある。「九州、平定」の「成功」を祝した、そのシンボルであろう。

右を要するに、陳寿がこの序文で特記しているのは、単に東方の「蛮族」すなわち「東夷」だけのテーマではない。西方の「蛮族」平定をもふくむ、「全、九州平定」のテーマであることは、疑いがないのである。

当然、魏・西晋朝による「三国統一」の大事業をこれに〝比した〟ところ、壮大な一文である。

陳寿は漢書を意識した　この点、右の序文の「内容」そのものが、これをさらに裏付けている。

前漢の武帝（前一四一〜前八七）のとき、漢の使者張騫は西域におもむき、司馬遷が史記で〝記しとどまって〟いた、黄河の河源をきわめ、それを報告した。さらにシルクロードを西行し、

大月氏国の領域に至った。

そして安息国《あんそく》（ペルシャ。現代のイラン）の長老から「西へ行くこと、百余日」で、西の果ての「条支国」（ジブラルタル周辺か）に至り、さらにその西へ、海を行くこと「百余日」にして、はじめて、「日の入る所に近し、と云う」

の領域がある。班固は「安息国の長老の伝来」として、これを漢書に記載したのである。

陳寿がこの序文で、「漢氏の張騫を遣わし」にはじまる一文を、

「然る後、西域之事、具に存す。故に史官、得て焉《これ》を詳載するを得たり。」

として結んだのは、読者をして右の漢書西域伝等の記載を〝想起〟せしめるためだったのである。

当然のことながら、この三国志の読者はすべて「漢書を読んだ」人々だったのである。

それは、この序文出色の「結び」ともいうべき、次の肝心の一節と呼応している。

漢書の一文と対応

「粛慎の庭を践み、東、大海に臨む、長老説くに、異面之人有り、日の出づる所に近し、と。」

明らかにここで、陳寿は班固の漢書の一文と〝対応〟させ、三国志の「特出の局面」を、ここでしめしているのである。漢の使者、張騫が西域の「安息国」に至り、その地の長老から、はるか西方の「日の没する所に近し、と云う」という領域に関する「伝」を記録しえたのに対し、今、三国志では、魏朝の使者が倭地の「侏儒国」の地に至り、その地の長老から、「東南、船行一年」の地の存在することを知り、それを明記した。しかも、班固の及ばなかった「人間の住むところ」としての「国名」

まで記しえた、というのである。

班固が「安息国の長老の言」として記録したところが、アメリカ大陸であったことは、今日のわたしたちの地理上の知識からは疑いがない。あのコロンブスもまた「百余日」でアメリカ大陸に到着していたのである。しかし、班固はそこを「人間の住むところ」として明記しえなかった。ましてや「国名」を記することもできなかったのである。

だが、陳寿は三国志において、それをなしえたのである。「裸国」と「黒歯国」という、人間の住むところ、それらの「国名」をもまた、そこに明記できたのだった。これが、陳寿が三国志において、まさに誇りとするところ、その肝心にして核心をなすべき、枢要の一点だったのである。

この問題をめぐる、わたしの従来の「錯覚」と「迷い」について、先述したところだが、ここに改めて明記させていただきたい。

太陽が昇る場所

第一に、わたしははじめ、この序文末尾の「長老」を、中国の長老と考えた。魏の首都、洛陽に在住する長老である。とすれば、この「異面之人」は「倭人」を指すこととなろう。倭人伝は倭人を「黥面文身」の徒として描いているからである。

けれども、これは「まちがい」だった。なぜなら、当初（たとえば、周公の当時）なら、このような見地はむしろ「必然」であろう。西安や洛陽の中国人にとって、太陽は「朝鮮半島や日本列島の彼方から出る」――そう考えるのが自然だ。

この中で、「朝鮮半島説」は（多くの学者が支持してきたようであるが）実は不当である。なぜなら、朝鮮半島の「西岸部」を知っただけで、「東岸部」（日本海側）を知らない。そのような状況は、ほとんど考えがたい。特に、漢代には、朝鮮半島は「前漢の武帝の統治領域」だったのであるから、右のような「西海岸だけの半知識状態」は、全く〝想像〟できないのである。だからもし、「東海岸についての認識」があれば、「朝鮮半島から太陽が出る」――そのような〝想像〟は、全く不可能なのである。

これに対して日本列島の場合、本州から北海道、樺太、そしてシベリア大陸に至る「ルート」は、中国側には「未見」であったから、「日本列島から太陽は昇る」――このような認識は、いわば「自然」である。

第二に、しかし、それはまだ「その段階」の話にすぎない。三世紀現在の魏晋朝の場合、倭人伝に明記されているように、「魏朝の使者たちは、日本列島に至った」のである。その報告は魏・西晋朝にもたらされたのである。それなのになお、「日本列島から太陽が昇っている」などと〝信ずる〟ことは、およそ荒唐無稽、全く不可能である。そう考えざるをえないのではあるまいか。

「序文」は当然「本文」のあと、書かれるものである。それなのに、この序文中の「日の出ずる所に近し」の一節を、「倭人と倭地を指す」と理解することなど、（今となってみれば）不可能の三文字以外にはなかったといわざるをえないのである。

「大海」という地名

第三に、右のような「自明」の帰結に至る前に、わたしは「迷妄の野」をさまよった。この序文の末尾の「長老」をもって、「粛慎の長老」と解した。この

「長老」の二文字の〝直前〟とおぼしきところに、「粛慎」の二字が存在したからだった。

しかし、その「粛慎」と「長老」との間には、もう一つの、重要な「地名」があった。――「大海」である。すなわち「大海の長老」として、この一節は理解すべきだったのである。あの倭人伝の冒頭に、

「倭人は帯方の東南大海の中に在り、山島に依りて国邑を為す。」

とある。この明文の中に、倭人の領域は「大海」の中にあること、それが疑いようもなく、陳寿によって明記されていたのだった。

「女王国の長老」も、「侏儒国の長老」も、共に同じく「大海の長老」だった。この一事を予告した一文、それがこの「序文」末尾の肝要をなす一文だったのである。

「大海の女王」これが倭国の女王俾弥呼の拠って立つ位置、その真の姿だったのである。

4　「三国志序文」の深相

さらに、この序文の内実へと深く分け入ってゆこう。

「殊方」問題

「車軌の及ぶ所、未だ其の国俗殊方を知る有らざる者なり。」

右の「殊方」という言葉は、辞書にない。「殊俗」は、著名の熟語である。たとえば、

「国、政を異にし、家、俗を殊にす、」（詩、大序）

「余威、殊俗に振う。」〈史記、秦始皇紀〉

等々、「風俗を異にする」「風俗の異なった外国」の意である（諸橋大漢和辞典）。

これに対して陳寿の用いた「殊方」という言葉は、既成の「殊俗」という熟語をもとにして、彼の「創作」した用語法のようである。その意味は何か。

「方」という概念

中国の歴史地理書において「方」は基本概念の一つをなしている。

周代に成立したとされる『周髀算経』の冒頭部では「此方圓之法」と記され、「此れ、図を方に求むるの法を言う。」と注されている（「圓」は「円」）。さらに『九章算術』は「方田」を第一としている（漢代成立。魏劉徽注）。魏劉徽《りゅうき》撰とされる「海島算経」にも、「今、南、方邑を望む有り。大小を知らず。」の設問がかかげられている。

いずれも「方」による。すなわち「方法」をもって、その基礎概念としているのである。

その点、三国志の魏志倭人伝もまた、変わるところはない。

「対海国に至る。……居る所絶島、方四百余里なる可し。」

「一大国に至る。……方三百里なる可し。」

しかし、司馬遷の史記や班固の漢書と、同じ「方」を用いても、それぞれは「用法を異にしている」――これが「殊方」の一語によって陳寿の「予告」したところなのであった。

この点を「明証」するもの、それは「江東」の領域に対する「方」表示である。

江東の領域を示す「方」

（A）烏江の亭長の言

「江東小なりと雖も、地方千里、衆数十万人、亦王たるに足るなり。願わくは大王急に渡れ、」（史記、項羽本紀）

（B）周瑜《しゅうゆ》の言

「将軍（呉の孫権）、神武雄才を以て兼ねて父兄の烈に仗《よ》り、江東に割拠すること、地方数千里、兵精《くわ》しく用いるに足る。」（三国志、呉志周瑜伝）

右の（A）は、史記屈指の名場面である。項羽はこの亭長の言を拒絶し、江東の父兄に顔をあわせることができぬ、と答えた一段である。わたしなども、旧制中学（広島県三次中学・府中中学）時代、この一段を暗誦した。

三国志の読者にとっても、むろん「周知」の文章である。

とすれば、右の（B）において、陳寿が、「同じ『方』法を用いても、その〝実体〟は異なっている。『一里、対、数（五〜六）里』の〝相異〟があること。」——これをしめしていること、疑いがないのである。

これが歴史書における「基準の方法」のしめし方なのである。

倭人伝の「方」

右と同一のテーマを、さらに壮大なスケールで明確にしめしたもの、それが倭人伝の読者周知の左の一段である。

「郡より女王国に至る、万二千余里。男子は大小と無く、皆黥面・文身す。古自り以来、其の使中国に詣るや、皆自ら大夫と称す。夏后少康の子、会稽に封ぜられ、断髪・文身、以て蛟龍の害を避けしむ。今倭の水人、好んで沈没して魚蛤を捕え、文身し亦以て大魚・水禽を厭《はら》う。後稍以て飾りと為す。諸国の文身各異なり、或は左にし或は右にし、或は大に或は小に、尊卑差有り。其の道里を計るに、当に会稽の東治の東に在るべし。」

すでにのべたところだが、要点を再説しよう。

第一に、「会稽」の地名が二回出現している。いずれも同一。会稽山である。堯・舜に次いだ禹の崩じた地として著名である。

第二に、陳寿のいる洛陽、また三国志の魏の都、洛陽から、呉越の名山会稽との「距離」は、三国志の読者にとっても、当然周知である。一方では歴史上の名山であり、他方では魏・西晋朝の敵手、呉地の〝中枢の地〟であるから、軍事上、魏・呉が対峙していたさい、魏の都洛陽から会稽山までの「距離」を知らなかったはずはないのである。

第三に、この問題の焦点は、

（甲）帯方郡から女王国までの距離（一万二千余里）

（乙）洛陽（もしくは、山東半島などの黄河領域）から会稽山までの距離

この両地が「測定上、いわば『平行関係』にある。」という判断が「明記」されている。この一点である。

第四に、このさい、肝心の一点は、「右の（甲）と（乙）は『同一の里単位』によって、測定されている。」ことである。そうでなければ、右のような「平行関係」を観察できるはずがない。――これが「測定上の鉄則」なのではあるまいか。

この点も、また、序文における「殊方」予告のテーマと、ひそかに、そしてハッキリと〝対応〟していたのである。なぜなら、「方法」の基礎単位は他ならぬ「里単位」なのであるから。

范曄の「錯覚」

〝駄目押し〟と見えるかもしれないが、後漢書の范曄の「錯覚」についても、この序文の「目」から見てみよう。

この序文の冒頭で、陳寿は尚書の禹の業績から「引文」し、

「東は海に漸り、西は流沙に被ぶ。」

とのべた。ここに〝禹の業績〟を引いたのは、歴史上のハイライトとしての「会稽山の存在」を明確に読者に印象づける。そのような「陳寿の、歴史家としての意思」を、范曄は「見のがした」のである。

そのため、眇《びょう》たる「一県」にすぎぬ「東冶《とうや》」へと、「東治《とうち》」を〝書き変える〟という「錯失」におちいったのである。

（その一）洛陽から「東治県まで」の距離など、三国志の大部分の読者にとって「不知」の世界である。

（その二）また、たとえ「東冶県」へと〝訂正〟してみても、「長里」であれば、「数（五～六）倍」

であるから、「東治県までの距離」などに〝当たる〟はずはないのである。

以上にもかかわらず、先述のように、岩波文庫は魏志倭人伝の本文を、「当に会稽の東治《とうや》の東にあるべし。」と「改悪」し（四五ページ）、その注（四六ページの（5））で、「県の名。今の福建省閩侯県附近。東冶とするものあるは東治の誤。」として、日本の学界と一般の研究界を「誤導」してすでに年久しいのである。

第Ⅱ部　新たなる古代日本

第八章　邪馬壹国研究の新たな世界

1　「闕《けつ》」と「臺」の落差

新たな問題に入ろう。
わたしは論じた。

「壹」という文字

「邪馬壹国の原文が正しく、これを『邪馬臺国』と改訂することは、否（ノウ）である。」と。その決定的な理由として、『三世紀の魏・西晋朝においては、『臺』は「天子を指す言葉だった。』それゆえ、たとえ『ヤマト』という国名を中国文字で表記するとしても、その至尊・至貴の言葉としての『臺』をもって『ト』の表音として用いることなど、絶対にありえない。」

たとえば、倭人伝の末尾に「臺に詣る」とあるのは、「天子の宮殿に至る」の意である。
また魏の重臣、高堂隆の著作が『魏臺雑訪議』と称されていること、その書の中で、くりかえし

「魏臺」と呼ばれているのは、魏の明帝その人を指しているること、などを挙げたのである。

いわゆる「邪馬台国論者」からも、この点に関する「反論」は一切なかった。「一切の反論」を省略したまま、「邪馬台国」という表記と呼び名を、近畿説論者であろうと、九州説論者であろうと、用いつづけて今日に至っている。「惰性と怠慢」である。失礼ながら、そう言わざるをえないのが、日本の全学界と全メディアの現状であった。

「闕《けつ》」という文字

右の「反論」ではないけれど、新たな「発見」がもたらされた。私の著作の読者（岡崎市の大西能生さん）からである。

「三世紀の魏朝では、『臺』だけではなく、『闕』の字も、使われていたのではないか。」

この「闕」の字も、「至高・至貴の文字」の一端だった。

この点、実は先人があった。三木太郎氏である。「闕機」という人名が『魏書』に見出された。三国志の魏志鮮卑伝の「裴注」（五世紀の裴松之注）に、それが存在した。三木太郎氏との論争における、三木氏による「発見」と「指摘」だったのである（京都新聞連載）。

「天子の宮殿を意味する『闕』が、夷蛮（鮮卑）の一人名において、現に使用されているではないか。」

わたしの「至高・至貴字、不使用の論理」に対する、鋭い「反論」だったのである。

わたしはこれに対して「再反論」した。三国志では、この同一人物を「闕機」ではなく、「厥機」（鮮卑伝）として表記していたのである。ここでも、陳寿は「至高・至貴の文字」に類する、「闕」字を鮮卑の〝蛮族〟の固有名詞においては〝避けて〟いた。この事実が改めて確認せられたのである（この応答は、古田武彦『まぼろしの祝詞誕生』新泉社、一四八～一四九ページ参照）。

鋭かった三木氏の論難は、一転してこの「再反論」へと、わたしを導いてくれたのである。印象深い〝事件〟だった。

「闕」の使用例

今回の大西氏の指摘の場合は、ちがった。三国志そのものの鮮卑伝・濊《わい》伝の中に、まぎれもなき「闕」字が使用されている。その事実を見出されたのである。これは何を意味するものか。わたしは真正面からこのテーマに再び取り組んだ。別の目的ですでに引用したことのある史料だった。やがて解決した。そこから倭人伝の「より深い真相」が見えてきたのである。

まず、史料をあげよう。

（A）黄初五年（二二六）歩度根、闕に詣りて貢献す。厚く賞賜を加う。（鮮卑伝）

（B）其（正始）八年（二四七）闕に詣りて朝貢し、更に不耐濊王を拝す。（濊伝）

黄初五年は魏の文帝、正始八年は魏の斉王の年号だ。もちろん、俾弥呼と同時代である。その時期に魏朝は「闕」と呼ばれていた。明白な証拠だ。

倭国の使者は魏の天子に会えず

真相に迫ろう。

（一）次の史料を見よう。倭人伝である。

「景初二年（二三八）六月、倭の女王、大夫難升米等を遣わし、郡に詣り、天子に詣りて朝献せんことを求む。太守劉夏、吏を遣わし、将《ひき》いて送りて京都に詣らしむ。」

倭国の使者、難升米を派遣して、俾弥呼は魏の天子のもとへ行かせようとした。それを「求めた」のである。

しかし、実際は、倭国の使者団は、魏の都の地「京都」に至っただけで、「天子に会う」ことは、不可能だった。なぜか。

「(景初二年)十二月乙丑、帝寝疾不豫。」

魏の明帝はすでに、病状が悪化していたのである。だから、倭国の女王の使者、難升米たちは「都城の入り口」すなわち、「京都に詣った」だけで、目的とする「天子の居所」(「臺」)に至ることはできなかったのである。

わたしたちは今も、記憶している。昭和の末年、昭和天皇が病臥されてより、東京都全体があたかも「喪に臨んだ」かのように〝静まり〟かえった。華々しいものは、一切東京都内部からは〝除かれ〟ていたのであった。ほぼ三年近くに及んでいたのではあるまいか。

「景初二年」は、魏朝にとって、首都洛陽にとっても、同じ「憂患」の中にあったのであろう。その実状を、陳寿は書いた。「彼等は、天子に会うことを求めてはるばるやって来たけれど、『京都』に到達できただけだった。」と。

そのため、魏朝は「礼に依り」、やがて魏朝側から倭国の女王のもとに使者を送り、金印や詔書、そして尨大なる賜遣物を届けることとしたのである(賜遣物の件については、先述した)。倭国の使節団は「臺(天子の居所)」どころか、後述するような「闕」にすら至ることができなかったのである。

現代の東京都で考えてみよう。わたしはかつて研究上、皇居の中の書陵部をしばしば訪れた。坂下門などの皇居の門の内部である。しかし、さらにその奥の天皇や皇后の居せられる建物へは近づいたこともない。当然である。このような状況と比すれば、「闕」と「臺」のちがいは歴然である。

わたしたちは陳寿留魂の名文を、従来ただ表面だけしか見ていなかったのではあるまいか。

もしこの時点が、「景初三年」という、明帝死亡後の「年」であったとしたら、右の考察は全く不可能である。

「(景初)三年春正月丁亥、……即日帝、嘉福殿に崩ず。時に、年三十六。」(魏志明帝紀、第三)

右の「帝紀」の一文を基点として、陳寿は読者に「倭人伝を読む」ことを求めていたのである。

先述の「闕」の問題に返ろう。

鮮卑や濊の使者団

鮮卑や濊の使者団の場合、「黄初五年」や「正始八年」は、別段「天子の病臥中」ではなかったから、彼等は「京都」に入ったのみでなく、「宮城の門」である「闕」にまで入ることができた。それが右に記されていたのである。

これらは、陳寿その人でなくても、魏・西晋朝の高級官僚すべての「熟知」したところである。だから、この記事の信憑性は極めて高い。そう言っていいであろう。

けれども、彼等、鮮卑や濊《わい》の使節団は、「宮城の門」である「闕」に至ることはできても、さらに内部であり、その心臓部ともいうべき、「臺(台)」にまで至ることはできなかった。

もちろん、「夷蛮の国(鮮卑や濊)の代表者が、魏朝の兵士に取り巻かれて、臺の近くまで行った」

ことがあったとしても、使節団そのものは「闕止まり」だった。その〃内部〃に入ることは許されなかったのである。これが右の二文における、「闕に詣る」という文面の意味するところだ。きわめて正確な用文なのである。

壱与の使節団

これに反し、西晋朝はちがった。

倭国の女王、邪馬壹国の王者、壱与《いちょ》の使節団を「京都」の内部の「闕」に入れ、さらにその心臓部をなす、西晋朝の天子の居する「臺」の前に招き入れ、その「遠夷朝貢」を賞美したのであった。

すなわち、右の状況は次の一事を意味する。

「西晋朝は、魏朝に勝る『東方の倭国との、密接な交流』を成しとげることができた。」

この陳寿の鏤骨《るこつ》の名文、倭人伝緻密の構文を、従来の「邪馬台国」論者は、読み抜かぬまま、今日に至っていたのではあるまいか。思うに、それは偶然ではない。「壹、臺、混同主義者」の陥るべき、必然の「陥穽《かんせい》」だったといわねばならぬ。

俾弥呼を受け継いだ、倭国の女王壱与の使節団が先代の女王の素志を果たし、西晋朝の「臺」に詣りえたこと、その意義を従来の「邪馬台国」論者のすべては空しく見すごしてきていたようである。

2　「十日」と「二十日」の同一

意外な発見があった。

倭人伝には次の文面がある。

木佐命題

「東南陸行、五百里、伊都国に到る。(中略)南、投馬国に至ること、水行二十日、官を弥弥と曰い、副を弥弥那利と曰う。五万余戸なる可し。南、邪馬壹国に至る、女王の都する所、水行十日陸行一月。」

右の「水行十日・陸行一月」は、帯方郡治より邪馬壹国に至る総日程である。この点、すでに何回ものべてきたところである。

木佐敬久氏がのべられたように、倭人伝にとって、もっとも肝要なるべき記事、それが右の八文字である。なぜなら、倭国にいったん変事が生じた場合、魏朝にとってこの総日程こそが肝要なのである。たとえば、呉朝側の軍事船団が倭国を襲撃した場合、はたして何日間で救援に駆けつけられるか、これ以上に肝要な事項はありえないのである。

特に、帯方郡から魏朝の軍事官僚(塞曹掾史)張政が倭国に派遣され、この倭人伝の記事も、張政等の報告書に基づいていると考えられるから、この肝要の一事抜きに、倭人伝が構成されていると考えることなど、到底不可能なのである。

事実、三世紀、倭人伝と同時期に、西晋朝の木玄虚（木華）によって編せられた『海賦』では、次の一節がかかげられている。

「若《も》し乃《すなわ》ち、
偏荒、速やかに告げ、
王命、急《にわ》かに宣《せん》すれば、
駿《しゅん》を飛ばし、楫《わい》を鼓《こ》し、
海に汎《うか》び、山を凌《しの》ぐ。
是に於て、
勁風《けいふう》を候《ま》ち、百尺《せき》を掲《あ》ぐ。
濤《なみ》を望んで、遠く決《わか》れ、
囧然《けいぜん》として、鳥《とり》、逝《ゆ》く。
鷸《いつ》たること、驚鳧《けいふ》の、侶《とも》を失えるが如《ごと》く、
倏《しゅく》たること、
六龍《りくりゅう》の、掣《ひ》く所の如く、
一越《えつ》、三千、
終朝《しゅうちょう》ならずして、
届《いた》る所を救《すく》う。」

右の「一越三千」が、倭人伝における、

狗邪韓国――対海国　一千里
対海国――一大国　一千里
一大国――末盧国　一千里

の概括であること、明瞭である。倭国にいったん緩急あった場合の、速時救援の征途を描写しているのである。たとえば、狗奴国と女王国との衝突などのさいであろう。

右のように見れば、やはり帯方郡から女王国に至るべき「総日程」の記載は、他のいかなる記事にもまして、不可欠の記載なのである。

この「総日程」は、当然ながら「中国側の計算」による、通例の「日数、月数」であること、疑いえない（右の「木佐命題」については、信州白樺湖の昭和薬科大学校舎で行われた古代史討論シンポジウム〈一九九一年八月。『「邪馬台国」徹底論争』第一巻、新泉社所収〉を参照。また木華の『海賦』の全文は『邪馬壹国の論理』復刊本、ミネルヴァ書房、参照）。

日数の数え方　これに対して、別の立場から叙述されている「日数」がある。これが本節冒頭で述べた「「伊都国〜投馬国」の「二十日」」である。

この「投馬国」が「サツマ」（鹿児島県）であることは、ほぼ異論がない。わたしの解読の立場からも、当時（三世紀）の「ツマ」が、現在（近世）「サツマ」と呼ばれていること、自然である。

前述のように「噫（「イ」または「アイ」）」が現代の日本語で「ハイ」として「接頭語」"Ha" または

「接頭音」"H"を付して用いられているのと、同様だからである。

では、「伊都国」（糸島郡。現在の糸島市および福岡市）から「投馬国」（鹿児島県）まで、果して水路で何日かかるであろうか（なお、帯方郡はソウルの西方部の可能性あり。また投馬国は川内《せんだい》の可能性あり）。

「投馬国」の中心部を現在の鹿児島神宮（姶良郡隼人町宇内）あたりにとっても、上野原遺跡（国分市）にとっても、薩摩半島を迂回して鹿児島湾を北上するルートとなるであろうけれども、そのさい、右の「水行十日」に当たる、

（A）帯方郡治～韓国西北端

（B）狗邪韓国～対海国～一大国～末盧国

の両行程と比較すれば、その「二倍」には当たりえないこと、明白であろう。

もしかりに、九州の東岸部を南行した場合でも、右の（A）（B）の「二倍」には当たりがたいであろう。

もちろん、

（α）伊都国から投馬国へ

（β）投馬国から伊都国へ

の二つのケースについて、海流の向きからして「同一の日程」ではないであろうけれど、それでも、右の「二倍」に"当てる"ことは、相当無理なのではあるまいか。

端的に言おう。「この『二十日』は、倭人側の『二倍年暦』による記述である。」と。

日本海
帯方郡治
韓国西北端
黄　海
狗邪韓国
対海国
伊都国
一大国
末盧国
投馬国
東シナ海
硫黄島

伊都国・投馬国関係地図

「伊都国と投馬国との間」は、「里程」で書かれていない。すなわち、魏使は投馬国に至っていないのである。したがってここに書かれている「日数」は、「倭人側からの報告」によって書かれた。そのように見なす他はない。その倭人側は「二倍年暦」の国であった。だから、当然この「二十日」も「二倍年暦」であり、通例の「中国側の表記」では、「十日間」に相当しているのである。

論じ至れば、簡単な帰結だけれど、その意味するところは、重大である。

二種類の日程記事

第一に、倭人伝内に、中国側と倭人側の、二種類の「日程記事」が存在する。

第二に、その事実に対して、陳寿は〝気づいて〟いない。

第三に、この点にも、後代の日本書紀が倭人伝の「寿命記事」を、そのまま真実（リアル）なものとして転用した、原因の一端があるのかもしれぬ。

第四に、魏使が倭種の国「侏儒国」に至って、その長老から聞いて報告した「裸国・黒歯国」への「東南、船行一年」の記事もまた、「二倍年暦」である。

第五、後代の日本書紀の編者も、この「矛盾」（倭人伝には、二通りの日程記事の存在すること）に〝気付いた〟形跡はない。

以上が、わたしの倭人伝に対する史料批判である。

3　「倭人」の淵源

同じく、思いがけぬ発見があった。

「なぜ『倭人伝』なのか。」

という疑問がある。「倭伝」や「倭国伝」ではなく、「倭人伝」というのは、なぜか。この疑問なのである。冒頭の、

「倭人は帯方の東南大海の中に在り。」

の「倭人」を〝採った〟もの、そう考えた。孔子の論語で、

「子曰《いわ》く、学び而（て）時に之を習う。亦悦《よろこば》しからずや。」

ではじまる、第一を「学而編」と名付けているのと、同じケースか、と考えたのである。

しかし、この考えは挫折した。なぜなら倭人伝の直前の「韓伝」は、「韓在帯方之南、東西以海為限。」だから「韓在伝」となり、その前の「濊伝」は、「濊南與辰韓北與高句麗沃沮接。」とあるから、「濊南伝」となっているか、といえば、「さに非ず」なのである。

だから「倭人伝」の場合だけ、「冒頭の文面の二字を採用して篇名とした」というわけにはいかないからである。

では、なぜ。やはりこの「質問」へと戻らざるをえなかったのである。

なぜ「倭人伝」か

新たな回答は「九夷」から来た。後漢代以前からの「成語」である。

「玄菟《と》・楽浪・高麗・満飾・鳧更《ふ》・索家・東屠・倭人・天鄙」

爾雅の釈地の「九夷」の注に、「李巡曰《いわ》く」として、右のフレーズが挙げられている。後漢代以前からの「成語」なのである。

最初の「玄菟」や「楽浪」や「高麗」が、漢代の郡名や国家名として実在している点から見ても、末尾の「倭人」や「天鄙」が日本列島近辺の「九夷」の中の種族名であることは、当然察せられよう。

海士村の「天日」

その「天鄙」が隠岐島（島根県）の島前の海士《あま》村に見出された。「天日（テンピ）」である。「手の日」の撥音便であろう。伊万里市（佐賀県）の腰岳の黒曜石を「からすんまくら」と呼ぶのと、同類である。この「ん」は「の」の撥音便だという。「手」は〝幹〟や〝枝〟に対して〝ひろがった場所〟をしめすのである。この海士村近辺には「ヒ（日）」の地名が集中している。その一つである。

「九夷」の真実

隠岐島は周知のように、黒曜石の宝庫である。現在でも、島後からは各地に種々のデザインをもつ黒曜石が出土している。後代（弥生時代）の出雲繁栄の「縄文の原点」となっているのである。

その「海上の舟のたまり場」が島前の海士村近辺、「三つ児の島」の地帯である。その中に、右の「天日（テンピ）」が存在しているのである。縄文の中枢地帯をしめしている。

これに対する「倭人」。腰岳の黒曜石を原点として、博多湾岸がその「舟のたまり場」となっているのである。腰岳の黒曜石は、東は下関市の海岸部に「製品造成所」があり、朝鮮半島の南辺にその分布が広がっている。その中枢が博多湾岸である。吉野ヶ里遺跡からも、この黒曜石が出土している。すなわち、この「九夷」とは、縄文時代における、各地の種族名を記録したものであった。当然、陳寿はこのような「後漢代以前の、東アジアにおける『九夷』の常識」を知っていた。知っていただけではない。三国志の、当時の読者と、これが共通の常識だったのであった。だからこそ、魏朝の使者がその博多湾岸の一角、「不弥国」に到着したとき、安んじて、「南、邪馬壹国に至る、女王の都する所」と書くことができたのであった。

当然のことながら、陳寿の歴史認識は、李巡の「九夷」説の上に立脚していた。しかし、決して後代の（近畿中心の）古事記・日本書紀などを「読んでいた」はずはないのである。

現代の「邪馬台国」論者はこの当然の道理を遠く見失っていたのではあるまいか。

4　「日出ずる処」の論証力

倭人の情報

ふりかえれば、すでに三世紀。中国人の歴史認識は、地球という全体像を把握する寸前にあったのである。

かつて、司馬遷の史記は西方シルクロードへの道を求め、班固の漢書は大西洋の彼方、アメリカ大陸の東岸部の存在を予告していた。

これに対して陳寿の三国志は、はるか東方のアメリカ大陸西岸部に「人」が住み、「国」が存在することを「報告」した。「裸国」と「黒歯国」の両国である。

その貴重な情報を中国側にもたらした人々、それがわが日本列島に住む倭人たちだったのである。魏朝の使者は、倭国の女王、俾弥呼側にリードされて、太平洋と黒潮の激突する断崖、足摺岬の原住民、「侏儒国」の長老たちから、その国々に至る道筋と要すべき日数（二倍年暦の「一年」）を聞きとって記録したのである。

このように、三国志という歴史書のあり方、そしてそのために日本列島の倭人たちの国と住民が果した役割を見つめるとき、現今の日本と中国、そして日本とアメリカとの〝かかわり〟が、決して一朝一夕のものではないこと、その「時の流れ」のリアリティが実感されるのではあるまいか。

七世紀の目

このような「歴史」に対する人間の認識を眺めるとき、従来の「邪馬台国」論者が「三国志の本質」とその全体像に対して、ほとんど一顧さえしていなかったことに驚かざるをえないのである。なぜなら、これほど重要な両国、「裸国」「黒歯国」に対して全く無関心な「邪馬台国研究」が多いからである。むしろ、それが「大勢」なのではあるまいか。そして倭人伝の中の「女王国」に対してのみ、あるいは「近畿説」あるいは「九州説」と、いうなれば「蝸牛の争い」をくりかえしてきていたからである。

このテーマを、今は全く新たな視点から、三たび見つめ直してみよう。それは「七世紀の目」だ。

「いや、ここは三世紀の俾弥呼の本だ。時代がちがう。」――直ちに、そういう「反論」が生じると思われる。その通りだ。「歴史叙述の時間帯」からいえば、この本に「七世紀の目」は無関係、そのようにも見えよう。しかしいったん「論証の立場」に立てば、ことは一変する。あの「推古天皇の言葉」とされる、有名な「日出ずる処の天子、書を日没する処の天子に致す。恙なきや」の名文句の〝出自〟が焦点である。明治以後の公教育では「スポットライト」をあてて、この「名文句」を子弟に教えつづけ、教えこんできているのである。すでに百数十年近い「累積」である。これは明治以後の「歴史像」の基本といえよう。

しかし、このような「歴史の扱い方」は根本的に「誤断」なのである。人間の理性に対する無視と挑戦以外の何物でもないのである。

なぜなら、今は周知のように、右の「名文句」は、古事記・日本書紀・風土記等、日本側の著作には全く出ていない。皆無である。その出典は、中国（唐）側の歴史書『隋書』俀《たい》国伝の一節である。俀国王「多利思北孤《たりしほこ》」が中国（隋朝）へ送った、国書の一節である。すなわち、右の「多利思北孤」は、その両国間の「国書」の中の「自署名」として書かれていた。そのように判断する他はない。この『隋書』の著者、魏徴（五八〇〜六四二）は、隋の直前の北周の大象二年（五八〇）に生まれている。すなわち、彼にとって「多利思北孤」との「国交」は、「同時代史料」としての事件だった。

当然ながら、隋朝が唐朝に交替したあと、魏徴は「隋代の史料」を〝眼前〟にできる立場の歴史官僚だったのである。「多利思北孤」という「自署名」の国書も、その一つだった、と考えてあやまるまい。

推古天皇は「多利思北孤」なのか

このように考えてくると、当然ここに重大な問題が生ずる。なぜなら、この国書の交換されたとき、大業三年（六〇七）は、日本書紀では「推古天皇の時期」に当たる、とされている。たとえば、岩波文庫（七一ページ）でも、

「大業三年《注記》――隋煬帝の年号、推古天皇十五年（六〇七）」

と明記している通りである。

とすれば、明白無類の「矛盾」が生じる。周知のように、推古天皇は「女性」である。日本書紀の巻第二十二に、この天皇の和名は「豊御食炊屋姫《とよみけかしきやしひめ》」であり、幼いときは「額田部《ぬかたべ》皇女」と呼ばれた。十八歳のとき、渟中倉《ぬなくら》の太玉敷《ふとたましき》天皇の皇后となった。その後、豊浦宮で天皇となった旨、記せられている。要するに、彼女が「女性」であった点については、一点の疑いもない。

ところが、他方、「多利思北孤」が「男性」であったこと、これもまた、全く疑いがない。なぜなら、彼には妻があり、「雞弥（きみ）」と呼ばれ、その後宮に「女、六、七百人」が彼女に仕えていた旨、『隋書』に記せられている。翌年の大業四年、隋の使者は俀国へ来て、直接「多利思北孤」と会見して会話しているのであるから、史料としての信憑性は高い。おそらく、『隋書』の著者、魏徴の友人や先輩には、このときの隋朝側の使者団に加わった人士も存在し、なお生きていたことであろう。その人々もまた、この「同時代史料」としての『隋書』を見ているのである。

記紀に出ない名前

従来説にとって、最大の「難関」がある。

それは、日本書紀や古事記に、この「多利思北孤」という「国書の自署名」が

全く出現していないことである。

周知のように、古事記の末尾は「推古記」で終わっている。日本書紀の「推古天皇紀」では、推古天皇やその「摂政」だったという聖徳太子に関する逸話や記事が豊富である。豊富であるにもかかわらず、この「一国を代表する、国書の自署名」が皆無である。全く姿を見せていないのである。これは一体、何だろう。

従来の学者は、この「接合法」にさまざまの苦心をはらってきた。「腐心」してきた、といってもいい。たとえば「多利思北孤は、太子の名のまちがいではないか。」とか、「聖徳太子が、中国の使者をだまして『女性』であることを隠したのだろう。」とか。詭《き》弁である、一片の「偽説」にすぎない。「同時代史書」としての『隋書』の性格から見て、ありうる話ではない。中国人を無知にして「幼稚な頭の持主」のように見なして「切り抜け」ようとしているにすぎない。失礼千万である。

日本側が、それほどこの「自署名」がいやなら、自国の国書の「自署名」に使うはずがない。この「造字」自体、きわめて「自尊の誇り」に満ちている。たとえば「利」。これは「衆生《しゅじょう》利益《りやく》」の「利」である。仏教語である。「多利思」は、そのような「衆生利益の思いに満ちている」の意なのである。「北孤」の「北」は〝天子の座すところ〟。北極星や紫宸の座である。「孤」は〝天子の自称〟である。「日出ずる処の天子」に、これ以上、ふさわしい「自称」はない。そういう「用語」なのである。

このような「無類の自称」を、なぜ、日本書紀は書かないのだろう。今さら「隠して」みても、すでに『隋書』は、全アジアに「公刊」されているのだから、「無駄」である。

――では、なぜ。問いはやはり、ここに立ちかえらざるをえない。

思うに、真の回答は、一つしかない。

「『日出ずる処の天子』の名文句は、近畿天皇家とは関係がない。」

と。いかに明治維新以降の天皇家が「勢威をふるって」みても、やはり、「一人の男性を一人の女性に変える」ような「力」はもっていないのである。世界の人間らしい人間は必ずこれに「諾（イエス）」の声を発することであろう。

明治から平成に至る、日本の公教育は「非・人間」の立場に徹底的に依拠し、これによって構成されていたのである。すべての公教育の教育者も、この「非道理」に加担させられてきたのだった。

「多利思北孤」の所在地

では、この「多利思北孤」のいたところ、その都はどこにあったのか。この肝心の問いに対してもまた、『隋書』は明瞭な回答を与えてくれている。

右の「名文句」の直前に、次の一節がある。

「阿蘇山あり。その石、故なくして火起り天に接する者、俗以て異となし、因って禱祭を行う。如意宝珠あり。その色青く、大なること雞卵の如く、夜は則ち光ありと云う。魚の眼精なりと。」（岩波文庫では「夜は則ち光あり。いう魚の眼精なりと。」と訓む）。

右の文面の明示するところ、それは「阿蘇山下の王者」というイメージ以外の何物でもない。「九州王朝」である。従来の学者はこれをもって「近畿天皇家の領域内の、一火山描写に過ぎず。」として〝解し〟てきたのである。

しかし、九州からさらに大和へ至るには、たとえば、瀬戸内海。その描写が全くない。「海なれども、湖水の如し。」の類の表現も、皆無なのである。

またもし、日本海を対馬海流によって東行したとすれば、「船行、矢の如し。」といった〝名句〟が期待されよう。右の阿蘇山関連の〝文章の冴え〟から見れば、当然である。

さらに「大和に至る」ためには、必須の「見聞」があろう。巨大な天皇陵である。たとえば、応神・仁徳陵。たとえば、箸墓・神功皇后陵。河内（大阪府）経由か、山城（京都府）経由か。いずれのコースをとろうとも、必ずこれらの巨大古墳を眼前にしないわけにはいかないのである。眼前にすれば、「墓域、小山の如し。」とか「瓠に似たり。」とか、端的な描写が必ずあろう。しかし、一切ない。

そして何より、大和盆地の描写がない。「都域《いき》、天狭し。」の類の寸言もない。まして「大和三山」への見聞もまた、全く語られてはいないのである。

これほどの「ない、ない、ない尽くし」にもかかわらず、この「日出ずる処の天子」の「国書」をもって、「大和発信の〝名文句〟」として、公教育で〝流布〟させてきた、この百数十年弱。後世の人々は「事実無視の公教育時代」として、現代日本人の特質を深く「記憶」するのではあるまいか。

「神籠石山城」

わたしがはじめて『隋書』に接したとき、まず感じたところ、それが「従来の定説」に対する疑問だった。中世の文献、たとえば親鸞の自筆文書などに接して得た「文章に対する感覚」からの、必然の感受性といってもよかった。このような「イデオロギー第一主義」の解釈法には、全くなじめなかったのである。

けれども、その感受するところが、果して歴史事実そのものと〝対応〟しているかどうか。その点に関しては、全く知らなかったのである。

確実な知見を与えてくれたもの、それは「神籠石山城」の存在である。

敗戦前から後まで、学界では著名の論争だった。「霊域か、山城か。」と、対立して論を競ってきたのである。結着がついたのは、一九六三～六四年（昭和三十八～三十九）だった。佐賀県の教育委員会主導で、全国の考古学者が協力し、それぞれの山の中腹を〝取り巻いて〟いた、長方形の石が、（二重におかれた）木柵の下石だったことが判明した。それらは「統一規格」の形状だった。「山城」である。

その下石は「阿蘇山が噴出した火山岩」であり、そのため、「整形」しやすい特徴をもっていたのである。

大事な一点がある。その「分布領域」だ。西はおつぼ山（佐賀県）から東に石城山（山口県）、南は女山《ぞやま》（福岡県）、そして北はもちろん玄界灘だ。その「中心」は当然「筑紫」（福岡県）である。具体的には、太宰府と筑紫川流域を「東西南北」から〝取り巻いて〟いるのである。

築造時期は、「白村江の敗戦」以前である。この敗戦（六六二、あるいは六六三）以後、戦勝者の唐軍が、敗戦国の「筑紫中心の領域」へと、「占領」と「進駐」してきたことが知られている。日本書紀の「天智紀」では、九年間に六回も、「何千名」等の単位で来襲し、〝支配〟したことが記されている。

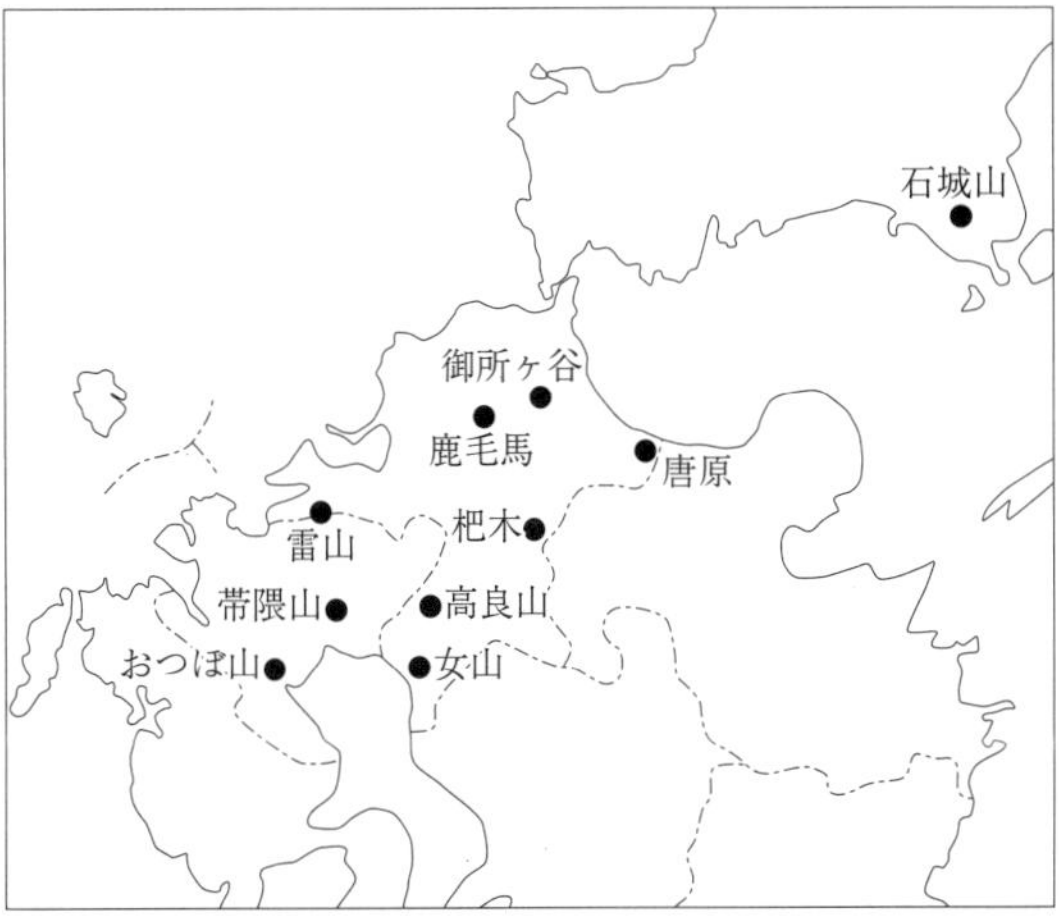

神籠石分布図

（出典）森貞次郎『北部九州の古代文化』明文社，1976年，
等によって作図。

その「築造時点」は、当然右の「敗戦以前」だ。戦勝軍団の〝支配〟の中で、（たとえば「新羅相手」などの名目でも）敗戦国の倭国側が新たに軍事施設（山城）を造りはじめることなど、全くの「反道理」だ。いかにしても〝筋《すじ》が通らない〟のである。この点、一九四五年（昭和二十）アメリカ軍の「占領」に接した、わたしたちにはあまりにも、自明である。

神籠石の設置者は近畿天皇家に非ず

同時に、明瞭なのは、次の一点である。

「神籠石山城の〝設置者〟は、近畿天皇家ではない。」

と。なぜなら、もし「大和の中心権力の命によって造らしめた」場合、当然その「中心」は「大和」でなければならない。わざわざ「太宰府と筑後川流域を取り巻く」形で造らせる道理はない。自明のことである。

従来の学者は、瀬戸内海領域の山城群を「一括」して、「大和へとつながる」形の「図」を造作しているけれど、依然、「大和そのもの」を〝取り巻く〟形にはなっていないのである。たとえば「敵軍（中国、朝鮮半島側）」が対馬海峡を「東行」して舞鶴湾などに至ったとき、「大和への道」には、何一つ「神籠石山城」はおろか、〝山城めいた要害〟さえ造られてはいないのである。「大和の権力者の土地鑑」は、それほど〝にぶかった〟のだろうか。――あらず。事実が「学者たちの腐心の解説」を〝裏切っている〟だけなのである。

しかも、新たに気づいたことがある。

「隋書」では、「多利思北孤」の「俀国」をもって「阿蘇山下の王朝」として描いていた。火山を知らぬ彼等が、この日本列島の抜群の阿蘇カルデラを、生き生きと活写していた。その叙写の生々しさにわたしは驚嘆していたのである。

しかし、今考えてみると、それはただ「火山」周辺という風物描写に〝とどまって〟いたのではなかったのかもしれないのである。

右にのべたように、この「多利思北孤」の王朝は、「阿蘇山の噴出した熔岩を〝整形〟した『神籠石』で囲まれていた」のだった。とすれば、従来これを単に「風物描写」のレベルでしか理解していなかった、わたしたちの「認識」は、あまりにも甘かった。きわめて浅かったのではないか。中国（隋朝）の使節団の「目」は〝ふし穴〟ではなかったのである。この「阿蘇山下の王朝の軍事施設」へと、観察の目を至らしめつつあった。――そのように考えることは、果して考えすぎなのだろうか。

彼等の「観察」は、後世のわたしたちの「目」より、はるかに、そして意外にも深かった。それもまた、のちの「白村江の勝利」、そしてそのための戦略構築にも、深く〝役立って〟いた。そのような目で、わたしは改めてこの『隋書』俀国伝の真実（リアル）な描写のもつ「真相」を見直さざるをえなくなってきたのである（この点、改めて詳述する。また、古田武彦「古代高度防災施設について」『Tokyo古田会News』一三九号、「閑中月記」第七十二回、参照）。

駄目押しをしよう。

九州王朝を隠滅した近畿天皇家

敗戦後、学界を二分する最大の論争があった。「郡評論争」である。坂本太郎氏と井上光貞氏の師弟論争である。その帰結は「七〇一」を境として、それ以前が「評」、そのあとが「郡」となった。木簡がそれを明示したのである。七世紀前半からすでに「郡制」として書かれていた日本書紀の記載の「非」は、井上氏の主張通りだったのである。

しかし、わたしの目では、真の問題はそこから出発した。

第一、なぜ、近畿天皇家は「評」の存在を〝隠した〟のか。

第二、なぜ、近畿天皇家は、莫大な労力と出費をもたらした「神籠石山城群」の建造に、一言もふれないのか。

右の「根」は一つ。「九州王朝という存在の隠滅」である。唐朝に敵対した、日本列島内の中心王朝の存在を〝取りはずし〟て、新たな日本書紀を構築したのである。そのため、「九州王朝下の神籠石山城群」を消し、「九州王朝下の『評制』」を消し去った。それが日本書紀である。そして古事記なのである。

しかし、「評」の監督官は「評督」であり「評督の上部機関」は「都督」である。その「都督」の存在する遺構は「都府楼跡」と称される太宰府にのみ、「名を残し」ている。難波（大阪府）や飛鳥（奈良県）には「都督府」の痕跡がないのである。

そして決定的なのは、「九州年号」の消滅（『二中歴』）が「七〇一」であり、右の「評制の消滅」と「軌を同じくしていた」ことである。確証をなすものである。

以上がわたしの現在到達したところ、その歴史認識の帰結である。

三世紀と七世紀の関わり

右は、すでに何回も、のべたところである。そして「専門家」と称する諸家がくりかえし「無視」してきたところである。それをなぜ今、くりかえすのか。

他でもない。今問題としているのは「俾弥呼」のテーマと、深い〝かかわり〟をもっているからである。

なぜか。

「邪馬台国近畿説」の論者は、当然ながら「多利思北孤、推古天皇、同一説」に至らざるをえない。三世紀から七世紀まで、一貫して「近畿中心主義」だから、必至である。

だが、そのさい、今まで縷々論及してきたように「男性と女性、同一説」を断乎として〝守護〟しなければならぬ。あるいは「国書の自署名」としての、この最高の自称が、なぜ、日本書紀にないのか。正面から「回答」しなければならぬ。「専門の時代ではないので。」とか、「いろいろと説もあるので。」などとの口実で〝逃げ〟てはならない。「多数説に従いたい。」も、駄目だ。先述のように、

〝権力者の庇護〟のない、世界の「人間の目」の前で、「多数説」になるのは、およそ不可能なのであるから。所詮、井の中の蛙にすぎないのである。

三世紀で「近畿説」を採ったら、七世紀の「近畿説」にも、敢然と「責任」をとるべきである。それが人間にとっての真の「学問」である。

歴史は多数説が正しいとは限らない

この点、いわゆる「邪馬台国東遷説」も同じである。軌を同じくしているのである。

なぜなら、三国志の魏志倭人伝の「女王国」だけは、九州のどこかの場所（たとえば、筑後山門や朝倉など）に「設定」しておいて、そのあと、彼等は「九州から近畿へ都を遷した」と称するのである。当然、「倭の五王」や「多利思北孤」は、近畿の王者である。七世紀では推古朝なのである。とすれば、先述のように、彼等もやはり、「男性は女性と同一人でありうる」という、「非、人間の魔法」へと逃れ去る他はない。それがたとえ「古田以外の、すべての専門家たちの一致」という、絶対多数決を誇っても、一切無駄なのである。

歴史の真実を決めるのは、人間の理性による事実と論証であり、「一時期の学者たち」の談合ではないからである。

三世紀と七世紀は、別時代である。それは当然である。だが、論理の導くところ、それらは一本の道の上にある。それを無視する人々は、やがて研究史から〝消えゆく〟他はない。それが彼等を待つ必然の運命なのである。

倭国の女王俾弥呼は、後代の天子たちと「共通の運命」をになって、歴史探究の道の上にスックと立ち上っているようである。

5　歴史の革命――「被差別部落」の本質

語られない「被差別部落」

日本の歴史を語るとき、「被差別部落」を語ることをせず、最後のページを終える研究者たちがいる。彼等は〝隠して〟いる。「天皇」については、多岐・多弁でありながら、「被差別部落」の誕生と変遷にふれることがない。それは本来、不条理だ。ありうる道理のない、叙述方式なのである。

もっとも、彼等自身、それが〝当たり前〟だと思っている。〝隠している〟との意識すらない。そういう人々が多いのであろう。

たとえば、本居宣長。彼の『古事記伝』を端から端まで読み切ってみても、「被差別部落」に当たるテーマは、一回も〝論ぜられ〟てはいないのである。この点、宣長讃歌、古事記伝の全面讃美をのべ尽くした小林秀雄の『本居宣長』を見ても、変わるところがない。なぜだろう。

わたしには、古事記・日本書紀とも「被差別部落」の存在に全篇〝裏打ち〟されている、そのようにしか見えない、わたしの「目」が狂っているのだろうか。検証しよう。

火照命の服従

古事記上巻末尾の「火照《ほでり》命の服従」の中に、次の一節がある。

「是《ここ》を以《も》ちて備《つぶさ》に海の神の教へし言《こと》の如くして、其の鉤《つりばり》を與へたまひき。故、爾《そ》れより以後《のち》は、稍《やや》愈に貧しくなりて、更に荒き心を起して迫《せま》り来ぬ。攻めむとする時は、鹽盈珠《しほみつたま》を出して溺らし、其れ愁ひ請《まを》せば、鹽乾球《しほふるたま》を出して救ひ、如此《かく》惚《なや》まし苦しめたまひし時に、稽首白《のみまを》して、『僕《あ》は今より以後《のち》は、汝命《いましみこと》の畫夜《ひるよる》の守護人《まもりびと》と為《な》りて仕へ奉らむ。』とまをしき。故《かれ》、今に至るまで、其の溺れし時の種種《くさぐさ》の態《わざ》、絶えず仕へ奉るなり。」

これ以来、「兄」だった火照命（海佐知毘古《うみさちびこ》）が「弟」だった火遠理《ほをり》命（山佐知毘古《やまさちびこ》）の家来となって「昼も夜も、守護人として」奉仕することとなった、というのである。

その「弟」の火遠理命の子供が天津日高（アマツヒタカ）日子（ヒコ）波限建（ナギサタケル）鵜葺草葺不合（ウガヤフキアヘズ）命である。

そしてその第四子が神倭（カムチクシ）伊波禮毘古（イハレビコ）命、つまり「大和（奈良県）の天皇家の第一代」の、いわゆる「神武天皇」だというのである。

奉仕する守護人

このあと、古事記の中巻と下巻では、各天皇の御陵（天皇陵）の記事が必ず掲載されている。すなわち、各天皇陵には必ず「昼も夜も、奉仕する守護人」がいた、ということを中巻・下巻の全篇にわたって「予告」するための記事なのである。

「しかし、それは単なる神話にすぎない。」など〝反論〟する人があるかもしれない。

しかし、その人は忘れている。あのシュリーマンが「尊重」したイリヤッド（イリアス）において、肝心のトロヤ戦争の〝発端〟は、他愛もない「神話」によって解説されていた。たとえば、ヘレナとアテネとアフロディーテの三人の女神が、もっとも美しい女神にリンゴの実を渡してくれるように男のパリスに求め、パリスがアフロディーテに与えた。これが長期にわたるトロヤ戦争の原因だというのである。

ヨーロッパのすべての大学の正統の古典学の専門家たちは「こんな神話が発端となったトロヤ戦争など、史実ではない。小説だ。」と永らく主張してきていたのである、

しかし、一人の素人の探究者、シュリーマンは、このトロヤ戦争の実在を「発掘」によって証明した。「実在の戦争に対して、神話を以てこれを〝飾った〟のであった。」と。

右の天皇陵などをめぐる「昼夜の奉仕者」の存在も同じだ。その実在の「被差別民の存在」を、「神話」の形を借りて〝弁明〟しているのである。

「神話などに淵源する形で書かれているから、実在ではない。架空である。」

このような判断は、かつてヨーロッパの学界が「トロヤ戦争」を「小説」と見なし、実在の史実と見なさなかったのと同じ、虚偽と迷妄の霧の中に、今もいる立場なのである。

高句麗の好太王碑

この事実を確証するのは、五世紀（四一四）に建造された金石文、高句麗の好太王碑である。その第三面・第四面にビッシリと書き連ねられているのは、「守墓人」に関する記事である。従来からの「守墓人」や新たに「韓・濊の地」を征服して獲得して配置した「守墓人」の記事が、この四面の記事中の到着点、記載の眼目をなしているのである。

同時代（四世紀～五世紀初頭）に造成された、わが国の巨大天皇陵が、このような「守墓人」なしに、いわば〝造りっぱなし〟のままでいた、などということが、一体誰に信ぜられようか。わたしには到底信ずることができない。これは、古事記の編者も、同一だ。だから、中・下巻に延々と記載されつづける「御陵」（天皇陵）の記事に先立ち、各巻の前提として、右の「守墓人」の誕生と存在に対して、明確にここで「予告」したのである。

本居宣長も、小林秀雄も、それを「見る」ことを欲せず、それゆえ「見なかった」にすぎないのである。明治以降の現在に至る、各専門家、日本の歴史の研究者たちもまた、彼等と「同断」である。「見ない」ことを欲しているにすぎない（日本書紀のケース等については、古田武彦『失われた九州王朝』復刊本末尾の「日本の生きた歴史」(二)参照）。

転換の一線

さらに、問題を明確にしておこう。

「被差別民問題」に対して「葬式」や「不浄事」などの〝職能〟にたずさわったことを「淵源」とする論者が少なくない。「否（ノウ）」だ。成立できないのである。

なぜなら、偶然、そういった「仕事」についた人々がいて、そのために「被差別民」とされた、などということはありえない。逆だ。「被差別民だから、そのような職業を与えられた」のである。通例の職業につくことが許されなかったのである。原因と結果が反対にされて、一見「合理的」めかして説明されているにすぎないのである。

最大のポイントは、次の一点だ。

「現代の神聖なる家族（天皇家等）より、はるかに神聖な淵源をもつ一族として、前の時代に存在していた。だから、現代の神聖なる家族が（自己を神聖化するために）彼等を最下等の身分へと〝新たに〟指定したのである。」

と。この根本の視点を見失うとき、他の、さまざまな〝新解釈〟へと〝奔ら〟ざるをえなくなるのである。

先の古事記の「神話」における「兄」と「弟」という〝位取り〟が、右の事実を明確に証言している。その「転換の一線」以前には、「夜昼に奉仕する守護人」の方が「兄」であり、それ以後の「天皇家」より、上位に存在した。その関係を、「神話」の形で明瞭に証言していたのである。

さらに掘り下げてみよう。

天皇家の征服

神武天皇以前の「天孫降臨」と呼ばれる〝事件〟、これは九州の筑紫（福岡県）の現象である。弥生の前期末、「三種の神器」の分布しはじめる時期である。かつては「BC一〇〇年頃」とされていたが、最近はC14によって、はるかに逆上るようである。

神武天皇の「大和侵入」は、弥生の中期末から後期初頭である。かつては「AD一〇〇年頃」とされていたが、少なくとも「AD一年前後」へと逆上るようである、新の王莽の時代である。

次にのべるように、崇神天皇の時代は「AD二〇〇年と三〇〇年の間」に相当しよう。この間に、崇神は「任那」（釜山近辺）から「大和」（奈良県）へと侵入し、それ以前の「正統の天皇家」の〝有資格者〟を攻撃し、征服したのである。先述の四世紀から五世紀にかけての巨大天皇陵の場合も、当然右の「崇神以降」に属する。

そのさい、崇神は近畿周辺の「正統の天皇家の有資格者」とその一族を攻撃し、征服した。そしてその「被征服者とその一族たち」を「被差別民」としたのである。

たとえば、神武陵（奈良県）の場合、皇紀二六〇〇年（西暦一九四〇年）の記念として、「神武天皇陵」が拡大され、現地の「被差別民」が〝放逐〟され、〝転地〟せしめられたこと、有名である（この点、後述の崇神天皇問題で詳述する）。

しかし、その〝放逐〟された「被差別民」こそ、本来の「神武以来の天皇家」とその一族であった、という可能性もまた、排除することはできないのである。

少なくとも、「神武自身が、その崇神以前の、より神聖なる一族」であったこと、この基本事実は動かせない。崇神の「征服対象」の発端である。以上が「御陵」（天皇陵）神話の証言するところだったのである。

天皇家が存続するのは、よい。天皇家にまつわる古代伝承が存続しつづけるのも、結構だ。だが、それが一切の「被差別民の存続」とセットとなるものであるならば、わたしはこれに対して明白な「否（ノウ）」の一語を呈したいと思う。迷いは、ない。

ヨーロッパに残存する「ロマ差別」（ジプシー）、アメリカに残存する「黒人差別」等に先んじて、日本列島から一切の「被差別民への差別」を放逐し尽くしたいと、心から願っている。

なお一言する。

先掲の文末に、

「故《かれ》、今に至るまで、其の溺れし時の種種《くさぐさ》の態《わざ》、絶えず仕へ奉るなり。」

とあった。彼等が歌舞演劇の世界へと追いやられたとしているのである。いわゆる「河原乞食」の舞台である。

差別に遺存する「伝承」

日本の古典芸能の世界、たとえば能楽の世界には、その〝せりふ〟や〝所作〟などの中に、驚くべき日本の歴史伝統を伝えるものが少なくない。観阿弥・世阿弥たちの伝承し、開拓した領域である。「古事記・日本書紀の、夢にも伝えぬ古伝承」なのである（この点、新庄智恵子さんに御教示いただいた）。

たとえば、「謡曲」の代表的な曲目「高砂《たかさご》」では、語り手を九州肥後国、阿蘇の宮の神主、友成とした上で、遠き世の「嫗《おうな》」と「翁《おきな》」との恋物語を語らせるのだ。

「翁」のいた住吉は、筑紫（福岡県）の博多湾岸周辺、彼より「山川萬里を隔《へだ》てている」という「高砂」の地とは、中国の浙江省、杭州湾岸の寧波《ニンポー》などを本拠とする「高砂族」の本拠である（現在の台湾の高砂は、その別派）。

すなわち、秋田孝季《たかすえ》の「荒吐神要源抄《あらはばきしん》」の伝える歴史、「浙江省の寧波から筑紫へ」の伝播の歴史がここに「謡曲」の代表作として残されているのである。信じられぬ現象だ。しかし、疑いもない歴史の真実である。

おそらく、ヨーロッパのジプシー、いわゆるロマ族のロマ伝誦にも、同じ歴史の真実、ヨーロッパ現今の「キリスト教単性社会」をはるかにさかのぼる、「人間の伝承」が遺存しているのではあるまいか。

差別は遺宝である。並大抵の「文字伝承」などの及びえぬ、人間の身元、その古代伝承が脈々とわたしたちに伝えられた歴史の宝庫である。わたしはそれを疑わない（『盗まれた神話』復刊本、ミネルヴァ書房、「はしがき」および「日本の生きた歴史(三)」参照）。

第九章　女王の知られざる生涯

1　倭人伝と筑後国風土記

卑弥呼の生涯を追跡しよう。彼女をめぐるテーマを各面から考察したが、最終の目標、それが彼女の一生のあり方であること、当然だ。

『三国志』での人物像

その第一の史料は、もちろん三国志の魏志倭人伝である。隣国ながら、「同時代の史家」である、陳寿畢生《ひっせい》の著述、三国志がわたしたちの手に残されているのである。彼女にとっても、わたしたちにとっても、稀有の幸せという他ない。

「この史料からうかがえる、卑弥呼の面射《おもざ》しは、何か。」

この問いに対して端的に答える。そのための「手続き」は、すでにほぼ「完了」したのだから。

女王の「上表文」

もっとも、この史料の場合、「上限」は限られている。景初二年（二三八）、彼女が倭国の使者団を難升米をリーダーとして魏朝側と接触させた。そして京都（洛陽）に至った。すでに魏の明帝は病臥し、直接「天子自身に面謁する」ことはできず、明帝の詔書の〝内実〟は実行されなかった（この点、先述）。

そのため、正始元年（二四〇）、帯方郡の太守弓遵《きゅうじゅん》は部下の梯儁《ていしゅん》を倭国に遣わし、詔書と印綬を俾弥呼に渡した。もちろん、詔書の中で明帝が約束した金帛等がとどけられたのである。俾弥呼は「上表文」を魏の使者に渡し、亡き明帝の「志」に感謝した。文字外交が成立した。その「上表文」の自署名が「俾弥呼」だったのである。

女王の年齢

そのとき、俾弥呼は〝女ざかり〟の三十代半ばだった。すでに述べたところだが、最後の焦点に迫るため、あえて再説しよう。

「年已《すで》に長大なるも、夫壻《ふせい》無く、男弟有り、佐《たす》けて国を治む。」

とあるからである。「已に長大」の表現は、三国志に用例が少なくない。たとえば、

「丕《ひ》（曹丕）の、業を継ぐに逮《およ》ぶや、年已に長大。」（呉志七）

この曹丕は、魏の第一代の天子、文帝であるから、その存在と年齢等、当然史官の陳寿にとって「明確な認識」に属していた。そういってまちがいはない。このとき、文帝は三十四歳（文帝紀）だった（古田武彦『ここに古代王朝ありき』復刊本等、参照）。

すなわち、俾弥呼の年齢が判明する。従来、彼女を「老婆」のように〝見なした〟人々もあったけ

れど、

「三国志の用語は、三国志の用語法によって理解されなければならない。」

この自明のルールが「無視」ないし「軽視」されていたのではあるまいか。

魏・西晋朝と俾弥呼・壱与との間の「交流」は、すでにのべてきた。

次のテーマは、右の「景初二年以前」の彼女は、いかにして、なぜ「共立」されたのか。この問題だ。

景初二年以前の女王

後漢書の倭伝では、

「桓・霊の間、倭国大いに乱れ、更に相攻伐し、歴年主無し。」

と書かれているけれど、これは倭人伝の内容を「誤解」したものである。倭人伝の場合は、

「其の国、本亦男子を以って王と為し、住《とど》まること七・八十年。倭国乱れ、相攻伐すること歴年」

とある。
(イ)「七・八十年」は「二倍年暦」だから、実質は「三十五〜四十年」。この間は男王が王座にあり、統治は「安定」していた、というのである。この男王の死後、「倭国は乱れた」けれど、その期間は「歴年」(若干《じゃくかん》年)にすぎず、その「混乱」は、俾弥呼の「共立」によって解決した。これが陳寿の筆という「同時代史料」の記述である。
論者の中には、「倭国大乱」という四文字を〝愛好〟する人々があるけれど、それはやはり、先の、

「三国志の用語は、三国志の用語法によって理解されなければならない。」

という「自明のルール」を〝軽視する〟ものなのではあるまいか。陳寿は「大乱」の二字を用いてはいない。なぜなら、それは「歴年の混乱」にすぎず、やがて終息した。それが「俾弥呼、共立」の成功だった。そのようにのべているだけだからである。

もし「反論」ある論者は、三国志中の「住（とどまる）」「歴年」等の用語例を逐一検査しなければならないであろう。

「筑後国風土記」に見る女王　「共立、以前」の俾弥呼を〝伝える〟史料、それは先述の国内史料「筑後国風土記」である。その「原文」の趣旨を箇条書きしてみよう。

（その一）本来「筑紫」は一つの国であり、「筑前」と「筑後」に分かれてはいなかった。

（その二）両国の間の山には、けわしい坂があり、往来に困難していた。

（その三）この境の上に麁猛神《あらぶる》がいた。往来の人々は「半死半生」として、命を失ってきた。〈「麁猛神」は正しくは「そのたけるの神」。「そ」は「古い神の呼び名」。「阿蘇」の「そ」と同じ。「あらぶる」は、従来の〝意訳〟の訓《よ》み。──古田〉

（その四）そこで、筑紫君や肥君等の、土地の豪族たちは、共に「卜（うらない）」をして「解決策」を探った。

（その五）その結果、今（風土記成立当時）の筑紫君等の祖先に当たる、甕依姫《みかより》を「祝（はふり）」（祭祀者）として、その地帯で死んだ人々を祭った。

（その六）そのため、従来のような禍害がなくなった。これが「筑紫の神」の由来である。

（その七）多くの死者を葬るため、この山の多くの木を切った。「死者の遺骸をおさめる棺」を作るためである。山の木がなくなるほどだった。

吉野ヶ里遺跡との対応

右の〝内容〟を「つくし」という国名（福岡県、島根県では「ちくし」）に対する「解説」の形で、全体が再構成されている。だが、その「原文」においては、右の趣意が語られていたのである。

この趣意は、近年「発掘」された、佐賀県の吉野ヶ里遺跡の「事実」と、よく〝対応〟している。

（A）中心の巨大甕棺とその周辺の一列甕棺など、いずれも「整然《せいぜん》たる、葬法」がしめされている（近年、交叉する一列甕棺も確認）。

吉野ヶ里遺跡（横田幸男氏撮影）

（B）「銅鏡」がほとんどないから、いわゆる「三種の神器」の中心領域ではない。中心領域は「三雲（糸島市）」「井原（同上）」「平原（同上）」「吉武高木（福岡市）」「須玖岡本（春日市）」「宇木汲田《うきくんでん》（佐賀県）」の六王墓。高祖山連峯の周辺である。

（C）逆に、吉野ヶ里では「弥生前期」に近い「金属器の工房跡」が発見されている。

（D）甕棺群の中には「首のない遺体」がふくまれている。「敵を祭る」精神の表現である。右の

（その五）の表現であろう。

（E）しかも、当時の「最高・無比の貴品」である「絹」が数多く使用されている。これも「敵の死者を尊び祭る」立場の、具体化である。

（F）いわゆる「一列甕棺」の中の「死者の向き」が〝まちまち〟なのは、それぞれの死者の「故郷」の方に向かって、それぞれの死者の「頭」を向けたのではあるまいか。「死者への礼」の表現である。

（G）「味方」はもちろん、「敵」もまた、この深き葬法の「精神」に強く〝感じるところがあった〟のではあるまいか。

（H）ただ、一つの「欠失」がある。実際の吉野ヶ里遺跡における「死者の棺」は、木棺ではなく、「甕棺」である。この風土記の叙述者はそれを〝知らず〟、ために通例の「木棺」のように〝解して〟いる。

ただ、大量の「甕棺」作製のため、山々の木々が多く切られ、ために「植生」（植物の種属）が、周辺とは、今も異なっているようである。これが現代の研究者にも、知られている事実である。

その点は、風土記の叙述者も「認識」していた。そのため、右の（その七）のような記事が書かれたのではあるまいか。

（I）最後に、重要な一点がある。吉野ヶ里遺跡の「溝」が〝埋め〟られている。弥生土器の破片が多く〝ほうりこまれ〟ているのである。本来の「溝」のもつ、軍事的意義を、本質的に〝消す〟行為である。――なぜか。

それは「呉の滅亡」（二八〇）である。「呉」は「魏の一部」となった。やがては「西晋の一部」となったのである。

したがって「呉の軍船の侵入」に備えていた「溝」は「不要」となった。というより、そのまま「維持」すれば、「呉」に代わって「魏、西晋」とも〝敵対〟することとなろう。吉野ヶ里遺跡の「背景」は「糸島、博多湾岸の中心領域」への「侵入」を〝防ぐ〟ところに、その「使命」をもっていたのである。その「使命」が、「呉の滅亡」をもって、終結した。

この重大な「歴史の激変」を、この吉野ヶ里遺跡の「埋められた溝」が生き生きと証言していたのである。

2　『東日流《つがる》〔内外〕三郡誌』のヒミカ

『東日流〔内外〕三郡誌』

俾弥呼はどこで生まれたか。どこで育てられたか。そして「共立」の日に至るまで、どのような道を歩んでいたのか。

この問いに対して、答えることはできなかった。国内史料の古事記や日本書紀はもちろん、先述の筑後国風土記でも、それを示す史料は、一切存在しなかったのである。

しかし、今まで「学者たち」から排除されてきていた、貴重な『東日流〔内外〕三郡誌』には、括《かっ》

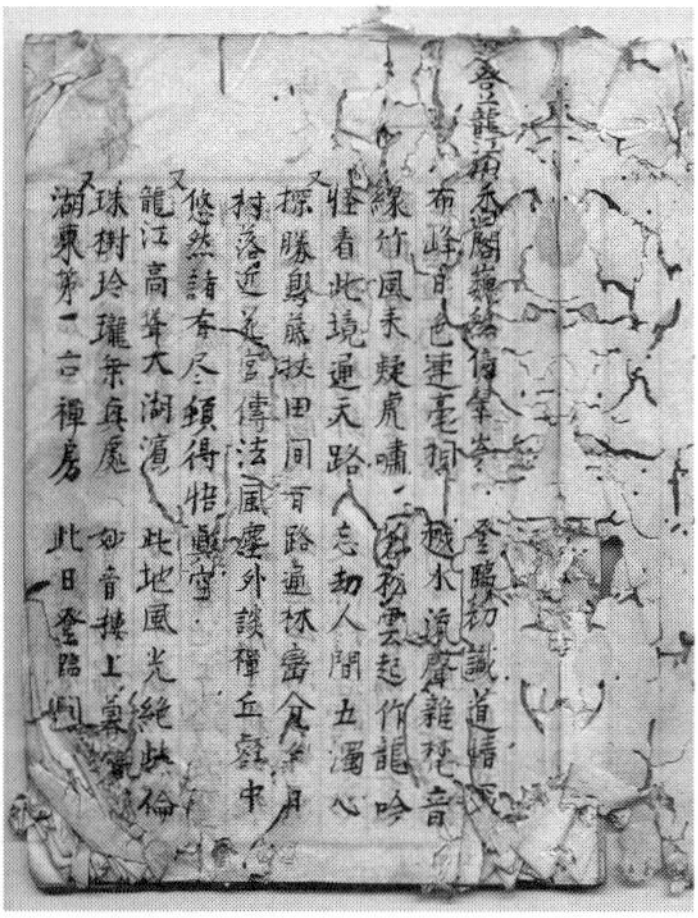
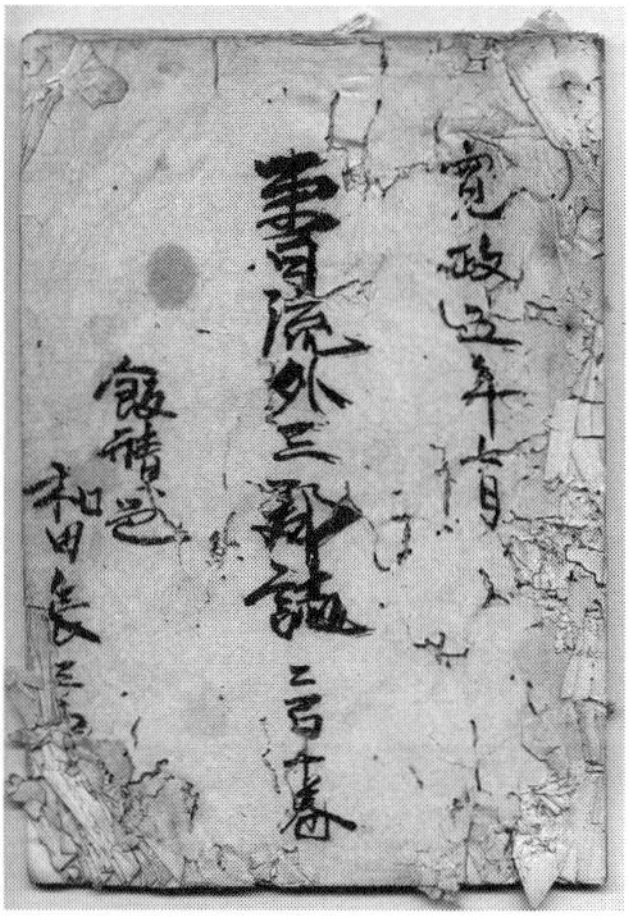

「寛政五年七月　東日流外三郡誌　二百十巻　飯積邑　和田長三郎」（寛政原本）
（出典）『なかった——真実の歴史学』第三号，ミネルヴァ書房，2007年，より。

目《もく》すべき史料が秘められていたのである。

物部蔵人による文章

寛政六年（一七九四）七月一日に、物部蔵人の書いた一文が収録されている（資料、末尾掲載）。

「築紫《ママ》（ちくし）にヒミカ《ママ》と曰《い》ふ霊媒師あり。幼にして伊川に生るを知りて、父母を尋ね、宇佐に暮らし、霊媒を天授し、衆を寄せ大元に移り、八女、及び山門を巡脚し、更に末盧、伊都、奴に巡り、千人の信徒を従ふ。信仰の神は西王母にして亀堂金母、東王父、を祀りぬ。」

右のように、この「ヒミカ」（片仮名、原文のまま、古田）の来歴が淡々と叙述されている。

次いで、

「されば、ヒミカ《ママ》の神たる西王母とは支那伝説の仙女たり。」

と書き、武帝内伝、漢武故事、さらに列仙伝、博物誌等の書名を挙げている。

「是に拠りては、西王母、一に亀堂金母と称し、姓は緱また楊にも作り、諱《いみな》は回字にて婉妗または大虚と曰《い》ふ。」

「西方至妙の気に化して伊川に生れたるより西王母と名付け、東王父の妻たり。」

という記述がつづく。その上、漢の武帝の元封元年（前一一〇）七月七日、西王母が「仙桃」をもたらした、という。

「仙桃は世の常のものに非らず、三千年にして一たび実る桃実なりと申す。」

先般、大和（奈良県）の纒向《まきむく》遺跡から、大量の「桃実」が発見された（二〇一〇年九月一七日、各紙）。「纒向遺跡（二世紀末〜四世紀初め）で大型建物跡そばの穴から二千個を超す桃の種出土」

あるいは、この「築紫（ちくし）の西王母」に対する「大和の東王父」が〝祭られ〟ていたのかもしれない。将来の興味深い課題となろう。

省みられない史料

注目すべきは『穆天子伝』の書名が記載されていることである。

この書は、西晋の陳寿の時代に「発掘」された。その行文と思想は、陳寿の三国志に深い影響を与えている。わたしもすでに詳論している（「部分と全体の論理――『穆天子伝』の再発見Ⅰ」「歴史学における根本基準の転換について――『穆天子伝』の再発見Ⅱ」『九州王朝の歴史学』駸々堂出版、一九九一年、所収）。

けれども、わが国の「邪馬台国」論者はこれに〝ふれよう〟ともしない。これに反して、物部蔵人の見識と学識の深さがうかがえよう。

終わりに臨み、この「ヒミカ」の〝晩年〟が記載されている。

「築紫のヒミカは己が住居を耶靡堆と称し、築紫は磐井山門とせる招殿たり。招殿之主磐井大王にて、加志牟の妻たりと曰ふ。」

「依て、是を耶馬壹《ママ》と称し、耶靡堆を耶馬臺と称し、魏の倭人伝に記述ありぬ。」

呆《ぼう》然とした。わたしの年来の〝主張〟としてきたところ、それがここにすでに「明記」されていたのである。わたしの〝主張〟は、次のようだった。

（A）倭人伝で「邪馬壹国」と記しているのは、「七万戸」の大国の呼び名である。

（B）これに対し、後漢書の倭伝で「邪馬臺国」と記しているのは、「大倭王（一人）の居処」である。「其の大倭王は邪馬臺国に居る。」とある通りだ。

したがって、「邪馬壹国」と「邪馬臺国」とは、異なった概念である。たとえば「東京都」と「皇居」との〝ちがい〟のようである。

だから、従来の「邪馬台国」論者のように、倭人伝の「邪馬壹国」を「邪馬臺（台）国」と〝手直し〟して、自己の立論の基礎に使うのは、不当である、と。これがわたしの「基本の論証」だった。

この三十年間、〝言いつづけ〟てきた。強調し通してきたところだったのである。

その「内実」が、右の短い文面で、その中に「明記」されていたのである。

この本（和田家資料3、北斗抄、一〜十）は編者藤本光幸氏の急逝された、二〇〇五年十月二十一日のあと、志を継がれた妹の竹田侑子さんによって公刊された。二〇〇六年一月三十一日の発行である。

右の文面の直後、わたしたちには「未知のヒミカ」が語られている。

「磐井大王ヒミカを耶靡堆に帰さゞるに依りて、倭勢、筑紫に攻め、磐井大王を討取り、ヒミカを探せど、行方知れずと曰《い》ふ。」

未知のヒミカ

右を分析しよう。

「筑紫（ちくし）」は「筑前」を主とする表現である。この文章の先頭に、次の一節がある（資料、参照）。

「吾が丑寅《うしとら》日本国と筑紫との往来ありき。筑紫にては磐井一族ありて、筑後一帯に覇をなせる大王たり。」

「筑後」に対する「筑紫」である。〝糸島、博多湾岸から太宰府、朝倉にかけて〟を指しているのであろう。

ところが、その「筑前中域」を、筑後の王者が「大王」として〝支配〟していた、と述べられている。

その上、先の一文では、

（α）ヒミカの住居——耶靡堆（耶靡臺）

（β）ヒミカの招殿——筑紫・磐井山門、「主」は磐井大王（加志牟の妻）

という「地理」と「宮殿」が書かれている。描写が「簡略にして細密」であるため、かえって〝分かりづらい〟感じである。

　この一文の前半に、次の一節がある。

「衆を寄せ大元に移り、八女、及び山門を巡脚し、更に末盧、伊都、奴に巡り、」

「山門」とは

　右の「山門」は、例の「筑後山門」であろう。「八女」の南に接している。

　これと、一見似ていながら、別の表記、それは「磐井山門」の呼称だ。こちらは「筑紫（＝筑前）」である。「政治地名」だ。これは博多湾岸の西寄り、福岡市に属する「下山門」ではあるまいか。現在は、地下鉄の「駅名」となっている。この地域に対して、「磐井一族の支配する、山門」さらに、「公的な、集会の場としての御殿」として、これを「招き殿」と称していたのかもしれない。

　では「ヒミカの住居」とはどこか。「耶靡堆（「ヤマタイ」あるいは「ヤヒタイ」）」は、どこか。考えてみよう。

ヒミカの住居は

　一九九六年（平成八）に昭和薬科大学を「定年退職」したわたしが、真っ先に取り組んだのは、「臺の現地調査」だった。

　先にも挙げた、明治前期の「小字地名表」の中で、わたしの疑問をそそったもの、それは「臺」の一字が、かなり「小字、地名表」に存在することだったのである。北九州市から福岡市に至る間に「〜臺」もしくは「臺」一字のみ。この類の「小字、地名」が存在していた。その「現地」を確かめ、その「地形」をさぐったのである（『明治前期全国村名小字調査書』ゆまに書房）。たとえば、「臺（タイ）」（筑前、遠賀郡大鳥居村）、「臺ノ上（タイノウエ）」（筑前、鞍手郡金丸村）などである。

結果は、ハッキリした。いずれも「低湿地」だった。その地帯の〝通例の高さ〟より、一段〝低い〟地形を指す「地形用語」である。それが判明したのである。

この点、関東でも、同じだった。利根川沿いの「臺」地名を執拗に〝追いつづけて〟くださった方、それは長井啓二さんだった。多くの場所の、多くの事例に〝当たった〟結果、わたしと「同じ結論」をすでに得ておられたのである。すさまじい御努力だった（「『臺・台』《たい・だい》地名調査」『多元』四七号等、二〇〇二年一・三・五月号）。わたしはそれを図らずも、福岡県でも「確認」したのだった。この点、近年の「不動産用のネーミング」とは、まさに〝逆〟だったのである。こちらは「高台」だ。しかし、「小字、地名」では「低湿地帯」の〝呼び名〟だったのである。「田井」という〝あて字〟の方がふさわしかった。「川のそばの低湿地」の〝呼び名〟だったのである。

わたしの言いたいのは、次の一事である。

「吉武高木遺跡から室見川を下流へと降《くだ》るところ。――早良郡である。今も『沢』が点々と多在する地帯だ。だから『沢ら』が本来の日本語だ。日向（ひなた）峠近くの、水なし洞穴からの流水である。水の豊富な、豊富すぎる低湿地である。このような地域こそ『耶靡堆（やまたい）』の三字にふさわしいのではないか。」

最古の「三種の神器」が見出された、吉武高木遺跡のそば（東側）に『宮殿あと』とおぼしき建物の痕跡が存在していた。

あるいは、さらに、現在の福岡市内の天神や野球場跡地、また博多駅から筑紫野市に至る、住宅密集地。これは「弥生銀座」と呼ばれる、弥生遺跡の宝庫である。後にも詳しくふれる春日市の「須玖岡本遺跡」も、その中枢にある。これらの地帯そのものは「山」ではなく、その周辺の「田井」である。低湿地なのである。改めてふれよう。

この一文は「寸づまり」の短文のため、必ずしも「意味」が一定しにくい。「加志牟（人名）の妻」とされているのは、「磐井大王」か、「ヒミカ」か。おそらく前者（「磐井大王」）であろう。三国志の魏志倭人伝に「年已に長大なるも、夫壻無く、男弟有り、佐けて国を治む。」とある。この「男弟」の名がこの「加志牟（かしむ）」だったのかもしれない。

「倭」の字をめぐって

最大のポイントは「倭」の一字である。物部蔵人はこれを「やまと（奈良県）」と見なしたのだろうか。彼は「和銅二年（七〇九）」の記事として「倭人死者二千八百七十人」と記している（和田家資料3、「北斗抄」二、七六ページ）。

「右の如く倭史に記ある如く、奥の国ぞ倭人の記耳《のみ》なる史にして史実存在せず。」となし、

「寛政五年八月一日　物部蔵人」

と書かれているように、ここでは「倭」を「大和（奈良県）」と見なす立場に立っているように見える。けれどもここでは「奥の国」と「倭」とを対立させた表記法であるから、この「ヒミカ」の時代の「倭」を「ヤマト」と解しているとは限らない。

ともあれ、今問題の「ヒミカの〝晩年〟」の記事に、いきなり「大和（奈良県）」の「軍勢」が出現して、「磐井大王を討取り」となるのは、〝唐突〟にすぎよう。

やはりこの段階の「倭」は「大和（やまと）」ではなく、「ちくし」である。倭国、すなわち女王国の軍なのである。だから「ヒミカを求めて」軍をおこしたのであろう。その上、「筑紫」ではなく、「築紫」と書かれているように、「原文」は「ツクシ」（他県の呼び方）ではなく、「チクシ」である。すなわち「筑紫（福岡県）人による史料」なのである。

ここに記されたことが「史実」か否か、わたしには「証明」する力がない。だから、今は〝言い過ぎ〟てはならないであろう。しかし、「貴重な遺存史料の一つ」と見ることはおそらく許されるであろう。今後の興味深い検討課題である。

盲目の語り部

物部蔵人は秋田の人のようである。「秋田」という在地の記された史料がある。おそらく秋田孝季とは「旧知」の間だったのではあるまいか。蔵人の貴重な史料を、孝季がこの「北斗抄」において、かなり「書写」させてもらっている点からも、そのように考えられるのである。

蔵人はこの一文の末尾に「東日流語部録」からの引用を行い、「卑弥呼」を名乗る、盲目の女のことばをもって、文末を結んでいる。「東日流語部録」からの引文と共に、

「築紫（ちくし）より来たる霊媒師、其の名は卑弥呼と称す。盲目の女なり。語印（かたりいん）の日を以て、……と云ふ。」

と。青森県の一角、五所川原から語村《かたりむら》を訪れた日のことをわたしは思い出し、茫然となる他はなかった。一村、多くは旧満州（中国の東北地方）へ移民し、敗戦と共に多くはその消息を絶ったという。

「盲目の女性たちの民俗学」は、わが国に存在するのであろうか。その真否を、わたしは知らない。

3　俾弥呼の墓

墓の大きさ

倭人伝に帰ろう。

俾弥呼は死んだ。それは確実である。陳寿の倭人伝は、その「時点」を見て、その「事実」を記録したのである。

「卑弥呼、死するを以て、大いに冢《ちょう》を作る。径百余歩。」（岩波文庫本は「以て死す。」と訓ずる）

キイ・ポイントは明確である。「歩」とは、いかなる単位か。その〝長さ〟が確定していなければ、この表記は無意味である。「百余歩」のしめす「実定的な長さ」を定《き》めることができないのである。

しかし、幸いにも「先例」は数多い。

「呂氏曰《いわ》く、凡そ四海之内、東西二万八千里、南北二万六千里。凡そ日月運行の為に円周を之《ゆ》く。一（中略）内、一衡。径二十三万八千里、周七十一万四千里、分れて三百六十五度・四分度を為す。一度を之《ゆ》くに、千九百五十四里、二百四十七歩・千四百六十一分歩を得、九百三十三を之《ゆ》く。」（周髀算経上）

〝細《こま》かしい〟数字を、許してほしい。「訓《よ》み」や「解釈」は、わたしの一案にすぎない。今の問題ではない。「問題」は次の点だ。

「径――里――歩」

という「用語」が用いられている点である。

長さの単位

「算経十書」の中心をなす「九章算術」を見てみよう。冒頭の「方田」の第一問は次のようである。

「今、田有り。広、十五歩。従、十六歩。問う、田を為す、幾何。」

ここでは「歩」が「長さの単位」として使用されていること、確実である。また、

「今、田有り。広、一里。従、一里。田を為す、幾何。」

ここでは「里」が「長さの単位」として使用され、「方田」の面積の「計算法」がしめされている。

右の「歩」と「里」の関係には、有名な「規定」がある。

「古は、三百歩、里と為す。」（穀梁伝、宣、十五）

「周制、三百歩、里と為す。」（孔子家語、王言解）

のちには「三六〇歩」となったといわれているが、問題のポイントは、ここでも「里――歩」が「長さの単位」である、という、単純明快な事実である。すなわち、三国志の魏志倭人伝で俾弥呼の墓を記録するとき、右のような、

「中国側の使用していた『術語』」

としての「径」と「歩」を用いて表記している、という〝動かせぬ〞事実である。この点に関しては決して「倭人側の倭語に基づく」ものではないのである。逆に、「中国側の中国語表記」なのである。

この一点を従来の「邪馬台国」論者は〝看過〟してきたのではあるまいか。

陳寿の使った単位

陳寿は蜀に生まれた。少年時代の彼の恩師は譙周《しょうしゅう》だった。譙周は、この「里と歩」の関係について「一家言」をもっていたことが知られている。

少年の陳寿が師の譙周から、右の「周髀算経」や「九章算術」をテキストとして「方円の術」を学んだこと、疑いない。その結果、陳寿は「俾弥呼の墓」に対して「中国の算術」の「用語」によって記したのである。

その上、その「俾弥呼の墓」に対して、「刮目すべき用語」を使った。それは、

「冢（ちょう）」

の一語である。

孔明への陳寿の敬意

陳寿は蜀の生まれである。蜀に「人あり」とされた諸葛孔明の〝心酔者〟だった。その証拠は「蜀志第五」の「諸葛亮伝」である。孔明の全集「諸葛氏集目録」と共に「二十四篇、凡そ十万四千百一十二字」と書かれた上、その全集の序文を全篇集録している。

その末尾は、

「泰始十年（二七四）二月一日癸巳　平陽侯相臣陳寿上」

で結ばれている。

三国志には「魏の曹操全集」も「西晋の司馬懿全集」もない。その断片にもふれられていない。そ

れにもかかわらず、敵将から「天下の奇才なり」と言われたという孔明だけが特別扱いである。魏軍が蜀を制圧したとき、漢川に至って孔明の廟を祭ったという。そして軍士をして孔明の墓所に立ち入らしめなかった、という。

敵と味方、魏も蜀も、そして陳寿もまた「孔明への敬意」を隠さず、明記しているのである。なぜわたしは周知の、この実情を特記するのか。それは、陳寿の「筆」がクッキリと浮かび上がらせている、次の一言、孔明の遺言のためだ。

「亮は遺命して漢中の定軍山《ていぐん》に葬らしむ。『山に因りて墳を為し、冢は棺を容《い》るるに足る。斂《おさ》むるに時服を以てし、器物を須《もち》いず。』と。」

孔明の遺言は、次の五点である。

（その一）（漢中の）もよりの山、定軍山に葬ってほしい。

（その二）その山自体を「墳」と見なし、それ以外に、特別の「墳」を作ってはいけない。

（その三）「冢」は、わたしの背丈《せたけ》の入る棺が入れば、足りる。

（その四）わたしの遺体は〝平常の服〟でいい（〝立派なもの〟は不要）。

（その五）種々の〝高価な器物〟も入れてはならない。

以上だ。陳寿はこの「孔明の遺言」を、最高に讃美したのである。その孔明に「敵」の魏朝側は深い敬意を寄せたのだった。

陳寿は俾弥呼も讃美した

陳寿は、魏志倭人伝を書くとき、俾弥呼の墓を、孔明と同じく「冢」の一字を用いたのである。

この一字を用いるとき、彼は「孔明の遺言」を忘れていたのだろうか。——「否（ノウ）」である。陳寿は、俾弥呼をもまた「讃美」したのである。何によって。その〝大きさ〟のためか。逆である。その〝小ささ〟を讃美していたのである。

「女王は、孔明と同じ志をもち、倭人はそれを理解していた。」

これが「径」と「歩」を使って、彼の「表現」しようとしたテーマなのである。

率直に結論をのべよう。

(1)三国志と倭人伝の「里」は「短里」であり、「歩」は「短歩」である。

(2)「短里」を「一里＝七十六〜七十七メートル」とすれば、「短歩」は「一歩＝二十五〜二十六センチ」となろう（「誤差」問題、後述）。

(3)すなわち「百余歩」は「百三十〜四十歩」であるから、「三十〜三十五メートル」前後の「長さ」をしめす。

(4)その「冢」は、彼女の遺体を収めた「棺」が入れば、足りる。それが「彼女の志」に添うものだったのであろう。

(5)倭人たちは、「彼女の志」を理解し、多くの人々が心をこめて彼女の（「墳」ではなく）「冢」を築いた。

以上である。

背景には文帝の意志も

この問題を考える上で、重大なテーマがある。それは「文帝の意志」である。魏朝の第一代。俾弥呼と「同時代の天子」である。「明帝」の先代の天子である。その文帝が「舜と禹」の治績を継いでいたことを指し、それが現代の「孔明の生涯」へと〝つながって〟いることを強調しているのである。

すでにのべたように、三国志の序文（いわゆる「東夷伝序文」）は、尚書における「禹の治績」を強調し、禹が没した「会稽山」へと、歴史への回顧を指ししめした。それが、「会稽、東治之東」の一段と対応していたのである。一方の「周公」は、むろん「倭人への関心」が深かった。「海隅、日を出だす。率俾せざるはなし。」と、尚書に記されている通りである。

このように、陳寿にとって「過去の歴史」は堯・舜・禹へと連なり、「現在の地理」は東方「倭人の住むところ」の彼方、「裸国・黒歯国」へと、その「目」が向けられていたのである。その上で、「西に孔明の冢あり、東に俾弥呼の冢あり。」との〝配置〟が描かれている。

両者の関連は、むしろ「必然」だったのである。後代の『三国志演義』は、倭人伝を切り捨てた。現代の「邪馬台国論者」が、陳寿の思想が凝縮された「諸葛亮伝」のことなど〝忘れ去って〟自家の「構想」のみに〝酔って〟いるのでなければ、幸いである。

文帝の思想の核心

最後に、もっとも重大なテーマにふれよう。それは、魏の第一代の天子「文帝の思想の核心」の問題である。

三国志の帝紀、文帝紀第二には、文帝の「詔」や「制」がのべられている。

「昔、堯は葬するに、穀林し、之に通樹す。禹は会稽に葬するに、農、畝を易《か》えず。故に山林に葬すれば則ち合す。山林を平らにし、封樹するの制、上古に非ざるなり。」

要するに、大自然の本来の姿を「改変」して葬地を作るのは、「上古の本来の姿」にしたがっている。堯や禹の「正しい方法」に合ってはいない、と批判しているのだ。

その上で、有名な「名言」が現れる。

「古（いにしえ）より今に及ぶ、未だ亡びざるの国有らず。亦掘らざるの墓無きなり。」

王朝と国家の「有限性」そして「相対性」を、権力者自身が堂々と「明言」している。卓抜した「思想性」である。

したがってわが国（魏朝）は「厚葬」を止めよ、と言う。そして次代の「明帝に対する戒め」とした、というのである。この「文帝と明帝の時代」こそ、わが「俾弥呼の時代」に当たっていたのである。

ここまで書いてきて、わたしははじめて知った。あの陳寿の一文、

「会稽東治の東に在るべし。」

の真の意義を。それは単に「短里の共通性」を中国本土と日本列島の双方に「求めた」だけではなかった。それではただ「地理上の問題」だ。だが、より深いテーマが、右の一文の核心だったのである。

「俾弥呼の葬法は、禹の正しい葬法を継承したものである。」

と。陳寿のしめした、最高の「讃辞」の一端だったのではあるまいか。

陳寿の「透徹した目」の指ししめした倭国の女王、俾弥呼の墓、その一点にようやくわたしたちは今、到達したようである。

4　「冢《ちょう》」と「廟《びょう》」

「俾弥呼の墓の深層」に入ろう。


遺物への注目　すでにのべ尽くしたように、「女王国」は筑前中域を中心とする。いいかえれば「糸島・博多湾岸と周辺山地」こそ、倭国の中枢部なのである。だが、「俾弥呼の墓」はどこか。

わたしは「物」として、次の「二つの物」に注目してきた。

第一は「三種の神器」。

（一）吉武高木（福岡市西区吉武）
（二）宇木汲田（佐賀県唐津市宇木）
（三）三雲南小路（福岡県糸島市三雲）
（四）井原鑓溝（福岡県糸島市井原）
（五）須玖岡本（福岡県春日市岡本七丁目）
（六）平原（福岡県糸島市有田）

が「弥生の六王墓」なのである。

第二は「絹と錦」。

(甲) 博多湾岸と周辺

(乙) 吉野ヶ里

右を比較してみると、一個の「不思議」がある。大局的には「共通」しているように見えるものの、一つひとつ点検してみると、意外にも「共通」するものが少ないのである。

端的に言おう。「三種の神器」をもつ「弥生の王墓」中、第二に〝妥当〟するのは、一つ。——須玖岡本だけなのである。(一)(二)(三)(四)、そして(六)は「絹と錦」の出土が報告されていない。

はじめわたしは、「報告者」ないし「発掘者」のミス(欠落)のためか、と考えた。たとえば、(三)(四)の場合、たとえそこに「古びた布状の破片」があったとしても、「それは報告されなかった」のではないか、とも考えたのである。江戸時代であるから。

しかし、(六)はちがう。周知のように、あの原田大六氏が生涯をかけて「発掘」に全情熱をかたむけられた。「一片の絹」「断片の錦」を〝見逃がす〟はずはない。わたしの知る原田大六氏は、そんな「ずさん」な方ではなかった。抜群の執念、持続する情熱をもって「出土品のすべて」を〝保持〟されぬかれたのである。「教育委員会側の、重なる提供要請」にも、一切耳を傾けなかった。それは「私利私欲」のためにあらず、逆に「出土品の永久保存」への確実なルートを求められたためだった。

だから、わたしには氏が「絹」や「錦」を〝見逃がし〟て、それを「報告されなかった」とは、到底考えられないのである。

そして、(一)の吉武高木。これはまさに福岡市側の教育委員会による、公的な「発掘」が詳細に報告されている。しかし、そこには「絹と錦」の報告はなかったのである。なぜか(この点の訂正については、復刊本『古代は沈黙せず』の「日本の生きた歴史(九)」を参照)。

倭人伝にみる「絹と錦」

しかしながら、改めて倭人伝を「精視」すれば、回答は簡単である。

(α)漢代には、「絹や錦」は〝禁制品〟だったのである。

(β)しかし三世紀前半、俾弥呼に対して魏朝はこの「漢代の慣例」を破った。のみならず、逆に「莫大な質と量の絹や錦」を、倭国に対し、その上、俾弥呼個人に対しても「プレゼント」した旨、特記されている。「明帝の詔書」中だから、倭人伝中、もっとも〝信憑性の高い史料〟に属する。

(γ)壱与の場合、「倭錦」が逆に中国(西晋)側に「献上」されているけれど、俾弥呼のときのように中国側が「壱与に絹や錦をプレゼントした」旨の記載はない。

右によって、史料内実を厳格に判断すれば、あるいは冷静にそれを観察すれば、「俾弥呼の時代」と〝対応している〟のは、(五)のみであることが知られよう。——春日市の須玖岡本である。

布目順郎氏発見の錦

わたしは見た。布目順郎さんが須玖岡本から出土した「中国の錦」を見た、その瞬間の写真を。美しいブルーだった。布目さんが初めて「中国の錦」として報告された、一個の「布片」だった。布目さんがナイフでそれを切りさいたとき、外の空気にふ

●弥生前期

①福岡市早良区有田遺跡(前期末)

●弥生中期

②福岡市西区吉武《よしたけ》高木遺跡(中期初頭)

③福岡市博多区比恵《ひえ》遺跡(中期前半)

④福岡県甘木《あまぎ》市栗山遺跡(中期前半および後半)

⑤佐賀県神埼郡神埼町朝日北遺跡(中期中葉)

⑥福岡県飯塚市立岩《たていわ》遺跡(中期後半)

⑦福岡県春日市門田《もんでん》遺跡(中期後半)

⑧福岡県春日市須玖《すぐ》岡本遺跡(中期後半)

⑨福岡県太宰府市吉ヶ浦遺跡(中期後半)

⑩福岡市西区樋渡《ひわたし》遺跡(中期後半)

●弥生後期

⑪福岡県甘木市栗山遺跡(後期初頭)

⑫福岡市西区宮の前遺跡(後期終末)

⑬福岡市東区唐《とう》の原《ばる》遺跡(後期終末〜古墳前期)

(出所)　古田武彦『吉野ヶ里の秘密』光文社，1989年，より。

れて、アッというまに「変色」したという。〝酸化〟したのである（口絵参照）。

布目さんはこれを「鏡の紐穴《ちゅうけつ》に通したものでしょう。」そのように解説してくださった。

しかし今のわたしは考える。「糸島・博多湾岸と周辺山地」には中国の銅鏡出土が多い。「前漢鏡様式」や「後漢鏡様式」のものだ。いずれも「紐穴」をもっている。けれども、そのいずれの「出土遺跡」からも、この須玖岡本のような「中国の錦」は出ていない。報告されていないのである。

学界で「中国鏡」とされてきた、いわゆる「三角縁神獣鏡」の場合も、一切このような「中国の錦」を〝ともなって〟出土し、報告されたものはなく、皆無なのである。なぜか。

わたしは考えた。

倭人伝の「明帝の詔書」中、特記されている「くみひも」がある。

「くみひも」に注目

〈A〉金印紫綬（紫の「くみひも」）――俾弥呼に贈る

〈B〉銀印青綬――率善中郎将、難升米及び率善校尉、都市牛利に贈る

この「綬」は、

㈠ひざかけのひも。

「綬、韍維《ふつい》なり。」（説文）

㈡印のひも。官職をあらはす印又は佩《はい》玉を佩びるくみひも。

「綬は受なり。環印を承受する所以（ゆえん）。」（急就篇、二、注）

「綬を結びて王畿に登る。」（顔延之、秋胡詩）

「善曰く、仕うる者、佩びる所。」（注）

㈢くみひも。打ちひも。ひら紐。

「幕幄帟綬《ばくあくえきじゅ》之事を掌《つかさど》る。」（周礼、天官、幕人）

他にも、用例は多い（諸橋大漢和辞典）。

要するに中国の天子から直接「授かる」ところ、いわばその「証拠品」なのである。

それを倭人に「プレゼント」したことが、「明帝の詔書」という、もっとも信憑性の高い「同時代史料」に明記されているのである。どの銅鏡にも「使用の便宜《べんぎ》」のために用いられる、一般の「くみひも」の類とは、いわば「別格」なのである。

結論を言おう。「金印紫綬」あるいは「銀印青綬」の「綬」ではないか、と。

印鑰《いんやく》神社

右の「論定」が正しければ、須玖岡本は俾弥呼その人か、それとも「難升米」あるいは「都市牛利」の墓であることとなろう。もちろん、三世紀である。弥生時代の「中期」である。布目さんは、考古学界からの「仮説提起」に従ったため、「後期」に当てられた。「否（ノウ）」である。

「絹と錦」の集中する「時」と「所」、それを倭人伝の「明帝の詔書」と〝対応〟させねば、おかしい。決定的な「ミス」だ。三世紀と女王国の中核地である。今核心は、金印と銀印。あるいは銅印である。

いずれも、〝さび〟はしても、容易に「消滅」するはずはない。しかも「銀印」、さらに多く〝想定〟される「銅印」となれば、その若干は「出土」しなくては、おかしい。

その点、注目すべきは「筑紫《ちくし》」（福岡県）周辺に分布する「印鑰《いんやく》神社」である。名社（香椎宮、志賀海神社等）に〝付属〟した形のもの、また〝独立〟したもの（久留米市御井町宗崎二五九八）等々、現地の住民にとっては「周知」である。

「鑰」は、
㈠上方は関の木を貫き、下方は地に挿入した直木。

㈡じやう。じやうまへ。

㈢とざし。

㋑かけがね。又、戸はかけがねをかけて、しまりをすること。

㋺しづめまもること。

㋩心のしめくくり。

「外に名利を要し、内に関鑰《やく》無し。」（魏志傳嘏《ふか》伝）

おそらく「印鑰」は「印をしずめまもる」の意ではあるまいか。

通例の観光案内では「大和朝廷からいただいた印」として解説されることがあるけれど、近畿では、この種の神社名はほとんどない（若干はあり）。圧倒的に筑紫（福岡県）とその周辺に〝集中〟して存在しているのである。

さらに「深層」に向かおう。

「廟」という表現

それは「廟（びょう）」との関係の問題である。

すでにのべたように、日本書紀の神功紀に、「俾弥呼」の記事が三回、「壱与」の記事が一回、計四回「引用」されている。

「三十九年。是年、太歳己未。魏志に云はく、明帝の景初の三年の六月、（後略）」
「四十年。魏志に云はく。正始の元年に、（後略）」
「四十三年。魏志に云はく、正始の四年、（後略）」

右はいずれも、倭人伝である。特に四十年の項では、
「詔書印綬を奉りて、倭国に詣《いた》らしむ。」

とあるから、当然ながら、日本書紀の著者は、そこに「卑弥呼」という〝実名〟が出ていることを知っている。知っていながら、あえて、その〝実名〟を「隠している」のである。

それだけではない。

隠された女王の死

「六十六年。是年、晋の武帝の泰初の二年なり。晋の起居の注に云はく、武帝の泰初の二年の十月に、倭の女王、譯を重ねて貢獻せしむという。」

これは壱与である。ここでもその「壱与」という〝実名〟も「隠して」いるのである。いいかえれば、倭人伝の「卑弥呼の死」の記事を〝隠し〟た上で、「俾弥呼と壱与の二人を、神功皇后一人と〝等置〟する」という〝技法〟を使っている。不正直である。

今は、万人「周知」の、このテーマをあえてとりあげたのは、なぜか。それは「俾弥呼の廟」を求めるためである。

香椎宮の「廟」

「井戸を掘ったら、五色の砂が敷いてありましたよ。」

香椎宮の、先代の宮司さんの言葉だった。驚いておられた。今、この「発見」を思いかえしてみると、次のような「歴史的変転」がひそめられているようである。

第一、最初、この境内の下に「五色の砂（小石か）」が敷《し》かれていた。

第二、現代の宮司さんは、その「事実」を御存知なかったのである。

もちろん、この神宮には「仲哀天皇」が祭られている。熊襲と戦って戦死した、との伝承が記せられているから、一応〝もっとも〟である。

しかし「神功皇后の廟」が〝併置〟されている点、不審である。

なぜなら、神功皇后はこの地で没したわけではない。その墓は滋賀県の米原近く、その出生地とされるところに存在している。美しい一大円墳である。その上、大和（奈良県）には、壮大な神功皇后陵があり、山城（京都府）側から大和に入ると、出色の規模の古墳が見える。

それなのに、なぜこの「香椎」にも「廟」があるのか。何か〝そぐわない〟のである。

同神社の由緒によると、

「皇后の薨去後、養老七年（七二三）神託により、特に九州に詔して（後略）」

となっている。日本書紀成立の「七二〇」の、わずか「三年あと」なのである。それまで、この「神功皇后の廟」は、全く存在しなかったのだろうか。

「俾弥呼、壱与の遺跡は、今後『神功皇后の遺跡』として扱う。」

そういう基本方針の現われ、その実現ではなかったか。それが疑われるのである。

廟の意味

陳寿は書いている。蜀志第五の諸葛亮伝である。

先述のように、孔明の遺志に従って「墓所」を作った。「冢」である。景耀六年（二六三）、後主劉禅は孔明の「廟」を作った。その直後、蜀を征服した魏軍のリーダー、鍾会は、その廟を祭った上、孔明の墓所に入ることを魏の兵に禁じたという。

香椎宮（西坂久和氏撮影）

「廟」は、①「たまや」「みたまや。祖先の尊像木主等を安置して拝するところ。」だ。「廟、先祖の皃（貌《ぼう》、みたまや）を尊ぶなり。」（説文）②「みや」「やしろ。鬼神賢聖をまつった堂舎」「是に於て渭《い》陽に五帝廟を作る。」（史記、封禪書）
孔明の場合は、②のケースであろう。これに対し、俾弥呼の場合は、①のケースではあるまいか。
筑後国風土記で、「甕依姫」は、筑紫君等の「祖」とされている。こちらは、甕依姫を「祖」として祭る。すなわち香椎宮は本来「俾弥呼の廟」だった。だから、「五色の砂（小石）」をもって、祭られたのではないか。わたしの「思惟」はそのように進行したのである。

5　誤差論と夔鳳《きほう》鏡

一里は何メートルか

「一里は何メートルか。」――里程の「単位」の問題である。

わたしは第一書『「邪馬台国」はなかった』において、これを論じている。

第一、朝鮮半島の南辺（四千里）

第二、一大国の「方三百里」

右の第一で〝大わく〟を求め、第二をもって「微調整」する方法だったのである。

その結果、得たのが、

「一里＝七十五〜九十メートル」

の数値だった（復刊本、二〇七ページ）。

谷本茂氏と棟上寅七氏の分析

次は、谷本茂氏。中国の天文数学の古典『周髀算経』の中の「里」計算を分析し、

「一里＝約七十六〜七メートル」

の結果を得られた。この本は漢末の注が付せられている。魏朝の直前である。「この点からも、古田の出した数値との〝対応〟は「偶然」ではあるまい。」と指摘されたのである（谷本茂「中国最古の天文算術書（「周髀算経」之事）」『数理科学』一九七八年三月号）。

次いで、棟上寅七氏（本名は中村通敏）。測定の技術者として、谷本提言に対して「誤差」問題を批判されたのである（棟上寅七「短里によって史料批判を行う場合の問題点などについて」『古田史学会報』一〇二号）。もちろん、「短里」の中での問題なのである。

「史料批判に当たっては、一里＝七十六〜七ｍという値は、もっと幅のありうる値である立場で論ずるべきではないか。」

これは「常識的」なものだ、といわれる。その通りである。

ただ「立論」の事例が多出し、「錯綜」しているため、かえって〝読みづらい〟文章となっている。

棟上（中村）氏の立論の行き着くところをまとめてみよう。

第一、谷本氏も同じく、自然科学者であるから、はじめから「誤差」の存在は十分に認識する立場である。みずからの測定値を〝絶対化〟するものではないであろう。

第二、論証の到着点は、次の二つである。

(1)「不弥国」を博多の西部、姪の浜付近とした場合、その「南」に当たる、女王国の中枢部は室見川の上流「吉武高木」近辺となろう。

(2)しかし、「誤差」問題を導入すれば、「不弥国」はさらに東寄り、那珂川の下流域周辺となりうる。

(3)この場合、「女王国の中枢」は、那珂川や御笠川の上流域となろう。この流域が「不弥国の南」に当たる。

棟上氏は、慎重を期し、そこまで〝踏みこんで〟具体的に言及しておられないけれど、わたしの

「目」には、氏の目指すところは、そのように見える。もっともである。筋の通った議論である。おそらく、当初から谷本氏にも「異論」なきところ、とわたしには思われるのである。

女王国所在地の結論

現在の、わたし自身の「考え方」に立ってのべよう。

第一のポイントは、「伊都国」の〃位置〃だ。末盧国から「五百里」。「直線行路」ではない上、終着点の「伊都国の中心地」も、必ずしも明確ではない。「糸島半島付近」であることは確かでも、その「付近」のどこに「中心点」をとるか、で、次への展開（「不弥国」への百里）が〃変動〃するのである。

第二のポイントは、「一大率」の存在である。第一書ではこれを「一つの大きな軍団の長」と考えた。まちがいだった。倭人伝中の「直前」ともいうべき文面に「一大国」が存在する。壱岐だ。その「一大国の軍団のリーダー」のいたところは、どこか。それが問題なのである。

現在のわたしは「壱岐の松原」近辺に、それを「見る」のである。対馬・壱岐は著名の二島だ。その一つ、「壱岐」をわざわざ、この博多湾岸の西域に〃名付け〃て「壱岐の松原」と呼んだのは、なぜか。――それが「一大率」の存在をしめす地名だったのではないか。現在のわたしは、そのように考えているのである。

第三のポイントは、基点をなす「不弥国」である。その〃新たな位置付け〃である。右の「壱岐の松原」より、さらに「百里」東寄りとなろう。当然、那珂川、御笠川の流域、現在の博多の中心部を含む地帯とならざるをえないであろう。

その「南」とは、いわゆる「弥生銀座」と俗称されるところ。「須玖岡本」も、「筑紫神社」と筑紫野市も、そして太宰府も、いずれもその線上に存在する。「女王国の中枢部」として、考古学的出土上、何の不足もないのである。

右のような「論理上の展開」そして「わたし独自の『誤差』論」、いいかえれば「文科系の大局観」として、第一書に提出した概念、その基礎が「博多湾岸と周辺丘陵部」（復刊本、二一八ページ）である。

そして三世紀女王国の中心の第一候補地を、室見川流域と周辺山地とし、第二候補地を那珂川と御笠川の流域としていたのである。

これがわたしの「誤差論」に立つ、大局観だったのである。

三十数年前の到着地と同じ位置に、わたしはふたたび立つことができたのである。幸いだ。

須玖岡本遺跡の墓は誰か

眼睛（目玉）に入ろう。

今、中心課題となった、春日市の須玖岡本遺跡は「俾弥呼の墓」か、それとも「難升米もしくは都市牛利の墓」か。もちろん、「断定」などはできないが、この問題である。

指さすべきところは、一つ。前者である。「俾弥呼の墓」の可能性が大なのである。なぜか。

右に挙げた、「三種の神器」をもつ六王墓の実態を冷静に観察してみよう。六王墓とも、「弥生の王墓」という性格は共通しているけれど、それぞれの「時期」が異なっているのである。

その上、他の「三種の神器」をもつ立岩遺跡（福岡県）や吉野ヶ里遺跡（佐賀県）とは、異なっている。明らかに「三種の神器」をもつ、弥生の王墓なのである。したがって「その時点の中心の王者の墓」であった可能性が高い。

もう一つの問題がある。この「須玖岡本遺跡」出土とされる夔鳳鏡《きほう》(東京国立博物館蔵、口絵参照)の問題である。

夔鳳鏡という証拠

「夔鳳――一足の鳳　古《いにし》え、尊《さかだる》・豆《たかつき》などの飾りにこの紋を用いた。(夔は一足のけもの)」(諸橋大漢和辞典)

この鏡をめぐって、見逃がすことのできぬ名稿がある。梅原末治氏の「筑前須玖遺跡出土の夔鳳鏡に就いて」(『古代学 PALAEO LOGIA』第八巻増刊号、所載)である。

氏の所論は次のようである。

(一)この鏡が須玖出土品であることには、殆んど疑をのこさない。(須玖岡本遺跡)

(二)世界各地に分布する「同型鏡」をそれぞれの実地で検証し、比較した結果、この鏡は「後漢の後半、如何に古くとも二世紀の後半を遡り得ない」ものであることが判明した。

(三)したがって、この鏡を出土した須玖岡本D号遺跡(今、問題となっている、弥生の王墓《五》に当たる)は、「本夔鳳鏡の示す二世紀の後半を遡り得ず、寧ろ三世紀の前半に上限を置く可きことにもなろう。」と判断されたのである。

以上について、わたしの編著『古代史徹底論争――「邪馬台国」シンポジウム以後』(駸々堂、一九九三年)に全文集録し、それにわたし自身の批判と検証をのべている。

これは、驚くべき論文である。なぜなら、考古学界の依拠してきた「編年」に全く反していた。右の須玖岡本遺跡は「弥生中期」とされていた。すなわち「前二世紀初めごろ～一世紀初めごろ」に当たる、というのである。

その遺跡が「三世紀の前半に上限を置く」というのでは、全くの「背理矛盾」である。

その上、もう一つの重要なポイントは、いわゆる「三角縁神獣鏡」群との関係である。これをもって「三世紀の魏代の伝来」とみなすのが、考古学界の通説であったから、この通説とも、全く「矛盾」するのである。

このような、あまりにも〝巨大〟にして〝鮮烈〟な、問題点をもかえりみず、世界各地に同型鏡を求めて実地に確かめ、右のような判断に至られた梅原氏の「学問的勇気」には、わたしは、深く脱帽せざるをえないのである。

従来説は成り立たない

今は、状況が一変した。すでに何回ものべたように、布目順郎氏の「絹と鏡」の研究は、その「検証事実」を冷静に見つめる限り、従来の考古学界の「編年観」に対して、大幅の変動を〝迫る〟ものだった。博多湾岸中心に多出する「絹」は、他ならぬ「魏朝」すなわち三世紀の「賜与物」を〝中心〟としていたと見なさねばならなかったのである。

その上、この「絹」という〝物〟は明示していた。博多湾岸とその周辺こそ「女王国の中心部」そのものだった。その事実の「明証」をなしていたのである。

この点からも、「邪馬台国近畿説」と深いかかわりをもつ従来の「編年体系」は、今や一新されざるをえない。そういう研究史上の運命の嵐の〝ただなか〟にさらされたのである。

だから、従来は「そのため」に無視されていた、右の梅原論文は、今や「そのため」にこそ、輝く学的生命を復活させられるに至ったのである。

遺物の色は

はたして「紫綬」か、それとも「青綬」か。「物」そのもののしめすところは、いかに。

わたしは手もちのカラーコピー（布目氏の写真による）によって、何となく「ブルー」というイメージをもっていた。写真全体がブルーだったからである。

だが、今熟視すると、そのブルーは「写真」自体のカラーであり、その中心部分は「赤みがかって」いる。すなわち「紫」なのである。そのように観察される。

しかし、ことがことだ。「断言」を慎み、慎重を期しよう。そして次のように言うにとどめよう。

「須玖岡本遺跡は、俾弥呼の墓である可能性がもっとも高い、弥生王墓である。」

今後の、未来の研究者の「手」と「目」と思考力に深く待つこととしたいのである。

第十章　倭人伝の空白

1　「三十国」と「百余国」との間

卑弥呼の生涯を書き終えた今、すでに「評伝」のすべては書き終わった、というのが、通例であるかもしれない。

真の探究

しかし、今回の『卑弥呼』の場合、そうではない。むしろ、この終結点から真の探究ははじまる。そう言うべきなのである。なぜか。

通例、一人の人物の生涯を書き終える、ということは、すなわち、その人物の生涯を歴史の全体のいい、い、い、ひとこまとして「定置」した、それを意味するであろう。

しかし、卑弥呼の場合は、ちがう。三国志の魏志倭人伝に関する限り、陳寿の筆致は明晰である。最初の里程記述のルールから見ても、その所在地は本来、明快なのである。

ところが、わが国の代表的な歴史書である古事記と日本書紀の側から見る限り、この女王の実名が全く出現しない。日本書紀の神功皇后紀にあるのは、実名抜きの引用文だけ。しかも、俾弥呼と壱与の二人を神功皇后一人に当てている。古事記に至っては、影も形もない。一切その実名や、経歴を同じくする「女王」が、存在しないのである。

したがって倭人伝の側から、その所在と実名と業跡がハッキリすればするほど、疑問が深まる。そういう構造なのである。

だから、俾弥呼が筑紫の女王、そして筑前の女王として明確になった今、改めて「大和（奈良県）」との〝かかわり〟、すなわち近畿天皇家（分王朝）との、具体的な関係を明らかにせぬ限り、真に「歴史問題」としての解決は存在しないのである。

では、それは可能か。幸いにも、その解決の大道が真実の歴史の光の中に立ち現れたのである。それについて以下、詳細にのべさせていただくこととしよう。

倭人伝が暗示する国家変動

三国志の魏志倭人伝には、重大な「国家変動」の歴史が暗示されている。それを分析しよう。

「倭人は帯方の東南大海の中に在り、山島に依りて国邑を為す。旧《もと》百余国。漢の時朝見する者有り、今、使譯通ずる所、三十国。」

冒頭の一文は「大海」問題でも引用した。新たなテーマは「国の数」だ。最初「旧百余国」といい、これに対して「今、使譯通ずる所、三十国」と結ぶ。「国の数」が激減している。

これに対して「日本列島内の政治的統合の進展」をしめす、と解した論者（上田正昭氏）もあった。この「邪馬台国」が、九州内の一部分の連合ではなく、「大和」ないし「近畿」を中枢とする「統一国家」となっていた証拠と考えたのである。

興味深い「目のつけ方」だけれど、疑問がある。なぜなら、もしそのような「統一過程」が「漢から魏へ」の時期に存在したとすれば、それこそ倭人伝にとっての重大テーマだ。それを叙述するのが当然だ。このあと陳寿は倭国内の「歴史変動」を論じているけれど、それに当たる「叙述」がないのである。

それは次の一節だ。

「其の国、本亦男子を以て王と為し、住《とど》まること七・八十年。倭国乱れ、相攻伐すること歴年、乃ち一女子を共立して王となす。名づけて卑弥呼と曰う。」

俾弥呼出現の段である。この「七・八十年」は「二倍年暦」だから、実際は「三十五ないし四十年」だ。これは「男王の在位期間」であり、いわば「安定期間」である。そのあと、倭国が乱れ、「相攻伐した」というのは、「歴年」のこと。「歴年」とは〝不定の表現〟だが、その間に、一挙に「国家統合」がすすんだ、とするのは、無理だ。少なくとも「描写欠落」である。

すでにこの「女王国」を〝糸島・博多湾岸とその周辺山地〟として指定できたわたしたちは、（上田氏とは異なった「目」から）この「国の数の変動」問題を見つめ直してみよう。そこには、意外な「歴史の伏線」がひそめられていたのである。

三十国は親魏国か

今回の新たな展開は、加藤一良氏によってもたらされた。氏は群馬県の高木病院の院長であり、新たに東京都の北多摩病院の院長となられた。わたしの検査入院中の夜、氏は言われた。

「三十国というのは、使者が産物を献上した国の列名ではないでしょうか。」

と。思いがけなかった。だが、考えてみれば当然だった。

「今、使訳通ずる所、三十国。」

と書かれているのだ。ただ単に「今、倭国の中の国の数」を挙げているのではない。問題は「倭国全体」の中で、「親魏」の立場をとり、使者を送ってきた国々〝だけ〟の名。そう考えるのが、むしろ「筋《すじ》」だった。

漢の崩壊以後、中国は「三分」した。魏と呉と蜀だ。漢の朝廷の後継者と名乗る「蜀」は、中国の西方部、成都を中心としていた。海岸部は、北方が魏、南方が呉に属していた。その上、倭人と〝かかわり〟の深かった、遼東半島を中枢とする公孫淵は、魏朝よりむしろ呉朝との「交流」が濃密だった。未だ「三分」の勝敗の帰趨の見えぬ段階において、そのいずれと「親しむ」べきか、〝迷惑〟のさなかにあった、倭人の国々が、むしろ「多かった」のではあるまいか。

その中で、さきがけて「親魏倭王」の立場を表明したのが、俾弥呼の「女王国」であった。その「親魏」の立場をいち早く表明した国々、それがこの「百余国の中の三十国」だったのではあるまいか。「加藤命題」は、その方向をわたしにしめしてくれたのであった。

記された人数は捕虜か

「三十国」と〝対応〟する数値、「三十人」が倭人伝の末尾に出ている。俾弥呼に次ぐ壱与の時代だ。

「政等、檄を以て壹与を告喩す。壹与、倭の大夫率善中郎将掖邪狗等二十人を遣わし、政等を送りて還らしむ。因りて臺に詣り、男女生口三十人を献上し、白珠五千孔、青大句珠二枚、異文雑錦二十匹を貢す。」

この「三十」という数値の「一致」は偶然だろうか。

中国の歴代の史書が〝依拠する〟立場がある。それは「中華思想」だ。その要点を左に記してみよう。

第一、中国と周辺の国々（「夷蛮」）との関係を「上下関係」で扱う。

第二、したがって「中国と他国との交流」を「献上」と「下賜」の形で記載する。

たとえば、後漢書の倭伝には、次の著名の記事がある。

「安帝の永初元年（一〇七）、倭の国王帥升等、生口百六十人を献じ、請見を願う。」（岩波文庫、五七ページ）

しかし、この「訓み」は疑問だ。右のような、通例の〝訓み〟に従えば、その意味は次のようになろう。

（その一）倭国の王、帥升《すいしょう》自身が漢の都、洛陽へおもむいた。

（その二）そのさい「捕虜、百六十人」を漢の天子、安帝に献上した。

しかし、この「理解」は疑問だ。なぜなら「捕虜百六十人」を、倭国王がみずからひきいて、漢の都へ向かったのか。もし、そうとすれば、「百六十人」をはるかに上廻る「倭国の軍団」がこれを〝ひきいて〟いなければならぬ。けれども、そのような「倭人軍団」の存在は、一切書かれていない。

これに対し、「生口」の語は「捕虜」を指すだけではない。「牛馬」を指す用法もある。たとえば「人口」という術語も、「捕虜の人数」ではない。「生きた人間の数」だ。

同じく、この「生口」も、〝生きた人間の数〟を指しているのではあるまいか。すなわち、倭国内の各地の倭人の使者団の〝総数〟である。

この場合、倭国王自身がみずから「洛陽」へ参上する必要はない。使節団百六十人を洛陽に送り、この「百六十人」に対する、漢の天子の「請見」を求めたこととなろう。この場合はもちろん、「百六十人」以外の、そして以上の「倭軍集団」の存在など不要だ。彼等百六十人こそ、「倭国の各地からの使節団」なのであるから。

右のような「解釈」と〝対応〟し、これを裏づけているのが、先述の「三国志」の倭人伝冒頭の言葉である。

「旧百余国。漢の時朝見する者あり。」

右の「百六十人」が、倭国内の各国からの一名ないし二名の「代表者」であった場合、この「百余国（＝百二十〜四十国）」の「朝見」と、ほぼ一致する。彼等は、中国の天子、安帝の「請見」を願って、はるばる洛陽へとおもむいたのであるから。

この倭人伝内で、俾弥呼が大夫難升米等を京都（洛陽）へ送り、

「天子に詣りて朝献せんことを求む。」

と書かれているのは、この「漢代の故事」に習ったもの。その歴史的背景を、陳寿は倭人伝の冒頭に記したのではあるまいか。

けれども、「統一されていた、漢王朝の時代」とは異なり、いち早く「親魏」の立場を鮮明にした国々は、わずか「三十国」にとどまっていたのであった。

右のような分析は、「倭国内の激動の時代」の到来を「予告」しているのである。

呉滅亡に伴う倭国混乱

問題を整理してみよう。少なくとも、倭国内の「旧、百余国」は、左の三種類に「分裂」していた。

第一、「親魏倭国」派。三十国。

第二、「親呉倭国」派。若干の国々。

第三、「中立倭国」派。大多数。

たとえば、近畿を中心とする「銅鐸圏」の地域など、右の第二の国々も少なくなかったであろう。また、俾弥呼の「女王国」と敵対していた「狗奴国」なども、その筆頭にあったことであろう。吉備（岡山県）の「鬼奴国」もまた、その一端にあったかもしれない。

その点、大多数は「日和見主義」の立場で動揺していたかもしれないけれど、いずれも「一大激震」の渦中に〝ほうり出された〟ことであろう。何によって。もちろん、

「呉の滅亡（天紀四年、二八〇）」

だ。「三国対立」はここに終結したのである。

ときすでに、魏朝は交替し、西晋朝となっていた。泰始二年（二六六）だ。壱与の貢献はこの時期のようである。さらに、西晋朝の太康元年（二八〇）、呉は西晋朝に降服し、呉の年号は天紀四年をもって終結した。三国志の中の呉志は、その翌年の太康二年、呉の最後の天子、孫晧についての次の記事をもって「帝紀」を終えている。

「（太康）五年（二八四）、晧、洛陽に死す。」

今の問題は、「倭国内の一大変動」だ。

第一代の孫権の死んだのが太元二年（二五二）、呉朝は、

会稽王（二五二～二五八）

景帝（二五八～二六四）

烏程公（二六四～二八〇）

と、すでに「亡国への道」に向かっていた。この「同時代」あるいはそれ以前には、日本列島の「倭国」内外において、「魏・西晋朝への傾斜」という「一大変動」が〝巻き起こって〟いたのではあるまいか。「親魏倭国」群の影響だ。

もちろん、三国志は、その「時間帯」の中の倭国について語るところはない。ないけれど、そのような「政治的激変」の生じたこと、必然だとわたしは考える。直接史料の〝欠けた〟想像だけれども、

「必然の想像」であると、わたしには思われるのである。

この「時間帯」において、日本列島には〝不思議な銅鏡〟が現れはじめる。いわゆる「三角縁神獣鏡」がこれだ。その特徴は、
第一に、同一の銅鏡が中国本土から出現していない。

第二に、鏡の「様式」は、呉地に多い「神獣鏡」形式である。

第三に、魏朝にはない「魏の年号」である「景初四年」という年号をもつ、異例の銅鏡が出土している。

第四に、中国本土では、呉の孫権の初期、「魏の年号」に従っていた。その中には、魏朝側と「一年のずれ」をふくむものがある。

第五に、魏朝が魏朝内でこの銅鏡を製作した場合、〝存在しない年号〟としての「景初四年」が刻印されることはありえない。

以上の諸特徴の意味するところは、何か。わたしには、右にのべた、三世紀中葉から末期にかけての、「倭国内の一大変動期」の存在をバックとして理解すべきもの。そのように思われるのである。参考に供したい（古田武彦「三角縁神獣鏡の史料批判——三角縁神獣鏡論」二〇〇〇年七月稿『新古代学』第5集、新泉社、二〇〇一年三月、所収参照）。

日本列島の中で「製造」された三角縁神獣鏡の研究、それは新たな、広大な研究分野の〝発生〟を意味するであろう。なぜなら、大量の金石文が、この三〜四世紀の段階において生み出されて現存す

る。その一事をまぎれもなく「証言」するものだからである。機を改めて論じたい。

2　崇神天皇の「創建」

崇神天皇は実在したか

今は、日本の歴史の心臓部に入ろう。「崇神の征服」だ。

崇神天皇は「画期」をなしたリーダーとして著名である。もちろん、「天皇」という称号は「古事記・日本書紀成立時」（八世紀）の「後代」による称号である。その名を、古事記・日本書紀はそれぞれ次のように記録している。

（A）御真木（みまき）入日子（いりひこ）印恵（いにゑ）命《みこと》——古事記

（B）御間城（みまき）入彦（いりびこ）五十瓊殖（いにゑ）天皇——日本書紀

大和（奈良県）の師木（しき）の水垣宮にあって「天の下を知らしめき」という。

その業績は、古事記・日本書紀ともに、特筆大書されている。しかし、「実体」がちがっている。

古事記では「三方」に対する征服が書かれている。高志道（こしのみち。北陸方面）、東方十二道（東海方面）、旦波（たには。京都方面）だ。

これに対し、日本書紀では「西道」が加えられ、吉備津彦を派遣してこれを「統治」した、とされている。「四方」だ。そして「御肇国（はつくにしらす）天皇」と呼ばれたと書かれている（日本書紀、崇神紀、十二年九月項）。

この称号を「理由」として、この天皇を実在の天皇とし、古事記・日本書紀ともに「初代天皇」とした「神武天皇」の方を〝架空〟とする。これが、敗戦後の「戦後史学」の「通説」であった。この点は、後に明確に批判しよう。

今の問題は、「崇神天皇」だ。一方（古事記）は「三方征服」、他方（日本書紀）は「四方征服」、そのいずれが本来の「原型」なのであろうか。

わたしは「三方」を原型とし、「四方」を加筆型と考えた。なぜなら、もし「四方」が原型だったとしたら、その「一方」を削り、あえて「三方」とする。その理由がないからである。

もちろん、古事記と日本書紀との「実質関係」は〝単純〟ではない。日本書紀は「九州王朝の史実」の記事からの〝再利用〟によって成立しているからである（古田武彦『盗まれた神話』参照）。

今回の「崇神の征服」問題に関しては、やはり「七一二」成立の古事記の方が原型。八年あとの「七二〇」成立の日本書紀の方が加筆型。わたしはそう考える。

この判断が、今回の「問題展開」の基点となった。

騎馬民族征服説

崇神天皇に関しては、別に、研究史上「無視」しえぬ著名の学説がある。「騎馬民族征服説」である。敗戦直後といっていい頃、江上波夫氏が唱導し、一世を震撼せしめたのであった。中央アジアを席捲した騎馬民族研究の専門家であった江上氏は、この崇神天皇こそ騎馬民族のリーダーで、朝鮮半島南端の「任那（みまな）」を拠点としていた。そこから日本列島へと征服の軍をすすめ、大和（奈良県）を支配し、以後の天皇家の血流の「もと」となった、とする。大胆な新説であり、多くの研究者や古代史界の読者を魅了したのである。

これに対する、わたしの批判はすでに書いた(『よみがえる卑弥呼』復刊本の「日本の生きた歴史」(七)参照)。今は、その要点を箇条書きしよう。

第一、江上説では、その「崇神侵入」の時期は、最初は四世紀初頭、のち修正して四世紀末近くとされた。しかし、「四一四」に成立した高句麗好太王碑には、一切その痕跡がない。「百済・新羅」に対しては、本来彼等は「高句麗王の属民」であるのに、本家筋の高句麗王に対抗するのは、許せない。この大義名分論が第一面の中枢で強調されている。しかし、肝心の「倭」に関しては、その類の非難は一切、存在しない。高句麗は騎馬民族が中心の国だから、もし江上説が成り立つなら、その道理、その大義名分論を倭国批判の「根本の論理」とするのが〝筋〟だ。

「お前たち、倭王は本来、われわれ騎馬民族の分派ではないか。」

という論難である。けれども、一切、それはないのである。

この点、かつての李進熙氏唱導の「広開土王碑(好太王碑)改ざん説」の場合、本来の「石面」には「倭」の字がなかった。それらのすべては「羅(百羅)」といった文字であったが、日本の参謀本部のスパイ(酒匂中尉)はこれを「石灰字」で〝架構〟し、いわゆる酒匂本(東京上野の「国立博物館」所蔵)を「作製」した。そういう立場だったが、今はすでに中国の集安に存在する原碑面に「倭」の文字が明白に「石の文字」として遺存していたことが判明したから、「李説」は事実上、崩壊したのである。

したがって右に挙げた「なぜ、好太王碑には『江上説』の痕跡がないか。」の問いは、生きつづけている。江上説の支持者はこれに必ず答えなければならない。

第二は、崇神天皇の「自称」問題だ。この好太王碑文の冒頭に「鄒牟王《すうぼう》」という、彼の名が誇りやかにかかげられている。高句麗語名称である。彼には「朱蒙《しゅもう》」という中国風の一字名称のあったことが知られている。「朱」は姓、「蒙」は名である。

しかし、本源の高句麗語名の「鄒牟」がこの碑文の先頭に堂々とかかげられている。これが本来の姿である。

だが、これに反し、崇神天皇には「騎馬民族」としての「自称」がない。「崇神」の方は、無論「後代の漢風諡《し》号」にすぎない。先に挙げた（A）（B）とも、いずれも「日本語」、倭語なのである。「御真木」は「任那の要害」。「き」は「いき（壱岐）」「たき（滝）」などの「き」だ。「入日子」は「入江」の「いり」。「日子」は無論、〝男子の敬称〟だ。倭人伝では、「対海国」（対馬）や「一大国」（壱岐）の長官名に用いられている。典型的な倭語である。

「印恵」の「い」は〝神聖な〟を意味する接頭語だ。「伊勢」は〝神聖な瀬〟。「伊豆」は〝神聖な津〟。日本の地名に数多い。現在でも、アイヌ語には、この語法が遺存している、という。たとえば名詞の上に「い」を付けて〝神聖な、神より賜わった何々〟の意をしめすのである（片山龍峯『日本語とアイヌ語』（前出））。

原初日本語の語法が日本列島の地名に残り、その一端は現在のアイヌ語にも及んでいる。そういう状況ではあるまいか。興味深い。

「に」は「丹」あるいは「丹土」であろう。「ゑ」は「知恵（ちゑ）」（仏教語）に使われている。「恵」の草書体が「ゑ」となったという（広辞苑）。

ここでは〝恵まれた者〟といった「賞美の言葉」であろう。むろん、日本語（倭語）である（この点、後述）。

ともあれ、この「いにゑ」（あるいは「いゑ」か）も「高句麗語」ではない。すなわち「騎馬民族語」とは見えないのである。

ここで疑問が生ずる。騎馬民族のリーダーであったとすれば、なぜ「鄒牟王」のように、堂々と「高句麗語名」を名乗らないのであろうか。「被征服民」である倭人側の倭語名のみを「伝承」させているのであろうか。根本をなす疑問である。

騎馬民族征服説は成立しえず

問題は、リーダー個人の名称問題だけではない。より重大なのは「倭語の激変」問題である。

当人は、たった一人で「任那」から「大和（奈良県）」に侵入したわけではない。当然「一大軍団」をひきいて、侵入したはずだ。そして新たな「王朝」を開始したのである。

とすれば、その新王朝の「新しき王者」や「上部官僚」や「支配軍団の面々」は、当然ながら、「高句麗語」を使っていたはずだ。これに対して、下部官僚や庶民は、従来の「倭語」だ。すなわち、そこには従来の「倭語世界」に対する一大変動が〝必須〟だ。それなしに、「騎馬民族の侵入」など、考えられない。当然のことである。

では、四世紀の初頭なり、末期なり、いずれにせよ、そのような一大変化、「倭語の高句麗語化」が生じているか。――このように問えば、わたしたちは到底「諾（イエス）」とは、いいえない。古事記・日本書紀・風土記・万葉集、いずれを見ても、このような「高句麗語主導の一大激変」のあとを見出すことは全く不可能なのである。

逆に、本書で縷々分析してきたように、三世紀以前に流入し、伝播した中国語の字形と発音が「冷凍庫」あるいは「冷蔵庫」に保存されたように、現代の日本語へと「遺存」されている「幸せな島国」だったのである。

それは「漢字」だけではない。その「漢字」を使って表記された倭語、たとえば「噫（イ、アイ）」も「邪馬（ヤマ）」も、三世紀以前から現代（二十一世紀）まで、脈々と継続されていた。「高句麗語」による、一大激変の痕跡が存在しないのである。

すでに、佐原真氏が「馬に対する断種」問題から、騎馬民族と日本列島人との「ちがい」があることを指摘し、江上説に対する「実証的な疑問点」を挙げられた。その通りである。江上説側からの「再反論」も、見たことがない。

けれどもわたしは、江上説の果した、研究史上の画期的な衝撃に敬意をはらっている。今さら、「死屍に鞭打つ」つもりは、全くないのである。

だが、「騎馬民族説の不成立」は、ことの落着ではない。“the end”ではなく、新しきスタート、探究の新たな出発を「予告」するものだ。

なぜなら、次のような「問題点」は、生きている。

第一に、崇神天皇が「御肇国天皇」として、画期的な「位置づけ」を与えられているのは、なぜか。

第二に、その「倭語」の名前に「任那（みまな）」というような、「大和（奈良県）」から、はるかに離れた「辺境」の地名を〝もって〟いるのは、なぜか。

これらの疑問に対して、旧き「騎馬民族征服説」に対して（敬意をもって）別れを告げ、新たな解明へと進まねばならぬ。この「崇神天皇の時代」は、従来は三世紀末、ないし四世紀初頭の頃に当てられてきていた。しかし、古墳時代の年代を「五〇ないし一〇〇年」前後（約七十五年前後）〝くり上げる〟ことが、C14の検証から提案された（河上邦彦「纒向古墳の木材一八〇〜二三〇」橿考研）。とすれば、いわゆる「崇神天皇の時代」もまた、三世紀中葉へと〝さかのぼる〟こととなろう。それは、倭人伝の世界だ。より正確には、倭人伝の中の「壱与、貢献」によって、「倭国の記事」が終止符を打った、その前後ともいうべき「時間帯」なのである。ながらく、魏・西晋朝に〝敵対〟してきた呉朝の滅亡（二八〇）以前の「時間帯」に属するのである。

それは倭人伝の「予告」する、まさに「一大変動の時期」に当たっていたのである。

倭人伝「予告」問題

倭人伝の「予告」問題を要約してみよう。

第一に、倭国に関する記事は西晋の「泰始二年（二六六）」の「壱与貢献」で終わっている。

第二に、「呉朝滅亡」記事は、呉志第三の巻（孫皓）に書かれているけれど、その間の「泰始二年（呉の宝鼎元年）二六六〜太康元年（呉の天紀四年）二八〇」の「時間帯」（十四年間）の「倭国記事」は、倭人伝には欠落している。

第三に、陳寿は三国志六十五巻を完成し、元康七年（二九七）に死んだ。「二八〇〜二九七」という十七年間の倭国記事もまた、欠落している（スポンサーの張華が失脚し、政敵の荀勗《じゅんきょく》の時代に没）。

第四に、四世紀になって張華派が復権し、三国志は「正史」として認定された（西晋の滅亡〈三一六〉以前）。

以上だ。

「欠落の三十一年間」に何があったか

右の「欠落の三十一年間」（二六六〜二九七）前後こそ、今問題の「崇神天皇の活躍期」に当たっていること、ほぼ疑いがない。

とすれば、その期間は「倭国」にとって、どんな時代だったか。

（イ）「親魏倭国」派の三十国にとっては、まさに「時機到来」だ。「百余国（一三〇〜一四〇）」中の、他の国々に対して「勢威拡大」の絶好機だったのではあるまいか（これは俾弥呼の「親魏倭国」時代にはじまろう）。

（ロ）もっとも打撃を受けたのは、当然「親呉倭国」派だ。倭人伝が俾弥呼に対して「大量の銅鏡（百枚）」を与えたり、「五尺刀二口」を与えていること、また後継者の壱与が「白珠五千孔・青大句珠二枚」を西晋朝に献上しているのを見ると、この「倭国」が「三種の神器」を「権力のシンボル」

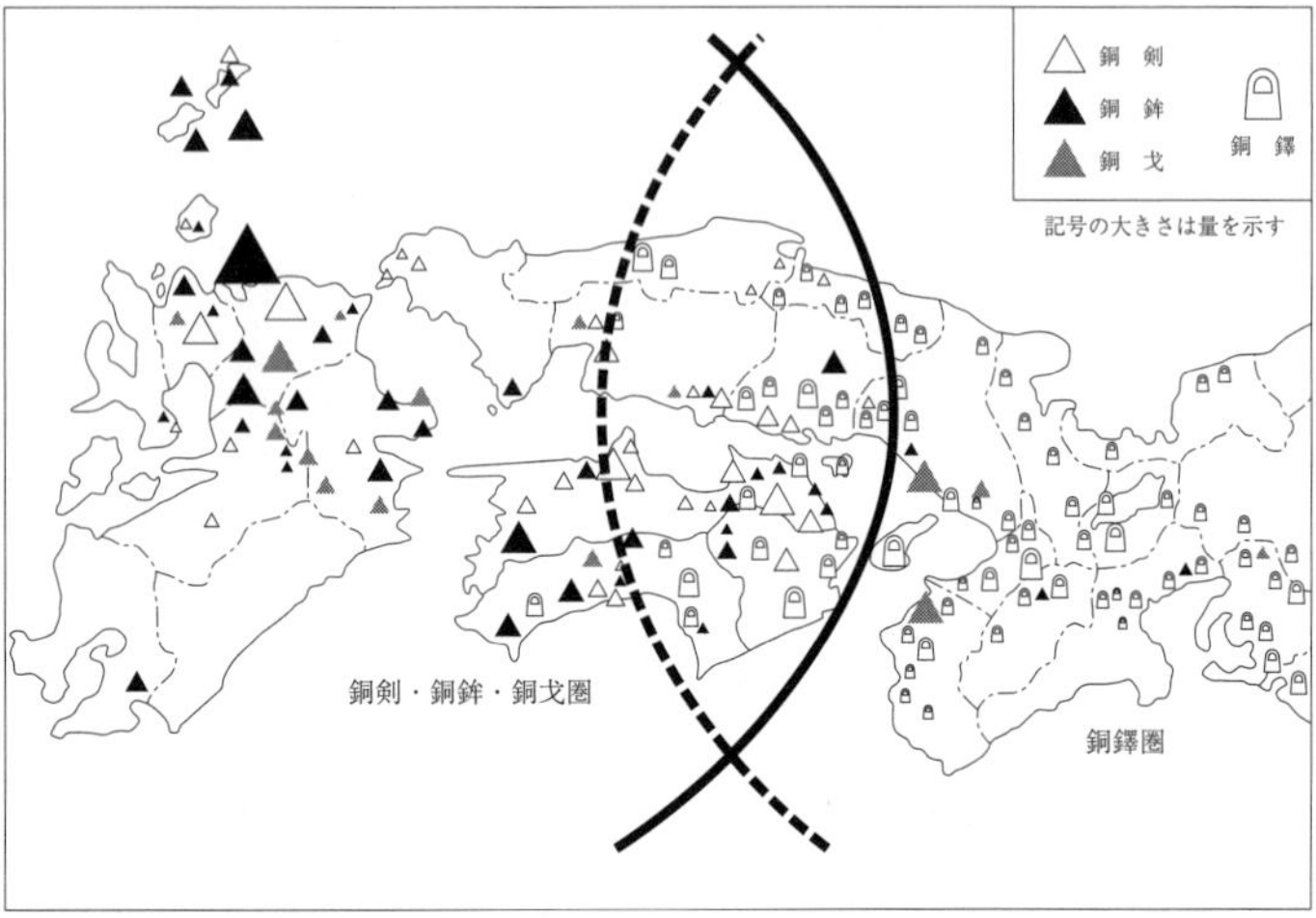

二つの青銅器圏（朝鮮半島の分は省略）
（出典）考古学集刊第２巻第４号等によって作図。

とする王朝であったこと、「同時代史料」の倭人伝の証言として、疑いがたい。

これに対して、近畿を中心とする領域は「銅鐸国家」だった。弥生中期から後期にかけて「中型銅鐸」や「大型銅鐸」の〝最盛期〟といってよい。とすれば、この（中国側周知の）「銅鐸の祭儀」や「シンボル的存在」に、倭人伝が一切ふれないのは、やはり「問題の急所」をしめす。すなわち、これらの銅鐸国家は「親呉倭国」だった。少なくとも「親魏倭国」のイデオロギーの急先鋒ではなかったのではあるまいか。

（ハ）この点、注目すべきは「中間派」の国々の存在であろう。

（a）魏朝と同時に呉朝にもまた「交流関係」を結んでいた国々。

（b）右のいずれとも「国交」を結ばなかった国々。

（c）「魏から呉へ」あるいは「呉から魏へ」と、交流対象を〝変化〟させていた国々。

各国、各種の対応が存在したものと思われるけれど、俾弥呼の時代に次いで孫権の死亡（壬申、二五二）によって、呉朝の内部の「崩壊過程」は加速された。

次いで、呉朝の降伏（二八〇）によって、「倭国内の一大変動」もまた、決定的となったのである。「親呉派」の没落である。

ここで確認すべきは、次の三点だ。

（その一）中期銅鐸および後期銅鐸は、大和（纒向《まきむく》）や摂津（東奈良）に実物や鋳型が集中している。

（その二）右の銅鐸は「破砕された痕跡」が各地から発見され、報告されている。

（その三）右に対し、巨大銅鐸はこの「大和」ではなく、周辺部（播磨〈兵庫県〉や野洲市〈滋賀県〉）で見出されている。

四世紀以降の「古墳時代」には、もちろんこの「貴重なるシンボル」としての銅鐸、特に中期および後期銅鐸は「姿を消し」ている。近畿もまた「三種の神器」圏に〝くり入れ〟られたのである。

このような「大観」からすれば、右の「銅鐸国家」は、すなわち「親呉倭国」そのもの、あるいはその一端に連なっていたのではあるまいか。これらの国々攻撃の「急先鋒」となったのが、今問題の崇神天皇の「時期」だったのである。

以上によって、わたしたちにはようやく第十代、崇神天皇の「活躍期」とその「起動力」の謎を知る「とき」が来たように思われる。

そこの「起動力」は、崇神の出身だ。「庶母」問題である。本文と系図関係を左にしめそう。

崇神の出身

開化天皇第九代

若倭根子日子大毘毘命《の》、春日《かすが》の伊邪《いざ》河宮《かはの》に坐しまして、天の下治らしめしき。此の天皇、旦波《たには》の大縣主、名は由碁理《ゆごり》の女、竹野《たかの》比賣を娶して、生みませる御子、比古由牟須美命《ひこゆむすみの》。一柱。此の王の名は音を以ゐよ。又庶母《ままはは》伊迦賀色許賣命《いかがしこめの》を娶して、生みませる御子、御眞木入日子印恵命《みまきいりひこいにゑの》。印恵の二字は音を以ゐよ。次に御眞津比賣命《みまつひめの》。二柱又丸邇臣《わにのおみ》の祖、日子國意祁都命《ひこくにおけつの》の妹、意祁都《おけつ》比賣命《の》意祁都の三字は音を以ゐよ。を娶して、生みませる御子、日子坐王《ひこいますのみこ》。一柱又葛城の垂見宿禰《たるみのすくね》の女、鸇《わし》比賣を娶して、生みませる御子、建豊波豆羅和氣《たけとよはづらわけ》。一柱。波より下の五字は音を以ゐよ。此の天皇の御子等、并せて五柱なり。男王四、女王一。故、御眞木入日子印恵命《の》は、天の下治らしめしき。

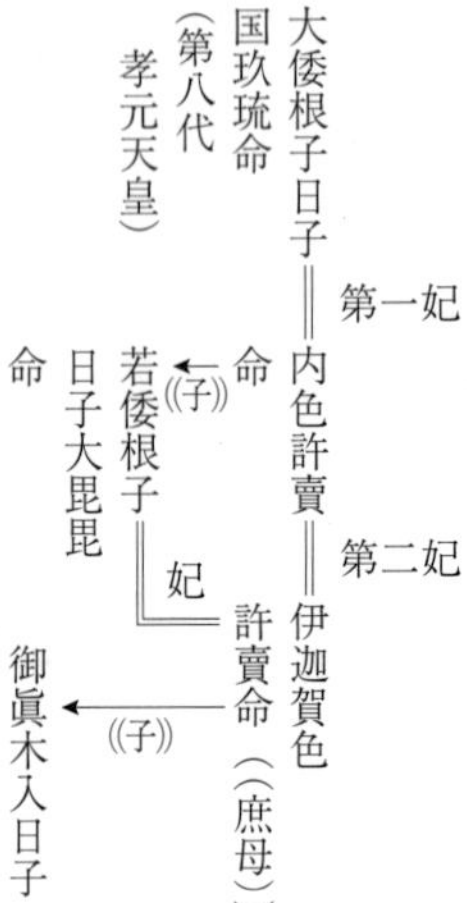

（第九代
開化天皇）　印惠命
（第十代
崇神天皇）

この「件」について、従来は次のように解説されてきた。

「書紀には『立二伊香色謎命一為二皇后一。〔是庶母也〕』とある。上代においては、継母や異母妹との結婚は不倫とされなかった。」（古事記、日本古典文学大系、岩波書店、一七四ページ、上欄の注、三）

右の「解説」は、疑問だ。なぜなら、

第一、古事記の中巻冒頭に、第一代神武天皇の没後生じた、著名なトラブルがある。その発端は、神武の第二妃、近畿に来てから娶った妃、伊須気余理比賣《いすけよりひめ》を、第一妃（九州在住）の息子、當芸志美《たぎしみ》美《み》命が〝娶った〟ことだ。「義理の母親」を「妃」としたのである。

當芸志美美命を「庶兄」と呼んでいる。伊須気余理比賣を「嫡后」と記しているのは、第一妃（九州時代）に〝対する〟表記であろう。伊須気余理比賣をもって「神武の正統の妃」と〝見立て〟ているのである。

ともあれ、神武を父とし、伊須気余理比賣を母とした三人の兄弟の中で、當芸志美美命殺害に成功した、神沼河命が第二代（綏靖天皇）を継いだ事件が、〝晴れがましく〟描かれている。それを「実行できなかった」兄（神八井耳命）は、継承を辞退した、というのである。

この〝なまなましく〟古事記中巻の人代の巻に特筆大書された逸話を見れば、先に挙げたような

「上代においては、継母や異母妹との結婚は不倫とされなかった。」

の一文は〝空言〟である。否、それどころか、「不倫の子」として生まれた「崇神天皇の一生」を〝運命づけた〟「出生の秘密」、そしてそのもつ重大な意味を「歴史」の上から〝消し去ってしまう〟ような「不当解説」と化しているのではあるまいか。

御真木

崇神天皇はなぜ「御真木《みまき》」を名乗ったか。確かに、江上氏が着目したように、この「みまき」を「任那の要害」と解したのは、言葉として〝不自然〟ではない。十分に〝ありうる〟人名だ。それもまさに「地名」に根ざした人名なのである。

ではなぜ、この「天皇」は大和（奈良県）から遠くはなれた、朝鮮半島南辺の「地名」を「自己の名」にもっていたのか。

この「任那」は本来、九州北岸部の「倭国」、すなわち博多湾岸周辺と山地を「中枢域」とした女王国中心からの「北辺部」に位置する。枢要の要害の地なのである。

だから、その「分国」であった「邪馬（ヤマ）国」、すなわち「大和（奈良県）」から、この地に〝派遣〟され、倭国の軍事施設の一端に〝おかれた〟としても、必ずしも〝不自然〟とはいえない。

孝昭天皇

注意すべき点がある。この崇神天皇の「御真木《みまき》」には、「先人」がいたことだ。第五代の孝昭天皇である。

「御真津日子訶恵志泥命《みまつひこかゑしね》」

である。

「葛城《かつらぎ》の掖上《わきがみ》宮に坐しまして、天の下治らしめき。」（古事記中巻、孝昭天皇記）

とされている。ここでは「みまき」ではなく、「みまつ」だけれど、「き」（要害）と「つ」（津）という接尾語がちがっているだけである。別個の地域とは見えない。

まず、「訶恵志根」の第二字「恵」字が崇神天皇にも、その名前「印恵」として用いられている。この「恵」は「え」ではなく、「ゑ」の「もと字」として有名だ。「恵」の草書体が「ゑ」となったのである（広辞苑）。

「知恵（ちゑ）」は、仏教語だ。もちろん、ここでは「仏教語」として用いられているわけではないけれど、親（名付け親）の「子」を思う、「幸あれ」「恵まれてあれ」といった〝願い〟の表現と見て、まちがいはないであろう。この「恵（ゑ）」字を、両者（孝昭と崇神）は〝共有〟しているのである。

この孝昭天皇もまた、「任那の港（津）」を拠点とした、という性格の「名」をもっていたのである。

祭祀のシンボル

さらに、念を押してみよう。

この「御真津」も「御真木」も、共に「大和（奈良県）」の中の「地名」ではないか、という「疑い」だ。一個の「地名」は必ず、他にも「複数」または「多数」ありうるのである。

とすれば、右の疑いも、当然可能性があろう。

この疑いに答えるのは、次の一文だ。

「又宇陀の墨坂神に赤色の楯矛を祭り、又大坂の神に墨色の楯矛を祭り、又坂の御尾の神及《また》河の瀬の神に、悉《ことごと》に遺《のこ》し忘るること無く幣帛《みてぐら》を奉りたまひき。」（古事記、中巻、崇神記、神々の祭祀）

右では「楯」と「矛」が〝祭祀のシンボル〟とされている。「銅鐸」ではなく、「矛」が新たな「シンボル」とされているのである。

「矛」を「シンボル」とする「祭祀圏」、それはどこか。当然「筑紫矛」の世界である。北部九州だ。「任那」は、その地帯（筑紫）の「目」で、筑紫人が呼んだ地名だ。「北方の、海辺の土地」である。やはり、崇神天皇にとっての「軍事的原点」は、この任那の要害だったと考えるほかない。

しかも、崇神天皇が「シンボル」としたのは、「矛」だけではない。「楯」もまた「シンボル」化されているのである。

当然ながら、「矛」と「楯」は〝一体〟をなす武器だ。戦闘上、本来は〝片方〟だけでは成り立ちえないものだ。すでに中国の古典『荘子』に語られている、有名な「矛盾」の説話通りだ。

その「矛」と「楯」が、共に所々に各地に〝祭られ〟たという。「銅鐸の時代」の終結である。代わって「矛盾《むじゅん》（ほことたて）の時代」へと、時代は激変したのである。それをもたらした人が崇神天皇だった。

右の文面の直前に、次の一文がある。

「又伊迦賀（いかが）色許男（しこを）命に仰せて、天《あめ》の八十毘羅訶（あそびらか）を作り、天神地祇の社を奉りたまひき。」

「八十毘羅訶」は「八十平瓮」とされる。「祭りのための土器の一種」であろう。

今の問題は「天（あめ。あるいは「あま」）」の一語だ。崇神の「軍事力発動」の原点、それが「海士

（あま）族」の活動領域にあったこと、その歴史事実がここで明瞭に語られていたのである。

やはり、崇神の軍事的行動の起点は、決して「大和（奈良県）」内部ではなかった。「任那から大和へ」――これが崇神天皇の軍事行動の、根本のルートだったのである。

「三方か、四方か。」最初にのべた、この疑問に、今は容易に〝答える〟ことができる。当然「三方」が原型だ。残る「一方」の〝西への道〟は、逆だった。

任那から大和へ

「任那から大和へ」というルートの、重要な中継地、それこそ吉備だった。吉備津彦の領域、その「津（港湾）」の権力者と〝協力〟して、「大和への侵入」が可能となったのである。

それはかつて「神武の辿ったルート」だった。「神武」の場合、鳴門海峡を通って当時の「河内湾」の奥深く、楯津《たてつ》に至ったこと、古事記の神武記は明記していた。その退路の「南方（みなみかた）」は、文字通り、「南潟」として、地名が現存している。と同時に、それは「河内湾」と「大阪湾」とを結ぶ、「水路」の結節点に当たっていた。古事記の成立した八世紀にはすでに、このルートはなかった。

しかし、弥生の地形図は右の「神武の侵入と退路」が、弥生時代においては「真実（リアル）」だったことを証言していたのである（「神武東侵」問題については、『盗まれた神話』第八～十一章、参照）。

一度あることは二度ある、とのたとえ通り、崇神天皇もまた、同じく吉備の「港」の支配者の〝協力〟をえて、「大和への侵入」を図った。ただし、今回はおそらく明石海峡側を東行し、「大坂」の地に至ったと思われる。通例、この「大坂の神」は大和国葛下郡に当てられているけれど、「河内の大坂」の可能性もあろう。ともあれ、「河内から大和へ」の各要害の地に、「新たな、支配軍の軍事的シンボル」としての「矛」と「楯」が表示され、民衆と「従来の支配者層」に対して新時代の到来を誇示したように見える。

旦波征伐問題

最後に、不可欠のテーマにふれよう。

第一は、「旦波征伐」問題である。次の一文がある。

「又日子坐王をば、旦波国に遣はして、玖賀耳之御笠を殺さしめたまひき。」

右の「耳《みみ》」は〝長官名〟だ。倭人伝では「投馬《つま》国」の長官が「弥弥《みみ》」、副官が「弥弥那利《みみなり》」だ。この系列の「長官」である。

一方、先に挙げた、第九代開化天皇の系譜を見れば、「正妃」（第一妃）である竹野比賣《たかのひめ》は、

「旦波の大縣主《あがたぬし》、名は由碁理《ゆごり》の女、竹野比賣を娶して、生みませる御子、比古由牟須美《ひこゆむすみ》命」

と、由緒正しい「比古」を頭上に冠している。もちろん、「卑狗《ひこ》」は「対海国」「一大国」の長官名だ。

彼は「旦波の系列の比賣」を『嫡母』（正当の妃）としてもっていた。その「旦波の長官（「耳」）の御笠」を、崇神は殺した。否、「殺させた」のである。

建波邇安王の反逆

第二は、「建波邇安王の反逆」問題である。この「王」は、次のようだ。

「又河内の青玉の女、名は波邇夜須毘賣《はにやすびめ》を娶して、生みませる御子、建波邇夜須毘古命。」

この第八代「孝元記」の冒頭部は、左に掲げる。

孝元天皇第八代

大倭根子日子國玖琉命《の》、輕《かる》の堺原宮《さかひばらの》に坐しまして、天の下治らしめしき。此の天皇、穂積臣《ほづみのおみら》等の祖、内色許男命《うつしこをの》色許の二字は音を以ゐよ。下は此れに效へ。の妹《いも》、内色許賣命《うつしこめの》を娶して、生みませる御子、大毘古命《おほびこの》。次に少名日子建猪心命《すくなひこたけゐごころの》。次に若倭根子日子大毘毘命《わかやまとねこひこおほびびの》。三柱又内色許男命《の》の女《むすめ》、伊迦賀色許賣命《いかがしこめの》を娶して、生みませる御子、比古布都押之信命《ひこふつおしのまことの》。比より都までは音を以ゐよ。又河内《かふち》の青玉《あをたま》の女、名は波邇夜須毘賣《はにやすびめ》を娶して、生みませる御子、建波邇夜須毘古命《たけはにやすびこの》。一柱此の天皇の御子等《たち》幷せて五柱なり。故、若倭根子日子大毘毘命《の》は、天の下治らしめしき。其の兄《いろせ》大毘古命《の》の子、建沼河別命《たけぬなかはわけの》は、阿部臣等の祖。次に比古伊那許士別命《ひこいなこじわけの》。比より士までの六字は音を以ゐよ。此は膳臣の祖なり。比古布都押之信命《の》、尾張連《の》等の祖。竟富那毘《おほなび》の妹、葛城之高千那毘賣《かづらきのたかちなびめ》那毘の二字は音を以ゐよ。を娶して、生める子、味師内宿禰《うましうちのすくね》。此は山代の内臣の祖なり。又木國造《きのくにのみやつこ》の祖宇豆比古《うづひこ》の妹、山下影日賣《やましたかげひめ》を娶して、生める子、建内宿禰《たけうちのすくね》。此の建内宿禰《の》の子、幷せて九《ここの》たり。男七、女二。波多八代宿禰《はたのやしろの》は、波多臣、林臣、波美臣、星川臣、淡海臣、長谷部君の祖なり。次に許勢小柄宿禰《こせのをからの》は、許勢臣、雀部臣、輕部臣の祖なり。次に蘇賀《そがの》石河《の》宿禰は、蘇我臣、川邊臣、田中臣、高向臣、小治田臣、櫻井臣、岸田臣等の祖なり。次に平群都久宿禰《へぐりのつくの》は、平群臣、佐和良臣、馬御織連等の祖なり。次に木角宿禰《きのつぬの》は、木臣、都奴臣、坂本臣の祖。次に久米能摩伊刀比賣《くめのまいとひめ》。次に怒能伊呂比賣《ののいろひめ》。次に葛城の長江《ながえの》曾都毘古《そつびこ》は、玉手臣、的臣、生江臣、阿藝郡臣等の祖なり。又若子宿禰《わくごの》は、江野財臣の祖。此の天皇の御年、伍拾漆歳《いそぢまりななとせ》。御次に神大根《かむおほね》王《の》。亦の名は八瓜入日子王《やつりのいりひこの》。次に水穂五百依比賣《みづほのいほより》。次に御井津比賣《みゐつ》。五柱又其の母の弟《いろと》袁祁都比賣命《をけつの》を娶して、生める子、山代之大筒木眞若王《やましろのおほつつきまわかの》。次に比古意須王《ひこおすの》。次に伊理泥王《いりねの》。三柱。此の二はしらの王の名は音を以ゐよ。凡《おほよ》そ日子坐王《の》の子、幷せて十一王《とをまりひとみこ》なり。故、兄大俣王《の》の子、曙立王《あけたつの》。次に菟上王《うなかみの》。二柱此の曙立王《の》は、伊勢の品運部君、伊勢の佐那造の祖。菟上王《の》は、比賣陀君の祖。次に小俣王《の》は、當麻の勾君の祖。次に志夫美《の》宿禰王《の》は、佐佐君の祖なり。次に沙本毘古王《の》は、日下部連、甲斐國造の祖。次に袁邪本王《の》は、葛野の別、近淡海の蚊野の別の祖なり。次に室毘古王《の》は、若狭の耳別の祖。其の美知能宇志王《の》、丹波《たには》の河上の麻須郎女《ますのいらつめ》を娶して、生める子、比婆須《ひばす》比賣《の》命。次に眞砥野《まとの》比賣《の》命。次に弟比賣《の》命。次に朝廷別王《みかどわけの》。四柱此の朝廷別王《の》は、三川の穂別の祖。此の美知能宇斯王《の》の弟、水穂《の》眞若《の》王は、近淡海の安直の祖。次に神大根王《の》は、三野國の本巣國造、長幡部連の祖。次に山代之大筒木眞若王《の》、同母弟《いろと》伊理泥王《の》の女、丹波能阿治佐波毘賣《たにはのあぢさはびめ》を娶して、生める子、迦邇米雷王《かにめいかづちの》。迦邇米の三字は音を以ゐよ。此の王《みこ》、丹波の遠津臣《とほつおみ》の女、名は高材比賣《たかき》を娶して、生める子、息長《おきながの》宿禰《の》王。此の王、葛城の高額比賣《たかぬか》を娶して、生める子、息長帯比賣命《おきながたらしひめの》。次に虚空《そら》津《つ》比賣《の》命。次に息長日子王《おきながひこの》。三柱。此の王は、吉備の品運君、針間の阿宗君の祖。又息長《の》宿禰《の》王、河俣稲依毘賣《かはまたのいなより》を娶して、生める子、大多牟坂王《おほたむさかの》。多牟の二字は音を以ゐよ。此は多運肇國造の祖なり。上《かみ》に謂《い》へる建豐波豆羅和氣《の》王は、道守臣、忍海部造、御名部造、稲羽の忍海部、丹波の竹野別、依網の阿毘古等の祖なり。天皇の御年、陸拾参歳《むそぢまりみとせ》。御陵は伊邪《いざ》河の坂の上に在り。

問題は、河内（大阪府）の豪族の娘を「母」とした、この「建波邇安王」が、極力「悪者」として描かれていることである。

「山代国（京都府）に在る我が庶兄建波邇安王、邪《きたな》き心を起せし表《しるし》にこそあらめ。」にはじまる一段だ。そこでは、

Ⓐ　屎褌（くそばかま）――「屎出でて褌《はかま》に懸《かか》りき。」

Ⓑ　波布理曾能（はふりその）――「亦其の軍士を斬り波布理《はふり》き。」

といった「汚ならしい〝いわれ〟」が〝こじつけ〟られている。もちろん「曲解」だ。

「くそ」は〝不可思議な、古き神〟だ。「奇（く）し」の「く」。「そ」は「阿蘇」「木曾」の「そ」。もっとも古い「神の呼び名」の一つである。「はかま」は〝神聖な水の出る、広い場所〟の意。「は」は「茎（くき）」や「根（ね）」に対する「葉（は）」だ。「か」は〝神聖な水〟。河（かは）の「か」である。「ま」はもちろん、日本語にもっとも多い接尾語。「やま（山）」「はま（浜）」などの「ま」である。大阪府枚方市の楠葉に当たるとされる。したがって「くそはかま」は〝不可思議な神による、神聖な水の出る広い場所〟を指す。古い倭語だ。

次に「はふりその」。現在でも「祝園」と書き、この〝訓み〟が使われている（京都府相楽郡精華町に当たる。学研都市の在地）。「はふる」は〝神を祭る〟意義。「祝」も、その意味をしめしている。「園」も、当然「古い倭語」だ。

以上のような〝由緒ある古代倭語〟地名に対し、あえて「汚濁に満ちた、侮蔑語」を〝あてはめた〟のである。なぜか。

崇神天皇「以前」には、この「建波邇安王」こそ、「正統なる王者」だった。中国風の称号である「王」を名乗っていた（「王」の問題は後述する）。

「是に国夫玖《くにぶく》命の弾《はな》てる矢は、即ち建波邇安王を射て死にき。」

庶母による「不倫の子」は、機をえて果断に行動し、運命を逆転させた。その「名」の通り、恵まれた第一歩を進みはじめたのである。不遇と逆境によって、かえって鍛えられていたのであろう。

三世紀後半、日本列島の西部から中央部にかけて生じた、画期をなす事件だった。それを「空白部」によって「予告」したもの、それが倭人伝のしめす姿、その〝内蔵する〟史料性格なのである。

3　削偽定実

倭人伝と古事記の接点

「倭人伝と古事記との間に、さらに立ち入った『接点』が見出せはしないのか。」

あなたがそのように問うとすれば、それは「正しい問い」である。

一方の倭人伝は三世紀の「同時代史料」である。すなわち真実（リアル）な史料だ。他方の古事記も、三世紀中葉の「崇神の利害」に立った、真実（リアル）な史料である。「合成」された歴史書、日本書紀とはちがう。

とすれば、両史料の間に同じく真実（リアル）ないくつかの「接点」があっても、いいではないか。一方が九州の筑紫（福岡県）、他方が近畿の大和（奈良県）を、それぞれの中心拠点としていたとしても、狭い日本列島、それも西日本の一画同士だ。前に挙げたもの以外に、もっと深い「接点」がなければおかしい、と。

あなたの右の問いは「正しい問い」である。「正しい問い」は正しい回答を生む。よく考えてみよう。

「倭」の〝訓み〟

この問題を考える上で、まず吟味すべきは「倭」の〝訓み〟である。それは、

（A）　チクシ（ツクシ）

（B）　ヤマト

の二種類である。

有名な、後漢の光武帝から授与された金印がある。「志賀島出土」として喧伝されていたが、その実、細石神社（福岡県糸島市）の蔵するところだった、との伝承がある（『多元』八四～八五号参照。古田武彦『失われた九州王朝』復刊本、「日本の生きた歴史㈢」）。

ともあれ、筑紫（福岡県）で見出されたこと、疑いがない。その印文は、

「漢の委奴（ヰド）の国王」

とあり、この「委」が「倭」をしめすこと、周知である。この「委（倭）」は、（A）の「チクシ」か、（B）の「ヤマト」か。答は明晰だ。（A）である。

「通説」では、

「漢の委（わ）の奴（ナ）の国王」

と訓むけれど、その場合でも「委（＝倭）」とは「チクシ」であって、「ヤマト」ではない。なぜなら、「大和（奈良県）」の配下の「那（ナ）の津」の国王に対して、中国側が金印を与える、などということはありえないからである。その場合、「大和」の王者には「ダイヤモンドの印」でも与えなければならない。笑止だ。「金印」「銀印」「銅印」しか、中国側の印制には存在しないのである。

以上で明らかなように、金石文という、もっとも確かな証拠のしめすところ、「委（＝倭）」は「チクシ（ツクシ）」をしめす漢字として使用されていたのである。

古事記に見る「倭」

同様の用法は、古事記にも現れている。

最初に「倭」が出てくるのは、次の一文である。

「（大国主命）故《それ》、其の日子遅《ひこぢ》の神和備照《かむわびて》、出雲より倭国に上り坐《ま》さむとして、（下略）」（須勢理比売の嫉妬）

この「倭」は「チクシ」である。なぜなら、この時、大国主は出雲から、「胸形《むなかた》の奥津《おきつ》宮に坐《ま》す神、多紀理毘売《たきりびめ》命」のもとへと赴く途次であるから、この「倭国」は「ヤマト」ではなく、「チクシ」である。金印と同じ、本来の用法なのである。

また「出雲から筑紫へ」のルートは、対馬海流の〝逆流〟に当たる。右の「上る」という動詞の用法は、きわめて自然なのである。

これに対して本居宣長の『古事記伝』では、この「倭国」を「ヤマトノクニ」と〝訓《よ》ん〟だのである。しかし、「ヤマトノクニ」は、「出雲と筑紫」の間には、ない。その上、海流の「上流」にも当たっていない。けれども宣長は、「のちに『大和』に天皇がおられたから、『上る』と言ったのだ。」と〝解説〟した。「大和中心」の皇国史観による〝強引な〟解釈である。けれども、その後の国学者、そして現代の言語学者等も、この「皇国史観流」の解釈に従っている（『古事記』岩波、日本思想体系、石

母田正・岡田靖司・佐伯有清・小林芳規、一九八二年）。

わたしのすでにのべてきたところ、それをここで再説したのは、他でもない。古事記の第一代～第九代の間の「倭」をいかに訓むべきか。それを客観化するためである。

「倭」の使われ方

代々の王者の和名は、わたしの理解では次のようだ。

①神倭伊波禮毘古（カムチクシイハレビコ）命――神武
②神沼河耳（カムヌナカハミミ）命――綏靖《すいぜい》
③師木津日子玉手見（シキツヒコタマテミ）命――安寧《あんねい》
④大倭日子鉏友（オホチクシヒコスキトモ）命――懿徳《いとく》
⑤御真津日子訶恵志泥（ミマツヒコカエシネ）命――孝昭
⑥大倭帯日子国押人（オホチクシタラシヒコオシヒト）命――孝安
⑦大倭根子日子賦斗邇（オホチクシヒコフトニ）命――孝霊
⑧大倭根子国玖琉（オホチクシネコクニクル）命――孝元
⑨若倭根子日子大毘毘（ワカチクシネコヒコオホヒヒ）命――開化

右について解説しよう。

神武天皇は筑紫（福岡県）から、大和（奈良県）に侵入し、この地を支配した。現在は「大和」にいる。しかし、自分が「筑紫から来た」ことを〝誇り〟としている。それが「倭（筑紫）」を冠して

〝名乗る〟こと、そこに表現されているのである。

冒頭の「神（カム）」は、神在《かむあり》（伊勢田）・瀬戸（福岡県糸島市）を「出身地」とすることの表現かもしれない。

これに対して「大倭（オホチクシ）」の場合、一段とイメージが鮮明である。

倭人伝には、次の一節がある。

「使大倭、之を監す。」（「大倭をして之を監せしむ。」とも訓みうる。）

これは、俾弥呼を女王とする倭国内において、

「国国に市有り、有無を交易す。」

とある文言に続いている。すなわち、女王の統率する国々には「使大倭」（使者として「大倭」を名乗る存在）がいて、「市」における「交易」を司《つかさど》っている、というのである。

すなわち、右の④⑥⑦⑧に冠せられている「大倭」は、この職能をもつ存在であることをしめす称号なのである。

言いかえれば、これこそ、

「筑紫の中心国（女王国）と大和の分家（地方権力）」

の関係をしめす、重要な称号なのではあるまいか。

⑨の「若倭（ワカチクシ）」は、右の「大倭」に準ずる存在、その資格をしめすものであろう。

したがって先述の②と⑨の間の「八代の説話」は、同時に「筑紫（母国）との関係をしめす」ため

の説話を含んでいたと思われる。それが「タケハニヤス」以前の「正統性」を語っていたのである。

この点、「最初からの大和中心主義」に立つ本居宣長の場合、

「なぜ『ヤマト』や『オホヤマト』が点々と出現しているのか。」

という「問い」に対する回答が、原理的に不可能だったのである。

「十一王」は誰か

決定的に重要なテーマが、古事記に現れている。第九代の開化天皇の項の「十一王」の記事である。肝心の崇神天皇（御真木入日子印恵命）をめぐる、「王」たちの存在である。

①其の兄《せ》比古由牟須美（ヒコユミスミ）王
②大筒木垂根（オホツツキタリネ）王
③讃岐垂根（サヌキタリネ）王
④日子坐（ヒコイマス）王
⑤大俣（オホマタ）王
⑥小俣（ヲマタ）王
⑦志夫美宿禰（シブミノスクネ）王
⑧沙本毘古（サホビコ）王
⑨袁邪本（ヲザホ）王
⑩室毘古（ムロビコ）王

⑪丹波比古多多須美知能宇斯（タニハノヒコタタスミチノウシ）王
⑫水之穂真若（ミツノホノマワカ）王
⑬神大根（カムオホネ）王
⑭八瓜入日子（ヤツリイリヒコ）王
⑮山代之大筒木真若（ヤマシロノオホツツキマワカ）王
⑯比古意須（ヒコオス）王
⑰伊理泥（イリネ）王――日子坐王の子、幷せて十一王
⑱曙立（アケタツ）王
⑲菟上（ウナガミ）王
⑳朝廷別（ミカドワケ）王
㉑迦邇米雷（カニメイカヅチ）王
㉒息長宿禰（オキナガスクネ）王
㉓息長日子（オキナガヒコ）王
㉔大多牟坂（オホタムサカ）王
㉕建豊波豆羅和気（タケトヨハヅラワケ）王

「～王」の列示は、壮観である。しかし、なぜこの人々が「命（ミコト）」ではなくて「王」なのか。従来は、説明できなかった（「十一王」以外にも、「王」が連続している）。

本居宣長は『古事記伝』において、次のようにのべている。

「さて御代々の皇子たちの御名、此より前は、此記にも書紀にも、みな某命とのみあるを、此に始て二記共に、王とあるは、某王と申すは、実に此王より始まれるか。はた某命と申し、某王と申すは、後の伝説のうへの異のみにて、本より此異あるに非るか。慥には定めがたし。

さて記中、王字を書るは、何れもみな美古と訓べし。」

要するに、「命」とあっても、「王」とあっても、共に「ミコ」と訓めばいい。そういうのである。大変、〝楽《らく》な〟結着点だけれど、本当の説明にはなっていない。わたしには、そう思われる。では、その〝真相〟は何か。

第一に、「王」というのは、東アジアでは、中国の王朝、その天子の配下の称号である。三国時代には「魏」「呉」「蜀」の三国の天子がそれぞれの配下に「大王」や「王」を〝もっていた〟のである。

第二に、したがって右の「崇神前後」の「王」は、魏朝にあらずんば、呉朝の配下の「王」である。先述の「大倭」のような称号は、いわばこの「魏朝の配下の『王』」に当たる存在であろうけれど、特別に、魏朝より「～王」を賜わった形跡はない。

第三に、これに対し、右の「十一王」などの場合、「呉朝の配下」において「王」を名乗っていたものではあるまいか。崇神自身は「魏朝側にいた」ため、あえてこの「～王」を名乗っていないのである。もし、「魏朝の任命下の『王』」であれば、当然「倭人伝」に表記されたことであろう。崇神の初期は、俾弥呼の時代に属していた可能性が高い。壱与の時代とは、必ず〝対応〟しているからである。

第四に、その点、右の「十一王」たちは、「呉朝の配下の『王』」を〝名乗っていた〟のではあるまいか。それが「崇神による討伐挙兵」の大義名分、少なくとも「挙兵の口実」とされたのではあるまいか。

第五に、右のような状況は、当然、「呉朝の滅亡」（二八〇）をもって終結した。その後に現れている「王」は、当然「呉朝」ではなく、「西晋朝」や「東晋朝」、さらに「南朝劉宋」などの南朝側の「配下」としての称号であろう。この点、次の項で詳述する。

ともあれ、この「王」称号のテーマは、見逃がせぬ重要性をもつ。わたしにはそう思われるのである。

「削偽定実」とは何か

この問題を考える上で、決定的な一句がある。それは古事記序文に出ている次の四文字である。

「削偽定実（偽《いつわ》りを削り、実《じつ》を定む）」

これは「天武天皇の言葉」として記されている。「帝紀を撰録し、旧辞を討覈《かく》して」これを行なえ、というのである。ここで、

（甲）偽り

（乙）実

とされているのは、何か。わたしの理解するところを率直にのべよう。

「中国の『南朝』と〝かかわり〟をもつ歴史事実はすべて『偽り』と見なして、これらを削り去る」こと、そして、

「中国の『北朝』との〝かかわり〟のみを歴史上の事実とする、この立場にハッキリと立つ」こと。

以上の二点である。

中国では永らく南北朝の対立がつづいていた。「三一七〜五八九」の二七二年間である。その間、倭国は、東晋から南朝劉宋・斉・梁を経て陳に至った「南朝側」とのみ、交流してきたのである。そのため、北朝側は、「魏書」（北魏の歴史書）をはじめ、歴代の歴史書において、「倭国の存在」自体を〝認めて〟こなかった。「北朝への貢献」を行わなかったからである。

その北朝の系列に立ったのが隋朝であり、やがて唐朝となった。いずれも、右の「二七二年間」には「倭国はなかった」の立場に立っている。

南朝の陳は、五八九年、隋軍の征服をうけて滅亡した。その隋朝を「禅譲」（ゆずりうけ）によって継承したのが、唐朝なのである。その唐朝が、六六二年の「白村江の戦」によって「俀《タイ》国」すなわち、九州王朝を斃した。そして唐軍は敗戦国の日本列島へと「進駐」してきた。そのような「歴史の現実」の中で書かれたのが、右の「古事記序文」なのである。その中のハイ・ライトをなす「削偽定実」とは、当時の「東アジアの常識」そして中国（唐）側の大義名分を受けて書かれた四文字なのである。

この立場に立ったから、「南朝側との交流の歴史」、つまり「三一七〜五八九」の間の、中国側や韓

国側などとの、一切の国交記事が「カット」された。これが古事記の実体なのである。

「削偽定実」は校正作業に非ず

従来の理解について、のべておこう。そこでは、「これまでの歴史書類（帝紀・旧事）を比較検討して、その〝くいちがい〟のあるものに対して、『偽り』と見なせる部分を削り、『実』ということのできるものに〝手直し〟せよ。」

右のような意味として理解してきたのである。いうなれば、これは「正誤表」作りの「校正作業」だ。そんな「校正作業」をもって、

「斯《こ》れ乃《すなわ》ち、邦家の経緯、王化の鴻基なり。」

などと、麗々《れいれい》しく、大上段から「宣言」するものだろうか。わたしには、全く信じることができない。「校正」がいかに〝大切な作業〟であったとしても、それが「国家の運命」を決するような重大事であるとは、到底想像することすらできないからである。

やはり、七世紀から八世紀にかけての、世界すなわち東アジアの「大勢」、その大義名分に合わせた「歴史」にしなければならない。この根本の決意の表明だったのである。

古事記序文の信憑性

ここで、古事記と古事記序文の信憑性について、一言しておきたい。もちろん、その詳細な分析は、機を改めて行わねばならないけれど、今はそのキイ・ポイントのみをのべさせていただこう。

第一に、古事記本文は、全文が上代特殊仮名遣によって正確に記されていることからも判明するように、「本来の伝承」であり、決して後代の造作などではない。

第二に、古事記序文も、その成立時（和銅五年、七一二）における、執筆者、太安万侶の「官職」や「自署名表記」が、続日本紀と一致せず、「ズレ」ている点から、疑われてきたけれども、一九七九年一月二十日の奈良市田原町此瀬において太安万侶の墳墓から出土した墓誌によって、逆にその「信憑性」が確かめられた。この古事記序文は「後代の造作」ではなかったのである。いいかえれば、太安万侶自身の「作文」そのものだったのである。

第三に、しかし、その古事記序文の「内容」そのものには、幾多の「矛盾点」や「困難点」があった。列示しよう。

（その一）〝天武天皇が稗田阿礼に古代伝承の「誦習」を命じた〟とあるが、それから二十数年を経た「和銅五年」まで、稗田阿礼が〝生き延びている〟可能性が果してあったか。その時（天武天皇生存時）直ちに「文字化」できたはずではないか、という点である。

（その二）この序文では「天武天皇」に中心の照明を当て、その業績を〝讃美〟している。しかし「天智天皇の偉業」はすべて「カット」されている。不自然である。「天智天皇の系列下の豪族」がこれに〝満足〟したはずはない。すなわち「天武イデオロギー」のみに〝片寄って〟いるのである。

（その三）天武天皇や元明天皇の業績にふれるさい、中国の歴代、至高の聖天子と「比肩」し、さらに「彼等以上の存在」であるかに賞美している。中国側の「目」にふれれば、彼等（唐朝の有識者）の「激怒」をまねくこと、必然である（後代に、徳川家康が豊臣側の「国家安康」の四文字を「口実」として征討軍を発進させたケースもある）。

（その四）　この序文にのべられた「古事記成立の経緯」は、中国（唐朝）側の著名の述作、『尚書正義』の序文にのべられたところと「酷似」している。いうなれば、「転用」というより「盗用」に近いのである。当然、唐朝の有識者はこれに気づき、元明天皇側の「責任」を問うこととなろう。戦勝者側の「唐朝側からの非難」に対して、果して元明天皇側は、〝泰然〟として対応できただろうか。当然「否（ノウ）」である。

（その五）　この「尚書正義」序文との相関関係、その「酷似」問題については、わたしが一九四五年、東北大学の日本思想史科の学生だったとき、村岡典嗣先生に報告した。それを「古事記序文の成立について――尚書正義の影響に関する考察」として『続日本紀研究』二―八に発表したのが一九五五年八月であった。『邪馬壹国の展開、下巻』（駸々堂出版、一九八三年）にも収録された。

しかし、古事記成立論を論ずる諸家はなぜか、わたしの右の論文にふれずに来ている。

（その六）　したがってこの「古事記序文」は、確かに太安万侶によって書かれ、元明天皇の前に「奉呈」されたものの、元明天皇の「上に立つ」実力者、唐朝の〝怒り〟をおそれて「撤回」された上、存在それ自身が「なかった」こととされた。だから、続日本紀の元明天皇の和銅五年の項にも、一切この「古事記奉呈」の記事がない。〝削られた〟のである。

その古事記の「復活」は、日本の南北朝期における「古事記、真福寺本」の発見、そしてそれを「国学の中心」にすえた、本居宣長の『古事記伝』の登場を待たねばならなかったのである。

これを、さらに日本歴史理解の中心の位置においたのが、「天皇家中心」の「復古」をとげた、明治維新以降の、日本の歴史学界であった。

以上が、古事記および古事記序文に対する、わたしの理解である（大和岩雄氏等の「古事記」と「古事記序文」に対する、貴重な提言に対しては、機を改めて論ずることとしたい）。

二重のカット

以上によって、古事記における「隣国との交流関係の記事」の欠落について、わたしの理解を記した。

そこには、「二重のカット」が存在したのである。

第一は、「崇神天皇側の政治的利害」にもとづく「第二〜九代」の説話削除、いわゆる「八代の空白」問題である。ここでは、三世紀前後における「俾弥呼と壱与の時期」に当たる、興味深い「伝承」が一切「カット」されているのである。

第二は、「中国の南北朝時代における、南朝側との交流記事」の存在した可能性があるが、その一切が八世紀において「カット」されたのである。三世紀と八世紀の「二重のカット」といえよう。

すなわち、古事記は、その叙述自身が「真実（リアル）」であるにもかかわらず、否、そうであるからこそ、同時期の「同時代史料」としての倭人伝との「直接の関連」がない。これが、〝ありていな、その理由なのである。

4　俾弥呼と孔子の断絶

思想史上の展望

歴史学上の直接史料にもとづく限り、倭国の女王俾弥呼と古事記の崇神天皇と、両者を結ぶべき「直接の絆」は見出せない。それは確実である。

しかしながら、視野を「思想史上の展望」という地平から再検討すると、そこには意外にも、重要な「対応」の姿が見出せるのである。本章の最後に、これを論じてみたい。

「鬼道」の「鬼」とは何か

倭人伝に描かれたところ、女王俾弥呼は「鬼道に事《つか》え」る、神秘の女王として描かれている。陳寿が用いた、この「鬼道」というのは、どのようなイメージなのであろうか。今、論語に示された「鬼」の概念を追跡してみよう。

「子曰く、民に務むるの義、鬼神を敬して之を遠ざく。知ると謂《い》う可し。」（雍也、第六）

孔子は「鬼神を敬する」けれども、之を「遠ざく」という。いわゆる「敬遠」の義である。

「李路、鬼神に事《つか》えるを問う。子曰く、未だ人に事うる能わず、焉《いずく》んぞ能く鬼に事えんや。」（先進第十一）

ここでは「鬼神に事える」というテーマが主題になっている。倭人伝で俾弥呼が「鬼道に事える」ことを中心の信条としていたのと、はなはだ「近い」テーマであることが注目せられよう。

けれども、孔子は直接にはそのことの意義を「否定」はしていないけれど、「わがことに非ず」という立場をとっている。俾弥呼の主導する道と、孔子の「儒教」とは、おのずから異なった方向へと向かっていたようである。

「子曰く、禹は吾れ、間然《かんぜん》すること無し。飲食を菲とし、而して鬼神に孝を致す。衣服を悪《あ》しくして、美を黻冕《ふつべん》に致す。宮室を卑《ひく》くし、而して力を溝洫《こうきょく》に尽くす。禹は吾れ、間然すること無し。」（泰伯第八）

ここでは「鬼神に孝を致す」というフレーズを、禹の〝無上のすばらしさ〟の証拠の一つとしている。孔子は、一方では「鬼神に事える」ことに対して「敬遠」しながらも、他方では〝自分以上の〟無類の「ありかた」へと擬している。いわば、自分の未だとどきえぬ「理想の境地」と見なしていたのである。

陳寿は当然、これらの「論語の一節」そして「孔子の言説」を知った上で、倭人伝における、倭国の女王俾弥呼についての、「鬼道に事え」のワン・フレーズを書いている。そのように理解することは、あやまりだろうか。わたしは決してあやまりではない、と思うのである。

しかも、俾弥呼の場合、「鬼神に事え」ではなく、「鬼道に事え」となっている。俾弥呼が、単に「個人的な好み」として、それを行ったのではなく、一個の公的ルールとして倭国の中に樹立していた。その状況を指す言葉、それが「鬼道」の二文字なのである。

「会稽東治」記事の隠された意味

禹は会稽山で没した、という。その会稽山の「東治」領域の東、そこに俾弥呼の女王国があった。それを陳寿は、

「当に会稽東治の東にあるべし。」

と表記した。禹の「鬼神に孝を致す」の遺風を、俾弥呼の「鬼道に事える」ための公的ルールの成立している姿の中に「見よう」としたのである。

この注目すべき一節をもって、単に「地理的位置」の指定とのみ理解するならば、歴史家たる陳寿の「面目」の根本を見失ったものなのではあるまいか。

では、具体的に、俾弥呼の展開した「公的ルール」は、いかなるものであったか。

それをしめすもの、それは「筑後国風土記」である。甕依姫の伝承だ。

甕依姫の伝承

筑前と筑後の間に「狭き坂」があった。その坂に「麁（ソ）の猛（タケル）神」があり、倭国の支配下に入ったあとも、なお戦乱がくりかえされ、人々の「死」が絶えなかった。

「今」（現在。風土記成立時）の筑紫君や肥君等の祖先に当たる、甕依姫が「祝（ハフリ）」（司祭者）となって、（敵・味方の）霊を祭った。その結果、「敵・味方」とも、これに「心服」して、〝争い〟が終結した、というのである。

筑後国風土記は、近畿の語法（「ツクシ」）に立って、「ツクシ」という地名に結びつけて「解説」しているけれど、その「原型」は右のようだったのである。

特に、

「今、筑紫君等之祖甕依姫、為レ祝祭レ之。」

の「今」を「令」と〝手直し〟したために、意味不明、あるいは意味の一変した内容として理解してきたのであった。先述の通りである。

現在、右の叙述を〝裏書き〟している遺跡がある。筑紫野市（福岡県）から吉野ヶ里（佐賀県）に至る弥生遺跡では、「首の斬られた遺体」が、甕棺の中に入れて〝葬られ〟ている。「敵の遺体」を丁寧に〝祭った〟のである。

その上、吉野ヶ里には「一列甕棺」が何層か存在し、その「向き」は、一見〝バラバラ〟である。各遺体の「故郷」に向かって、それらの遺体を〝葬った〟のであろう。

いずれも「敵の遺体に対する、深き思いやり」の表現である。テレビのCMに読まれているように、「思いは見えないけれど、思いやりは誰にでも見える」（宮澤章二「行為の意味」）のではあるまいか。わたしはそう思う。俾弥呼のしめした「敵の遺体に対する思いやり」は、三世紀から二十一世紀まで、遺跡の中に残されて、心ある人々にはクッキリと「見えている」のである。これが女王俾弥呼の残した「鬼道に事える」彼女の真実（リアル）な痕跡だったのである。

「日吉神社」に見る祭祀

目を古事記に転じよう。崇神記である。

「不倫の子」崇神天皇は「正統の子」建波邇安《たけはにやす》を殺した。山代（京都府）と河内（大阪府）で、建波邇安側を打ち破ったのである。

その建波邇安の母親は、河内の豪族の出身だった。

「又河内の青玉の女、名は波邇夜須毘売（ハニヤスビメ）を娶《めと》して、生みませる御子、建波邇夜須毘古（タケハニヤスビコ）命」（孝元記）

とある通りである。その「河内」を出身とする母親の子、建波邇安を殺したのだった。

ところが、そのあと、崇神は注目すべき行動に出た。大物主（オホモノヌシ）大神が崇神の夢に現れて、「意富多多泥古（オホタタネコ）を探し出して、彼に自分を祭らせよ」と言ったというのである。

「河内《かふち》の美努（ミヌ）村に其の人を見得て貢迎《たてまつ》りき。」

という。その「意富多多泥古命」を「神主（カムヌシ）」として、御諸《みもろ》山で意富美和（オホミワ）の大神の前を拝《いつ》き祭った、という。有名な伝説である。

「夢告、云々」は、ことを〝正当化〟するための〝常套手段〟だ。問題は、崇神にとって「敵手」であった河内出身の豪族の中から、〝土地の名士〟を見出して、彼に大物主命を祭らせていることである。「大物主命」は、出雲の神「大国主命」と〝同神〟だという。本来は、銅鐸圏側の主神である。それを〝祭らせ〟ているのである。「敵を祭る」祭祀となっている。あの吉野ヶ里でも、あの遺跡の「真の中心」は、日吉《ひよし》神社の祭神大山喰（オオヤマクイ）命。出雲系の在地神である。この「敵側の主神」を祭った遺跡なのである。これと同一の「方法」なのである。

これは、あの倭国の女王、俾弥呼の「鬼道」と一致している。これは果して偶然の一致なのであろうか。

崇神は俾弥呼を知っていた

倭国の女王俾弥呼と崇神天皇との「間」を考えてみよう。

第一に、俾弥呼は筑紫の女王である。筑前の女王だった。博多湾岸とその周辺を中心拠点としていた。

これに対して、崇神。朝鮮半島の東南端、「任那（ミマナ）」を拠点としていた。倭国の一端ともいうことができる。「任那」の「任」は「壬」。「北方」を意味する文字だ。倭国の、倭人側による「造字」である。少なくとも、博多湾岸の「周辺」に当たっていること、疑いがない。

第二に、俾弥呼は三世紀前半の女王である。崇神は三世紀前半から後半にかけて、「俾弥呼と壱与の時代」にその活躍の時代が当たっている。

かつて「古墳時代」は四世紀はじめ以降とされていた。しかし、現在は三世紀前半、「二〇〇～二五〇」の間にあるとされた。「C14」の成果である。

したがって崇神の初期は、俾弥呼の「晩年」に当たる。崇神は、呉の孫権の時代から呉の滅亡に至る「激動の三世紀後半」を、主たる活躍時期とした、出色のヒーローだったのである。

以上の状況から見れば、

「崇神は俾弥呼を知っていた。」

この一事を疑うこと、わたしには到底不可能である。

すなわち、右に挙げた「崇神と俾弥呼との業績の〝対応〟」は、決して「偶然の一致」や「偶然の対応」ではありえないのである。

「敵を祭る」――この一事において、崇神が俾弥呼の「鬼道」をうけついでいたという可能性は限りなく高い、といわなければならないのである。

この点、「俾弥呼と崇神の辿った道」は、孔子の立場とは、相反していた。この点を、さらに分析して見なければならない。

孔子の思想とは異なる

「子曰く、其の鬼に非ずして之を祭るは諂《へつら》うなり。」（為政第二）

これにつづく言葉は有名である。「義を見て為《せ》ざるは勇無きなり。」この前提となっているのが、右の「其の鬼に非ずして云々」の一節なのである。

「其の鬼」とは〝自分の先祖の霊〟を指す。先に挙げた、孔子が禹を讃美する一節に、

「而して孝を鬼神に致す」

と言っていたように、〝自分の先祖の霊を祭る〟ことに対して「孝を致す」と表現しているのである。これならば、讃美の対象なのである。

ところが「自分の先祖の霊でない者を祭る」行為に対しては、断乎「否」だ。「諂《へつら》う」という、最大の罵《ば》声をあびせているのである。「敵を祭る」などは、美徳どころか、もっとも〝いやしむ〟べき行為とされている。

ここに、わが国の俾弥呼や崇神の選んだ「道」と、孔子の道とは、あまりにもクッキリとちがう。両者は、断絶しているのである。

敵祭の淵源

倭国の女王、俾弥呼と崇神の辿った道は、彼等の「独創」ではなかった。その淵源をしめすものは「大祓（オオハラヘ）の祝詞《のりと》」である。六月と十二月の晦《つごもり》（末日）に行われる、有名な祝詞である。そこでは、

（A）「天つ罪」

（B）「国つ罪」

の両方を「祓《はら》へたまひ清めたまふ」ことを祈る祝詞だったのである。

「高天の原に神留《かむづま》ります」神は当然「天《あま》つ神」であるけれど、その「天つ罪」と共に、相対する「国つ罪」をも許すよう、求めているのである（古田武彦『まぼろしの祝詞誕生』新泉社、参照）。

「敵祭」という日本の伝統　弘仁四年（八一三）六月、最澄の記したところ、とされている「長講金光明経会式」には「桓武天皇ノ御霊等」と並んで、

「東夷毛人ノ神霊等」

「結恨横死ノ古今ノ霊」

に向かって、その冥福が祈られている（古田武彦『親鸞思想』明石書店、二六〇ページ、参照）。

この「道」は、楠正成にも受け継がれた。赤坂の千早城に、自分の側（南朝）以上に立派な墓碑が、敵（北朝、北条側）側のために建造されている。

近代に入っても、乃木希典が「敵（ロシア）を祭る」立場に左坦《さたん》（賛成）していること、知る人ぞ知るところである（松本郁子『太田覚眠と日露交流』第Ⅰ部第五章、ミネルヴァ書房、参照）。

この「道」は、現代の日本でも、公的に受け継がれている。大下隆司氏が「敵を祀る――旧真田山陸軍墓地」（『古田史学会報』七六号所収）でも紹介されたように、大阪市の中心、真田山にある旧陸軍墓地においても、この立場が確実に表現されているのである。第一次大戦のドイツ兵や日清戦争にお

ける清国兵の墓碑が今も存在している。

第二次大戦の後に「裁判」の名において敗戦国側の将兵を処刑し、「戦犯」扱いを日本の全国民に対してPRしつづけた連合国とは、〝異なった〟立場がここには見事に表現されているのである。いずれが、人類の未来を決すべき普遍の「道」なのであろうか。

「祝詞」を淵源とし、女王俾弥呼によって宣明された「鬼道」こそ、より普遍的な、地球の未来を正しく指ししめすものなのではないか。日本と世界の思想史の中で、俾弥呼はなお生きている。そしてその未来において、いよいよ大きく生きつづけ、復活するのではあるまいか。わたしはそれを信ずる。

俾弥呼は永遠の女王である。

第十一章　「万世一系」論の真相

女王俾弥呼に対する、わたしの研究は、陳寿によって書かれた倭人伝によって始まった。その陳寿の質直にして的確な叙述に導かれて、ここにまで書き至ったのである。

1　陳寿の誤認

わが恩師、陳寿

第一書『「邪馬台国」はなかった』の序文末尾に書いたように、わたしにはただ「陳寿を信じ通す」ことだけが目標だった。すべての研究、すべての思索、それらを導くべき唯一の指標が、この一語だったのである。

それゆえわたしは今、本書を書き終えるに当たり、その陳寿の「あやまり」についてふれたいと思う。否、ふれる、などという言葉は適切ではない。たった一つの陳寿の「あやまり」が、わが国の歴史観、八世紀以来、この二十一世紀に至る、代表をなす通説を大きく歪《ゆが》めてしまったこと、その肝心のテーマを一点の容赦もなく、書き尽くしたいと思う。それこそが、わたしの終生の恩師というべき陳寿に対する、唯一の報恩の道だと、信じているのである。

「二倍年暦」に気づかず

それは次の一節である。

「その人寿考、あるいは百年、あるいは八、九十年。」

「寿考」とは〝長生き〟のことである。倭人は〝長命〟であって、百年ないし八、九十年生きる、とのべているのである。すでに今まで、くりかえしのべてきたように、倭国の暦は、「二倍年暦」であった。今でも、パラオ島などで「実用」されている、「半年」を「一年」と数える暦、その系列下にいたのである。それは日本の神社が「春と秋」二回のお祭りをするケースが一般であること、またお盆（後代の仏教と同化）と正月という形で「年に二回」の長期休暇が慣例であったこと、また後にも詳述するように、古事記・日本書紀の天皇の寿命が、同じく「八十～九十歳」の〝平均年令〟で書かれていること、等々、その実例に事欠かない。

中国側でも、倭人伝の裴松之《はいしょうし》注に、魏略からの引用として、

「その俗正歳四節（時）を知らず、ただ春耕秋収を記して年紀となすのみ。」

とあるのも、この「二倍年暦」の表現だと思われる。けれども、この場合も「正歳四節を知らず」として、「マイナス」の評価しか与えていない。自分（中国）側の「暦」を〝絶対視〟する視座にとどまっているのである。

ともあれ、陳寿もまた、一方では「現地（倭国）の倭人からの、正確な聞き取り」を厳密に採録しながら、それが中国側とは異なった「独自の暦の制度」を背景にしていた、という、肝心の一事に対して、明敏なる陳寿の「目」は、おおわれていたのである。これが唯一ともいうべき「陳寿の錯失」だったのである。

後世への歪み

この「陳寿の錯失」は、後代（八世紀）の近畿天皇家の「公的な歴史観」に対し、〝奇妙な、そして重大な歪《ひず》み〟を与えることとなったのである。養老四年（七二〇）成立の、公的な歴史書、『日本書紀』の編成に対してその「時間軸」に、一筋の亀裂を与えているのである。

この『日本書紀』編成の〝元《もと》の歴史書〟（Q）では、例の「二倍年暦」で、その全体が編成されていた。たとえば、天皇の寿命を見ても、「百三十七歳」（神武天皇）「百二十歳」（崇神天皇）等、いずれも「事実」としては、ありえない寿命である。

「天皇をあがめて、長命として記したにすぎない」

などと、「合理化」した説明を加えようとしても、例の「二倍年暦」の限度を超える、たとえば「二百五十歳」などという天皇寿命は全く出現していない。「二倍年暦」の範囲を「上限」とする「真実度（リアリティ）」をもつ。それを疑うわけにはいかないのである。要は、歴史書の「いのち」である、「時間」を記録する「方法」のちがいにすぎないのである。この重大な「時の数え方」、〝元《もと》の歴史書〟（Q）が採用していた「時間の物差し」の正体を（信じられぬような、ずさんさだが）、日本書紀の編成者は全くこれを知らなかったのである。なぜか。

「日本書紀」編者は倭人伝を見た

それは、倭人伝のせいだった。陳寿の記した、唯一の「あやまり」を、日本書紀の編者は〝信じた〟のである。

「倭人は、寿考。長生きだった。」

この「陳寿の証言」を〝信じた〟のである。

もちろん、日本書紀の編者、舎人親王とその配下の人々が、直接そう書いているわけではない。では、なぜ、それが分かるのか。

最初にものべたように、日本書紀の神功皇后紀には、三国志の魏志倭人伝から三カ所の引文をしている。

「三十九年。是年《ことし》、太歳己未。魏志に云はく、明帝の景初の三年の六月、倭の女王、大夫難升米等を遣して、郡に詣りて、天子に詣らむことを求めて朝献す。太守鄧夏、吏を遣して将《ゐ》て送りて、京都に詣らしむ。

四十年。

魏志に云はく、正始の元年に、建忠校尉梯儁等を遣して、詔書印綬を奉りて、倭国に詣らしむ。

四十三年。

魏志に云はく、正始の四年、倭王、復使大夫伊聲者掖耶約等八人を遣して上献す。」

以上によって見れば、日本書紀の編者が「魏志倭人伝を見た」ことは、確実なのである。

ということは、先掲の「陳寿のあやまり」としての「倭人、寿考」の一節をも、当然「知っていた」と考えざるをえないのである。

日本書紀編者は無批判に転用した

ことは「知っていた」だけではなかった。日本書紀の編成者は、眼前の「元《もと》の歴史書」（Q）の依拠していた「二倍年暦」の「時間表示」を、そのままの形で、新しい歴史書としての日本書紀に「転用」したのである。

「そのまま」というのは、換言すれば、それを「正しい年時記載」と見なして、日本書紀の「時間編成」に再利用していったのである。

日本書紀が次のような「時間構成」を採用していたこと、研究史上、すでに「周知」である。

（その一）神功皇后の「時期」を、倭人伝に記された「時間帯」である、三世紀に相当させる。

（その二）右以前を「二倍年暦」のままで（「二倍年暦」へと変更せずに）、「切り取り」、そして「貼りつけて」いった。

（その三）その結果、神武天皇の「即位」時点は、「前六六〇年」に相当することとなった。

右は、現在すでに、「常識化」されている、日本書紀に対する理解であるけれども、あえて今、それを採り上げたのは、他でもない。次の一点の確認のためである。

「日本書紀の編成者は、『二倍年暦』のもつ意義を全く理解していなかった。」

と。すなわち、「陳寿のあやまり」を「信じ」て、「古代の倭人の寿命は長かった」そのように、まさに〝思いこんで〟いたのである。それでなければ、右のような「切り取って」そのまま、それらを

「貼りつける」作業など、到底不可能だからである。

陳寿の場合は、「倭国」という〝他国〟に対する「時間軸」の理解、ハッキリいえば「誤解」の問題であった。陳寿自身は倭国へ行ったことがない。代って、倭国に行き、倭国に滞在した魏使の報告に依拠した。それに対する、彼の解釈としての「誤解」の問題だったのである。

しかし、日本書紀の場合は、全くちがう。彼は明らかに、日本列島の八世紀の近畿天皇家の史官たちなのである。舎人親王以下、全員がそうだ。にもかかわらず、彼等は眼前の「元《もと》の歴史書」(Q)の正体を全く知らなかった。無知だったのである。この事実の意味するところは、何か。なぜ、このような事態が生じたのであろうか。「問い」は、そのように進まざるをえないのである。

二つの史書における王朝の断絶

もっとも平凡なテーマ、万人自明のテーマを、正面から見つめ、率直に考えるとき、至り着くべき回答は、恐るべきテーマ、もっとも非凡な回答とならざるをえないのである。いわく、

「『元《もと》の歴史書』(Q)と日本書紀との間には、王朝が断絶している。」

と。この一事を前提にしなければ、右のような経過が生じうる可能性はない。絶無なのである。

陳寿のいた中国、魏晋朝と倭国とが「別王朝」であるように、八世紀の日本書紀を編成した舎人親王たちと、彼等が「再利用」した、「元《もと》の歴史書」(Q)とは、別王朝の人間、そして別王朝の産物である。論理はわたしたちを、そのような帰結へと否応なく導くのである。

では、その「別王朝」とは、何物なのであろうか。わたしたちはここに、ようやく問題の核心にふ

れることとなったようである。

この問題に対する、正当な回答をえるために、日本列島における「二倍年暦」と「一倍年暦」（現在の通例の暦）との「接点」がどこにあるか、改めて確かめてみたい。

継体天皇の寿命

幸いにも、この問題は、日本書紀と古事記の「継体天皇の寿命」記載を比較すると、直ちに判明する。

（A）日本書紀――「継体紀二十五年。天皇崩㆓于磐余玉穂宮㆒。時年八十二。」

（B）古事記――「継体記。天皇の御年、肆拾参歳《よそぢまりみとせ》。（四十三歳。）」

右を比較すれば、一目瞭然、この段階ではすでに「二倍年暦」の日本書紀と「一倍年暦」の古事記との「接点」が見出される。日本書紀では、「元《もと》の歴史書」（Q）の「二倍年暦」に立って記載されているのに、古事記では、約二分の一近い数値が「継体の寿命」とされているからである。

古事記では、継体よりあと、「天皇の寿命」の記載がない。

これに対して、日本書紀の場合。

安閑天皇――「時に年七十。」

宣化天皇――「時に年七十三。」

右の二例とも、「二倍年暦」の延長の可能性が高いけれども、正確には不明である。

欽明天皇――「時に年若干。」

この〝奇妙な表現〟には、「二倍年暦」の立場の暦と「一倍年暦」の立場の暦と、二つの「暦年」の「接点」にあって、「表記不能」に陥った状況が推察されるものの、やはり、厳密には不明である。

以上から観察できること、それは「継体天皇の即位」が、一つの重要な転換点となったらしい、という状況である。

八世紀の元明天皇（古事記成立）と元正天皇（日本書紀成立）の王朝は、「継体天皇を受け継ぐ王家」であり、それ以前の「二倍年暦」の王朝とは、深い、そして重要な「時間軸の断絶」をもっていた。

――この帰結がハッキリと指されているのである。

神武天皇の即位はいつか

いまは「推測」に基礎をおくのではなく、確実な「事実」の上に歴史認識の基礎をすえたい。それは、日本書紀の採用した「時間軸」の結果、神武天皇の即位が「前六六〇の年」という、とてつもない「反、歴史事実」へと到達せざるをえなかった、という一事のもつ、真の意味である。

現在の、いかなる「皇国史観流」の研究者といえども、これを「歴史事実」として肯定し、あえて主張する論者はいないであろう。なぜなら、もしこれを「歴史事実」とするならば、この「前六六〇」時点をもって「大和（奈良県）」に「三種の神器」をもつ遺跡が出現しはじめねばならぬからである。とんでもない「背理」であると言う他はない。

このことのもつ意味、歴史上の意義は何か。日本書紀を編成した、八世紀の天皇家の史官たちが、「前王朝」が延々と使用しつづけてきた、「元《もと》の歴史書」（Q）における「時の基準尺」であった「二倍年暦」の真実《リアル》な意義を、一切理解していなかった。このありていな事実の「証言」である。八世紀の天皇家は、六世紀中葉以前（武烈以前）の王朝とは「別王朝」であり、その伝承は継続していなかった。――この厳たる事実である。

明治維新以後、天皇家は「万世一系」をもって自家の誇称とした。明治憲法の第一章第一条における、「大日本帝国ハ万世一系ノ天皇之ヲ統治ス」の大宣言は、あくまで「徳川三百年」に対比して、天皇家の〝悠遠さ〟をＰＲするための「名文句」にすぎず、決して歴史の真実を点検し、それを正直に圧縮した一句ではなかったのである。

まして、敗戦後、日本書紀における「神武天皇即位」の年の「月日」と信ぜられていた「二月十一日」をこれに当て、日本国家の「建国記念の日」としたのは、いわば「正解」だった。図らずも、それは天皇家が「継体以後の新王朝」であり、それ以前の「元《もと》の歴史書」（Ｑ）を現わしてきた「古き王朝」との間に、明確な「断絶」をもち、歴史書の基準をなす「時のものさし」さえ決して共有してはいなかった、その事実を明確に証明するもの、それがこの「神武即位年」の存在に他ならなかったからである。

敗戦後に「定説化」させた、津田左右吉の「造作説」を〝免罪符〟とした上での、いわば「象徴」的な立場に立つ「国家の決定」だったかもしれない。しかしそれは、皮肉にも、「王朝の変動と断絶」を立証する上での、無二の意義深き月日を採り上げるという、絶好の「選択」となっていたのである。

2　古事記の誤認

以上は、日本書紀の提起したテーマである。これに対して古事記の場合、独自の貴重な証言が存在する。

五百八十歳説

天照大神の孫、邇邇芸命《ニニギノ》が大山津見神の二人の娘、石長比売《イハナガヒメ》と木花之佐久夜毘売《コノハナノサクヤビメ》姉妹のいずれと娶《めと》るかについてである。不美人の姉を捨て、美人の妹を採ったという。

「故《かれ》、是を以ちて今に至るまで、天皇命等《すめらみことたち》の御命長くまさざるなり。」

と。この「タタリ」で、歴代の天皇等の寿命は「短くなった」というのである。

しかし、実際は、古事記では歴代天皇の寿命は、先述の「継体天皇のケース」を除き、すべて「長命」である。「二倍年暦」だからである。では、右の評言は、一体何を意味しているのであろうか。

この疑問を解く鍵は、古事記上巻末尾の次の一節にある。

「故《かれ》、日子穂穂手見命（ヒコホホデミノミコト）は、高千穂の宮に伍佰捌拾歳《いほちまりやそとせ》（五百八十歳）坐《ま》しき。」

先の「ニニギノミコト」と「コノハナノサクヤビメ」との間に生まれた三人の子供があった。

①火照命（ホデリノミコト）――海佐知毘古（ウミサチビコ）

②火須勢理命（ホスセリノミコト）

③火遠理命（ホヲリノミコト）――山佐知毘古（ヤマサチビコ）＝天津日高（アマツヒタカ）日子穂穂手

見命（ヒコホホデミノミコト）

右の第三子「ヒコホホデミノミコト」が高千穂の宮に「五百八十歳」いた、と言っているのである。これに比すれば、せいぜい「百何十歳」前後の〝代々の天皇の寿命は短い〟そういう趣旨の評言が、先述の歴代の天皇等の寿命が「短くなった」という、短命説の〝淵源〟だったのである。

一応は、表面の「つじつま」が合っているかに見えよう。しかし、この「五百八十歳説」の背景には、ここにもまた「甚大な錯覚」が横たわっていたのである。

五百八十歳説の真相

わたしがこれに気づいたのは、糸島市の手塚誠さんのお宅を訪れたときだった。わたしの訪問の直接の目的は、「クシフルタケ」の確認のためであった。故・原田大六さんから、眼前にそそり立つ高祖山に、この地名があることを教えられた。その文書の有無を問うと、この手塚誠さんのお宅にその文書が存在することを教えられたのだった。手塚さんは前原町椚《くぬぎ》（現・糸島市）の、旧家の方だったのである。

早速、訪問すると、黒田長政の書状をお見せくださった。第三書『盗まれた神話』の第七章「天孫降臨地の解明」にその写真を掲載している。

ところが、思いがけぬ「副産物」があった。「こんな系図があります。御覧になりますか。」と。喜んで早速お願いして拝見したところ、驚いた。何と、その系図は、代々「同じ名前」の〝連続〟なのである。ようやく、明治以後、「誠さん」の何代か前から、やっと「別々の名前」が出てくるのである。

「何ですか、これは?」

と問うと、

「分かりません。こうなっていますから。」

とのこと。これがのちに、重大な「真実を明かす」ヒントとなった。これは日本の各地にある「襲名の系図」なのである。幼名や実名は、別にあるであろうけれど、「正規の名」それが、代々「同一」なのである。

歌舞伎などの「襲名」は有名だ。「團十郎」などの「襲名披露」の公演がもよおされること、周知のところである。あのケースの淵源は、せいぜい江戸時代前後からのものかもしれないけれど、この「襲名」という風習自体は、日本列島の各地で、それぞれ、かなり古い淵源をもつものなのではあるまいか。歌舞伎のケースなどは、いわばその「名残り」なのである。

この時、接した系図も、その「襲名系図」の一つだったのである。はじめて見た。しかし、その見聞が、古事記の「五百八十歳説」の真相をわたしに教えてくれた。これも、「ヒコホホデミノミコト」という、伝統ある「正規の名称」の「襲名」なのである。この「襲名系図」が「五百八十年つづいた」と言っているのである。何の不思議もない。

たとえば、佐賀県有田の窯元深海焼の系図でも「市郎」が襲名（第五～九代）として用いられている（中村通敏氏の御教示による）。

問題の本質に迫ろう。

古事記の編者は、これを知らなかった。「五百八十歳」が「襲名年齢」であることを知らず、一個人の寿命と「錯覚」した。そのため、「百何十歳前後」の天皇の寿命を「短命」と判断してしまったのである。

「万世一系」に非ず

すなわち、「ヒコホホデミノミコト」の王朝と、古事記の編者の属する王朝とは、断絶し、その間の「本来の伝承」を見失ったまま武烈天皇（継体以前）に至っていたのである。

ここでも「万世一系」など、失礼ながらとんでもない「明治の空言」にすぎなかったことが判明しよう。「万世一系」をもって、あたかも「神秘な、日本の皇室の代々の真相」であるかに〝言いなす〟人々は、ありのままの事実を見ず、自己の好む「イデオロギー」に合わせて、ただ「物語って」いるにすぎないのではあるまいか。

それが「国益」と名付けられようと、「保守」「愛国」と呼ばれようと、それが歴史の真実から目をそむけるものである限り、真の愛国にあらず、真の国益にもなりえない。そのような「擬似、愛国主義」に頼らずとも、心の奥底より、わたしは日本を愛する。日本の未来を静かに愛する、真の愛国者でありたい。そのように平常願いつづけているのである。

3 「武烈悪逆」の歴史的意義

私の根本方針

自明のテーマ、それはその時代の盲点である。否、肉体の「目」のめしいた人々の心眼にこそ、それはハッキリと見えるものかもしれない。逆に、その時代の教養のもとに生まれ育ち、快き地歩を占めてきた、すべての「目明き」の人々の目には、見えなくなっているにすぎぬものなのかもしれぬ。

たとえば「邪馬台国」、この名の国がどこにあるか、論議はかまびすしく、多くの書籍が図書館や書店の棚を占めたけれども、その「邪馬台国」という国名自体が「否（ノウ）」であること、その国名から出発する限り、わが国の古代史の真相は、霧中の幻のように消え去ってしまうこと、その一点に鋭く注目する識者はいなかった。政治家も、教育者も、新聞・雑誌・テレビ等、あらゆるメディアもまた、わが事にあらずとして「風馬牛」をきめこんできて、すでに年久しいのである。

たとえば「万世一系」、明治憲法の第一章第一条に日本国家の根本理念として掲げられ、大東亜戦争（太平洋戦争）開戦の詔勅にも、その大前提として掲げられた。

敗戦によって、その明治憲法は廃止せられ、新憲法がそれに代った。代ったけれども、「象徴」の名において、その「万世一系」のイメージは保存され、日本国民の間に浸透させせられていった、それが敗戦後の六十数年間ではなかったであろうか。

敗戦後に「定説」とされた津田左右吉の造作説も、当人が再三言明しているように、決して従来の皇室に対する根本のイメージを「否定」するものではなく、逆にそれを「保存」するために必須と、彼に信ぜられたための「造作説」にすぎなかったのである。だからこそ、敗戦後の「定説」の座を与えられたものとも、言いうるのかもしれない。

わたしの立場は、これらに反する。なぜなら、わたしの目的とするところは、一つだけだ。歴史の真実を明らかにする。それ以外には全く関心をもつことができないのである。それ以外の、何等かのイデオロギーに依拠して、歴史史料を解釈し直す、などという作業には、一片の食指すら動かしえないのである。たとえば「親、天皇家」、たとえば「反、天皇家」といった立場、そういうイデオロギー主導の、いわゆる「歴史学」と、わたしの目指す歴史学との間には、何一つ共通するところはない。別天地の別次元の存在にすぎないのである。

武烈紀の記事

本書でしばしばのべてきた、わたしの根本方針、それを改めてここに再説したのは他でもない。日本書紀に麗々しく明示されている「武烈天皇の残虐記事」が、敗戦前も、敗戦後も、一切その「史料」としての意義が問われていない。歴史学の対象とされずに来たからである。

武烈紀の冒頭に言う。

「（皇太子として）獄《うたへ》を断《ことわ》ることに情《まこと》を得たまふ。又頻《しきり》に諸悪《もろもろのあしきこと》を造《し》たまふ。一《ひとつ》も善《よきこと》を修《をさ》めたまはず。凡《おほよ》そ諸の酷刑《からきのり》、親《みづか》ら覧《みそな》はさずといふこと無《な》し。国《くに》の内《うち》の居人《おほみたから》、咸《ことごとく》に皆震《みなふる》ひ怖《お》づ。」

　やがて武烈は天皇となり、その残虐を極めた実状が例示される。

「二年の秋九月に、孕《はら》める婦《をみな》の腹《はら》を刳《さ》きて、其の胎《このかたち》を観《みそなは》す。三年の冬十月に、人の指甲《なまつめ》を解《ぬ》きて、暑預《いも》を掘《ほ》らしむ。」

「四年の夏四月に、人の頭《かしら》の髪《かみ》を抜《ぬ》きて、樹《き》の巓《すゑ》に昇《のぼ》らしむ。樹《こ》の本《もと》を斬《き》り倒《たお》して、昇《のぼ》れる者《ひと》を落《おと》し死《ころ》すを快《たのしび》とす。」

「五年の夏六月に、人をして塘《いけ》の楲《ひ》に伏《ふ》せ入《い》らしむ、外《と》に流《なが》れ出《い》づるを、三刃《みつは》の矛《ほこ》を持《も》ちて、刺《さ》し殺《ころ》すことを快《たのしび》とす。」

「七年の春二月に、人《ひと》を樹《き》に昇《のぼ》らしめて、弓《ゆみ》を以て射堕《いおと》して咲《わら》ふ。」（岩波、日本古典文学大系本による）

　以下、転写しがたいほどの「残虐と非道と美食」を、武烈天皇はくりかえし好んでその治政を終えた、というのである。本当だろうか。

　古事記の武烈記には、一切この種の記載はない。八年前（七一二）成立の古事記を〝消し〟、新たに作られた日本書紀にとって、いわば「不可欠の記事の一つ」に、右の武烈紀があった。そのように見なさざるをえないのである。なぜか。

武烈と継体の間

　もちろん、右に明記されたような記事の一つひとつが実際に存在したかどうか。わたしたちには知ることができない。〝狭い〟意味での「実証主義」に立つ限り、実証は不可能なのである。

しかし、明らかな事実がある。八世紀の天皇家、元正天皇の「近畿天皇家」にとって、この武烈紀の記載が「不可欠の重要事」と見なされていた、という事実である。それでなければ、他愛もない、一人物の一断片とは異なり、これほどの「天皇の非道」記事を強烈に長文「掲載」できるはずはないのである。

「では、なぜ、必要だったのか。」——この問いに対する回答は、容易である。なぜなら、この「武烈のあと」に、新たに天皇となって即位した継体天皇が、従来の「大和」の天皇位継承の可能性をもつ、近畿周辺の豪族ではなく、はるか離れた北陸（福井）出身の豪族だったからである。すなわち「武烈と継体との間」には、正当な連続性が存在しなかった、この一事以外には、これほどの「武烈非難の記事」が「定置」された理由は考えられないのである。

「武烈悪逆」の理由

日本書紀の継体紀では、この天皇について

「誉田《ほむだ》天皇の五世の孫」

と書くだけで、その誉田天皇（応神天皇）と継体天皇との間の「五世」の記述がない。

今は周知のように、釈日本紀に引用された（上宮記逸文）に、この「五世」に当る、

「応神天皇——若野毛二俣王——太郎子（意富々等王）——乎非王——汗斯王——乎富等大公王（継体天皇）

の名があげられている。

この「五世」の系譜によって、「天皇の（男系）系図は、一貫している」と〝主張〟する論者がいるけれど、「強弁」である。なぜなら、もしそうであれば、右の「五世」を日本書紀自体が〝省略〟しているのは、矛盾である。何をさておいても、「中心軸」として記載すべきなのである。それをしないのは、「一貫していない」事実を日本書紀の編者が〝知悉〟しているからである。

右の「五世」が、どの程度の「中心的意義」をもっているか、もっていないか、八世紀の天皇家とその周辺の人々にとって、それこそ「周知」のところだったからなのではあるまいか。

なにより、それほど右の「五世の一貫性」が堂々たるものであったとしたら、何も直前の「正統をなす王者」の武烈天皇を、あれほどの破廉恥無比の無道者に〝仕立てる〟必要など毛頭存在しなかったであろう。

日本書紀の「武烈紀」は、まさにその「執筆動機」において絶対に看過できぬ重要性をもっているのである。

津田左右吉の「造作説」

これを「救済」しようとしたのが、津田左右吉の「造作説」だった。長文であるが、論旨の重要性のために、次に引用しよう。

「武烈紀には既に述べた如く、古事記の清寧の巻に見える歌垣の物語を改作した話があるが、何故にそれを顕宗天皇から取離して武烈天皇に結びつけたかといふことは、後の問題として、こゝでは且《しば》らくそれが、本来、武烈天皇に関する話では無かったといふことを注意するにとゞめる。ところが、それを除き去ると、残るところの大部分は、天皇が暴虐の君主であったといふことを示すいろ〳〵の事件を、年代記別に列挙したものである。

そこで問題は、かういふ年代記的記載、即ちこれらの事件を、某の年某の月にかけて記してあること、にどれだけの事実らしさがあるかといふこと丶、事件そのものが歴史的事実と見なされるかどうかといふこと丶であるが、第一の問題については、もし斯かる暴虐の君主があつて斯かることをしたのならば、それは屢々反覆せられた日常の行動であつたはずであり、或る年或る月に於いてのみ或ることが行はれたとは思はれぬことを、考ふべきである。

次に第二の問題については、一々の事件が、あまりに極端な、むしろ故《ことさ》らに考慮した上でなければ思ひもつかぬやうなことであり、さうしてそれは、我が国に於いては何時の世にも例の無いことであるといふこと、（中略）これらの諸項を亘《たがひ》に参照して考へ、さうして全體の上からそれを観ると、武烈天皇に暴虐の行があつたといふのは、事實に根拠のあることでは無く、支那風の暴君虐主を文字の上で現出させたに過ぎないものであることが、推測せられはすまいか。」（『日本上代史研究』第三章、岩波書店、昭和五年、一一六〜一一八ページ）

「かう考へて来ると、武烈紀に見えてゐる暴虐の行も亦《ま》た、一方に上代の聖王の話があるのに対して、他方に暴君虐主があつたやうに記されてゐる支那の典籍の外面的模倣に過ぎないことが、おのづから明かになつたであらう。雄略紀や斉明紀、天智紀などに見える非難の言に至つては、いふまでもあるまい。たゞ、前朝の君主に對しては、如何なる悪行をも放つて憚らない代り、時の王朝については常に諂諛《てんゆ》の辭をつらねるのが支那人の風習であるのに、書紀の編者があの如き記事を作つたのは、我が國が易姓革命の支那と同じでないことを知つてのしわざでは無く、さういふ支那人の風習を解し得なかつたからであらう。」（同右、第五章、二七三ページ）

「推古紀に隋を大唐と書き改めてあるのも王朝更迭の意義を解せず、少なくともそれを重要視しなかつたかららしいことを、参考すべきである。」（同右）

右では、日本書紀の武烈紀の「暴虐記事」自体の信憑性を〝疑う〟ことに終始し、この箇所（武烈紀）に、なぜこれほど強烈に、執拗に、この「暴虐記事」を掲載したか、という肝心の「歴史事実」の意義そのものが追求せられてはいない。ただ「支那人の風習を模倣しただけ」というのでは、あまりにも〝放漫〟かつ〝ずさん〟である。たったそれだけの「修辞」や「修文」のために、自家の「万世一系」たるべき「一貫した皇統」の尊厳を否定する。それでは、あまりにも〝バランスが悪すぎる〟そう感ずるのは、わたしだけであろうか。

最後の引文にもあるように、「支那人の風習は、王朝更迭」であり、それに対してわが国は「王朝更迭」なき「万世一系」であるという観念が大前提となっている。一人の王者、個人の行為などは、常に「真・否」は測定できない。当然のことだ。

これに対して、明白な歴史事実は、一個の権力者をもって「最悪の人物」として明示する、その事実のもつ歴史的意義ではないであろうか。

津田左右吉は、天皇家のために、「武烈の悪行」を消し去ろうとした。その片方の刃が「造作説」であった。そして他のもう一つの刃で直後の「磐井の乱」の歴史事実性を想定したのである。

「皇室がツクシの北半を平定せられ、國家統一の事実に一大躍進の行はれたのが、四世紀の前半であるとすれば、それは神代史の述作よりも約二百年ほど前のことであり、又た東方の歸服も、ツクシの平定よりは前のことかも知れず、さうしてヤマトに於ける皇室の起源はそれよりもずっと古いと見なければなるまいから、皇室の起源や國家統一の事情についての確かな言ひ傳へが六世紀に残つてゐなかつたと想像するのは、決して無意味ではなからう。」（『神代史の研究』第二十四章、岩波、大正十三年、五八一～二ページ）

ここには、有名な「六世紀前半」における「大和朝廷の史官、造作説」の背景がすでにクッキリとのべられている。この「六世紀前半」とは、一方では「武烈天皇の悪逆」を「非史実の造作」とし、他方では「継体天皇の磐井討伐」を「歴史事実」とするための、慎重な時間設定がここに用意されていたのであった。

津田左右吉の〝透徹した歴史文脈理解〟から大観したとき、この「武烈悪逆の架空化」と共に、「磐井の討伐の歴史事実化」なしには、「大和を中心とした、皇室の（徳をもってする）統一」という、一大歴史観を成就することは不可能、として見通されたからである。

津田史学「造作説」というイデオロギー史観の核心がここにあった。

戦後史学の欠陥

右のように、研究史を大観すれば、敗戦後、津田史学の「亜流（あとつぎ）」であることを辞せず、とし、それを学問上の原点とした井上光貞氏、また直木孝次郎、上田正昭の諸氏と、それを受け継ぐ現代の諸専門家たちが、「武烈天皇の悪逆」を歴史史料として採究し、深く追跡することのない、その背景が十分理解せられよう。

また他方、隋書俀《たい》国伝の多利思北孤《たりしほこ》が「雞弥《きみ》」という妻をもつ、男性の王者でありながら、同時代の日本書紀の推古天皇が女性である、という「男女、同一体の反論理」に従いつつ、古事記、日本書紀になき、隋書俀国伝の「日出ずる処の天子、云々」の「名文句」を教科書や学界論文において「肯定」し、すべての日本国民に暗記させる、という古今未曾有の「失態」に対し、久しく「目をつむり」つづけてきた、その背景もまた、ここに知られよう（「俀（タイ）」は「大倭（タイヰ）」の略記〈唐側〉か）。

「評」と「郡」の境界線と一致する「二中歴」の九州年号に対してもまた、「風馬牛」を「きめこむ」、わが国の古代史学界の惨状もまた、いずれも右の「津田史学の亜流」としての戦後史学の限界、その「自己告白」にすぎない。

このような「歴史観の矛盾」そして「歴史像の分裂」こそ、倭国の女王、俾弥呼が「謎」の中に置かれてきた根本原因である。陳寿の記した三国志の魏志倭人伝に拠る限り、あまりにも明晰な、彼女の実像が、一方の古事記・日本書紀に依拠するとき、忽然とその実像と実名が見失われる。その秘密の扉はまさにここに存在したのであった。

第十二章　学問の方法

1　「村岡命題」の提示

最後に新たな論証に移ろう。

それは一見、本書の主題をなす、評伝の『俾弥呼』と無関係、そのように見なす論者もあるかもしれない。

本書の「俾弥呼」はなぜ従来説と異なるのか

しかし、さに非ず。わたしの内部の学問研究、その本源の方法において、両者は深く、本質的に相かかわっている。同根の双葉にして双華をなしているのである。

わたしが本書において描いてきた、女王俾弥呼の相貌が、なぜこれほど従来の研究者の語るところと異なったか、そのちがいはどこにあるか。その回答は、次の一言である。「学問の方法」ということの五文字に尽きよう。それを明示したい。

村岡典嗣先生の教え

かつて青年の日、十八歳のわたしが東北大学の日本思想史科に入学したとき、村岡典嗣《つねつぐ》先生に、採るべき単位を問うた。その答えは、

「何でも、結構です。ただ、ギリシア語は必ず採るように。」

意外だった。日本思想史科に入学して、なぜギリシア語を、と思ったけれど、先生の教えに従った。時に、ギリシア語・ラテン語を教えておられたのは、「語学の天才」とうたわれた河野与一先生であった。

村岡先生は、(戦時中のこととて) その解説を一切語られなかったけれど、要は、

「日本の古典を、ギリシアのソクラテス、プラトンの学問の方法で研究するように。」

との指示、その忠告だったのである。

当時は、戦争末期であり、日本の歴史学界では、いわゆる「皇国史観」の学風が全国を圧倒していた。日本の全国民に対して、例外を認めず、このイデオロギー一色に染めあげることを、「教育の本質」と考えていたのであった。

そのような風潮の中で、否、そういう風潮であればこそ、村岡先生はそれに汚染されず、「ギリシアのソクラテス、プラトンの学問の方法によって、日本の古典を研究する」ことを求められたのであった。

2　日本古典とバイブル批判

聖書に見る「神」

今回、わたしの当面したのは、ギリシア語に非ず、ヘブライ語だった。バイブルの旧約聖書、その冒頭部が「?」の発端だったのである。

「初めに、神は天地を創造された。」（新共同訳、日本聖書協会、二〇一〇年）

この一文の主語「神」は単数である。その証拠に、英語訳（欽定訳聖書、一六一一年）をはじめ、ドイツ語訳（ルッター訳）、スペイン語訳、ロシア語訳等、すべて単数形となっている。たとえば"god"であって"gods"ではない（英訳）。"Gott"であって、"Götter"ではないのである（ドイツ語訳）。以下、各国語とも、みな同じだった。

しかし、肝心の「元《もと》、バイブル」であるヘブライ語の原本を見ると、そこには「エローヒム」（複数形）とあり、明白に「神々」である。「神」ではなかった。

それをヨーロッパからはじまった、現代のすべてのバイブルでは、この「神々」を単数形の「神」へと"書き直し"た。「改ざん」していたのである。なぜか。

「キリスト教単性社会」という経験

わたしには、心当りがあった。すでに一つの重要な、研究経験が存在していたのである。それは「キリスト教単性社会としてのヨーロッパ」という根本認識である。

中世末と近世初頭（最盛期は十六世紀頃）ヨーロッパ世界では「魔女狩り」の嵐が吹き荒れた。従来の多神教、ヨーロッパの中で何千年、何万年の伝統をもつ多神教は「邪教」として排撃された。その「邪教」の中心にあってこれを宣布してきた「巫女《みこ》たち」は「魔女」として、文字通り〝焼き殺され〟ていったのである。その総数は数千、数万にも及ぶすさまじさであった。その結果、ヨーロッパは「キリスト教、オンリー」の世界となった。唯一の例外は、キリスト教と同じ「エホバ（ヤーウェ）の神」をいただくユダヤ教だけであった（そのユダヤ教排撃が、ナチス勃興の旗印となった。ナチスは本来「キリスト教、原理主義」をかざす政党だったのである）。

わたしはこれを「キリスト教単性社会」と呼んだ（「近代法の論理と宗教の運命」古田武彦『神の運命』明石書店、所収、参照）。

「この単性社会に〝ふさわしく〟するために、原文の『神々』という複数形の主語を、意図して『神』という単数形へと〝改ざん〟したのではないか。」

「意図して」というのは、キリスト教の主神である「エホバ（ヤーウェ）神」が、この宇宙全体を作り賜うた。そのような文脈へと〝手直し〟するためである。

この手法には、〝見覚え〟があった。その通り。本書の冒頭からくりかえしのべた、松下見林の手法、そして以来、近畿説と九州説とを問わず、すべての「邪馬台国」論者がこぞって順守してきた手法と「同一の手法」なのである。

まず、イデオロギーによる「大義名分」の結論を樹立し、これに〝合わぬ〟場合は、〝合う〟ように「原文を手直しする」、この手法である。

もし、そうだとすれば、世界最大の発行部数を誇るバイブルと、日本の教科書や学界やメディアのすべてを支配する「邪馬台国」論者と、東西ところを異にしながら、実は「同根の病《やま》い」に深く侵されているのではないか。この疑問に導かれて、わたしのバイブル研究は、他方の女王俾弥呼の研究と、あたかも「旅は道づれ」のごとく、両輪一軌、同時進行したのである。

というより、一方をかえりみず、他方だけに専念すること、それは青年の日に村岡典嗣先生に示唆された、学問の道にとって、むしろ許されぬところだったのである。

日本とヘブライ、日本の古典とバイブル原本への探究、その両者の間の「垣根」は、わたしの学問の方法にとっては、はじめから存在しなかったのである。

旧約聖書の「神々」

予想は、あまりにも正確だった。

バイブルのヘブライ原本の「神々」という複数形には理由があった。なぜなら、「この宇宙は、いかにして成り立ったか。」

この疑問は古い。旧約聖書成立の「上限」とされる、たかだかBC三〇〇〇年くらいの新しい「時間帯」にはじめて登場したような「新たな問い」ではなかったのである。数千年はおろか、数万年以上前の、多神教時代にすでに発生していた「著名の問い」だったはずである。そのさい、多神教の「時間帯」にふさわしく、「多神教の神々」が、この宇宙を作り賜うた。そういう「定言」となっていたはずだ。それが冒頭に書かれている。

そこから、すべては誕生していった。他の神々も生まれた。その中から、「わたしたちユダヤ民族の輝ける主神」である「エホバ（ヤーウェ）の神」が生まれ賜うた、と。要するに、ユダヤの民族的主神の「誕生譚」の形をとっていたのである。とすれば、冒頭部は、そもそも「複数形」でなければ、おかしいのである。

多神教世界のただなかに生まれた、旧約聖書として、これが本来の姿だったのである。

論理とわたしの分析は、すでに別論文に書いた（「一週間はなぜ七日間か――バイブル論」閑中月記、第六十九回、「真実の神と虚偽の神」同、第七十回、いずれも『Tokyo 古田会 News』一三六、一三七号。古田史学のインターネットにも収録。英文とも）。

バイブル創世記の原型

今は、その結論を簡明に記そう。

第一に、本来の主語、宇宙創造の主神は男女神であった。「イヴとアダム」である。この本来の創造神が、「愚物」として旧約の創世記に〝取り入れ〟られたのである。前段階の「輝ける主神」を「愚物」「廃棄物」あつかいにして〝嘲笑する〟。これは古代史の世界では「通例の手法」である。たとえば「ヒルコ」は「ヒルメ」と並ぶ、旧石器・縄文期の〝輝ける太陽神〟であったが、古事記はこれを〝骨なしのヒルめいた存在〟として、神の名に入れず、舟に乗せて流し棄てた、と称している。新しき、弥生の太陽神に〝擬《ぎ》した〟天照大神を新規に「顕彰する」ためである。

この類の用例は、他にも数多い。

旧約聖書の場合も、同じである。旧約聖書成立以前の多神教の中近東において、蛇は智慧の神であった。現在でも、トルコでは薬局のシンボルマークとして〝生き残って〟いる。その「万能の神、蛇」が、この旧約聖書では「悪智慧の主《ぬし》」とされた。その「悪智慧」にだまされたため、「イヴとアダム」は楽園を追放された、というのである。

第二に、本来は「イヴとアダム」、イヴの方が主役だった。それを「アダムとイヴ」と逆転させた。男性中心の「時代」に〝適応〟させて「改変」したのである。日本の古代史でも、本来の旧石器・縄文時代には「女性中心」だった説話（日本書紀巻一の第十、一書）が、他の神話では「男性中心主義」の立場に立って〝改変〟されている。それと同一である。イヴをもって、アダムの脇腹の骨からできた、などという「女性従属説話」がプラスして加えられているのである。

第三に、これがキイ・ポイントである。宇宙創造の日々は六日間つづき、七日目にやっと休息した。これが「日曜日」のはじまりだというのである。今、世界の多くの国々で採用されている「六日間のウィークデイ」と「七日目の日曜日」の制度は、この旧約聖書の神話にもとづいている。これは全世界「周知」のところだ。だが、「では、なぜ、六日間働き、七日目に休むのか。」これに対する回答がなかった。少なくとも、わたしを〝納得させる〟説明を、わたしは知らなかったのである。それが解けた。

女性が子供を産む。初産婦にとっては、六カ月間が「産みの苦しみ」あるいは「産みの楽しみ」の時間帯である。そして七カ月目に、子供が生まれる。女性の腹の「ピクピク」という「生動の時期」が過ぎ去るのである。

イヴは当然「初産婦」である。初めて、この宇宙を「産む」のであるから。だから、「六カ月」ならぬ「六日」が「生動の時間帯」なのである。その「生動」がおさまるのが「七日目」、すなわち「初産婦の七カ月目」がこれに当てられていたのである。

わたしは折しも、東京の北多摩病院に検査入院中だった。そして院長の加藤一良さんから、この「初産婦の時間経過」を確認させていただいたとき、わたしのバイブル分析の正当であることを確信したのである（「経産婦」の場合は、三カ月目から「腹中の生動」を知るという）。

バイブルの創世記は、女神イヴと男神アダムという「複数神」を主語として成立していた。それが本来の姿、「原型」だったのである（主語が複数形なのに、動詞の方は「単数形」とされている。「イヴとアダム」の男女神を〝ワンセット〟としたからである）。

真実の歴史学を

従来のすべての「邪馬台国」論者は、倭人伝原文の「邪馬壹国」に対して、これを「邪馬臺国」へと〝手直し〟した。「天皇家のみが日本の歴史の中心軸である」というイデオロギー、松下見林の「改ざん」の結果である。そのあとで、いかほど論弁を加えようと、女王俾弥呼の真実の相貌は見出せる道理がなかったのである。

バイブルも、全く同一である。ヘブライ語の原文「エローヒム」の複数形を、ヨーロッパ単性社会の「都合」という、イデオロギーに合わせて「単数形」へと「改ざん」しておいて、そのあとで、いかに数千・数万の論弁を加えようとも、バイブルのしめした本来の真実、その歴史は一切解明することはできないのである。

すでに、数万、数億冊の〝バイブル〟が地球上にゆきわたり、人々はそれを信じてきた。その圧倒的な事実を前に、古田一人の「論証」などでくつがえすわけにはいかない。そのように言う人もあろう。否、絶対的多数の声であるかもしれない。

しかし、もしそれが現在の数兆倍、数京倍の声となろうとも、それらはわたしの提出した、一つの真実、一片の野の花をもおおうに足りないのである。歴代の虚偽が、この地球の重さ以上に積み重ねられたとしても、たった一片の真実に対して「代用する」ことは不可能なのである。「真実の神はただ一つ」代替しうるものはないのである。

「邪馬台国」も同じだ。すべてのメディア、すべての教科書、すべての学界論文、そしてすべての教育者が例外なく、相ひきいて、「これほどの多数が支持してきた『邪馬台国』が正しい。古田一人の論証などでこれをくつがえすことは許されない。」といかに呼号しようとも、一切無駄だ。真実の歴史を求める真実の神は、億兆の虚偽に対して一顧も与えたまうはずはない。たとえ地球が亡ぶ日が来ても、地球の上に積み上げられた無数の虚偽が「真実」と化することは一切ありえないのである。「邪馬壹国」と「エローヒム」の語る真実は、歴史の女神が確固として微笑み賜うところ、わたしはそれを信ずる。

八十代半ばとなった老齢のわたしにはすでに、恐るべき何物をも持ち合わせていないからである。

倭人傳

倭人在帶方東南大海之中依山島爲國邑舊百
餘國漢時有朝見者今使譯所通三十國從郡至
倭循海岸水行歷韓國乍南乍東到其北岸狗邪
韓國七千餘里始度一海千餘里至對海國其大

弁辰　倭人

官曰卑狗副曰卑奴母離所居絶島方可四百餘
里土地山險多深林道路如禽鹿徑有千餘戸無
良田食海物自活乗船南北市糴又南渡一海千
餘里名曰瀚海至一大國官亦曰卑狗副曰卑奴
母離方可三百里多竹木叢林有三千許家差有
田地耕田猶不足食亦南北市糴又渡一海千餘
里至末盧國有四千餘戸濵山海居草木茂盛行
不見前人好捕魚鰒水無深淺皆沈没取之東南
陸行五百里到伊都國官曰爾支副曰泄謨觚柄
渠觚有千餘戸丗有王皆統屬女王國郡使往來

常所駐東南至奴國百里官曰兕馬觚副曰卑奴
母離有二萬餘戸東行至不彌國百里官曰多模
副曰卑奴母離有千餘家南至投馬國水行二十
日官曰彌彌副曰彌彌那利可五萬餘戸南至邪
馬壹國女王之所都水行十日陸行一月官有伊
支馬次曰彌馬升次曰彌馬獲支次曰奴佳鞮可
七萬餘戸自女王國以北其戸數道里可得略載
其餘旁國遠絶不可得詳次有斯馬國次有巳百
支國次有伊邪國次有郡支國次有彌奴國次有
好古都國次有不呼國次有姐奴國次有對蘇國

倭人

次有蘇奴國次有呼邑國次有華奴蘇奴國次有鬼國次有爲吾國次有鬼奴國次有邪馬國次有躬臣國次有巴利國次有支惟國次有烏奴國次有奴國此女王境界所盡其南有狗奴國男子爲王其官有狗古智卑狗不屬女王自郡至女王國萬二千餘里男子無大小皆黥面文身自古以來其使詣中國皆自稱大夫夏后少康之子封於會稽斷髮文身以避蛟龍之害今倭水人好沈没捕魚蛤文身亦以厭大魚水禽後稍以爲飾諸國文身各異或左或右或大或小尊卑有差計其道里

倭人

當在會稽東治之東其風俗不淫男子皆露紒以木緜招頭其衣橫幅但結束相連略無縫婦人被髮屈紒作衣如單被穿其中央貫頭衣之種禾稻紵麻蠶桑緝績出細紵縑緜其地無牛馬虎豹羊鵲兵用矛楯木弓木弓短下長上竹箭或鐵鏃或骨鏃所有無與儋耳朱崖同倭地溫暖冬夏食生菜皆徒跣有屋室父母兄弟臥息異處以朱丹塗其身體如中國用粉也食飲用籩豆手食其死有棺無槨封土作冢始死停喪十餘日當時不食肉喪主哭泣他人就歌舞飲酒已葬舉家詣水中澡

浴以如練沐其行來渡海詣中國恒使一人不梳
頭不去蟣蝨衣服垢污不食肉不近婦人如喪人
名之為持衰若行者吉善共顧其生口財物若有
疾病遭暴害便欲殺之謂其持衰不謹出真珠青
玉其山有丹其木有柟杼豫樟楺櫪投橿烏號楓
香其竹篠簳桃支有薑橘椒蘘荷不知以為滋味
有獮猴黑雉其俗舉事行來有所云為輒灼骨而
卜以占吉凶先告所卜其辭如令龜法視火坼占
兆其會同坐起父子男女無別人性嗜酒魏略曰其俗不
知正歲四節但計春耕秋收為年紀見大人所敬但搏手以當跪拜其

倭人

人壽考或百年或八九十年其俗國大人皆四五
婦下戶或二三婦婦人不淫不妒忌不盜竊少諍
訟其犯法輕者沒其妻子重者沒其門戶及宗族
尊卑各有差序足相臣服收租賦有邸閣國國有市
交易有無使大倭監之自女王國以北特置一大
率檢察諸國畏憚之常治伊都國於國中有如刺
史王遣使詣京都帶方郡諸韓國及郡使倭國皆
臨津搜露傳送文書賜遺之物詣女王不得差錯
下戶與大人相逢道路逡巡入草傳辭說事或蹲
或跪兩手據地為之恭敬對應聲曰噫比如然諾

其國本亦以男子爲王住七八十年倭國亂相攻
伐歷年乃共立一女子爲王名曰卑彌呼事鬼道
能惑衆年已長大無夫壻有男弟佐治國自爲王
以來少有見者以婢千人自侍唯有男子一人給
飲食傳辭出入居處宮室樓觀城柵嚴設常有人
持兵守衛女王國東渡海千餘里復有國皆倭種
又有侏儒國在其南人長三四尺去女王四千餘
里又有裸國黒齒國復在其東南船行一年可至
參問倭地絶在海中洲島之上或絶或連周旋可
五千餘里景初二年六月倭女王遣大夫難升米

倭人

等詣郡求詣天子朝獻太守劉夏遣吏將送詣京都其年十二月詔書報倭女王曰制詔親魏倭王卑彌呼帶方太守劉夏遣使送汝大夫難升米次使都市牛利奉汝所獻男生口四人女生口六人班布二匹二丈以到汝所在踰遠乃遣使貢獻是汝之忠孝我甚哀汝今以汝爲親魏倭王假金印紫綬裝封付帶方太守假授汝其綏撫種人勉爲孝順汝來使難升米牛利涉遠道路勤勞今以難升米爲率善中郎將牛利爲率善校尉假銀印青綬引見勞賜遣還今以絳地交龍錦五匹臣松之以爲地

（應爲綈漢文帝著皁衣謂之弋綈是也 此字不體非魏朝之失則傳寫者誤也）絳地縐粟罽十
張蒨絳五十匹紺青五十匹荅汝所獻貢直又特
賜汝紺地句文錦三匹細班華罽五張白絹五十
匹金八兩五尺刀二口銅鏡百枚真珠鉛丹各五
十斤皆裝封付難升米牛利還到録受悉可以示
汝國中人使知國家哀汝故鄭重賜汝好物也正
始元年太守弓遵遣建中校尉梯儁等奉詔書印
綬詣倭國拜假倭王并齎詔賜金帛錦罽刀鏡采
物倭王因使上表荅謝詔恩其四年倭王復遣使
大夫伊聲耆掖邪狗等八人上獻生口倭錦絳青

縑緜衣帛布丹木弣短弓矢掖邪狗等壹拜率善
中郎將印綬其六年詔賜倭難升米黄幢付郡假
授其八年太守王頎到官倭女王卑彌呼與狗奴
國男王卑彌弓呼素不和遣倭載斯烏越等詣郡
說相攻擊狀遣塞曹掾史張政等因齎詔書黄幢
拜假難升米為檄告喻之卑彌呼以死大作冢徑
百餘步徇葬者奴婢百餘人更立男王國中不服
更相誅殺當時殺千餘人復立卑彌呼宗女壹與
年十三為王國中遂定政等以檄告喻壹與壹與
遣倭大夫率善中郎將掖邪狗等二十人送政等

還因詣臺獻上男女生口三十人貢白珠五千孔
青大句珠二枚異文雜錦二十匹

（南宋紹熙本　宮内庁書陵部蔵）

巻末資料2　倭人伝（紹熙本三国志）読み下し文

倭人《い(ゐ)じん》は帯方の東南大海の中に在り、山島に依りて国邑《こくゆう》を為す。旧《もと》百余国。漢の時朝見する者有り、今、使譯通ずる所、三十国。

郡より倭に至るには、海岸に循《したが》いて水行し、韓国を歴《ふ》るに、乍《たちま》ち南し、乍《たちま》ち東し、其の北岸、狗邪韓国《こやかんこく》に到る、七千余里。始めて一海を度《わた》る、千余里、対海国《たいかいこく》に至る。其の大官を卑狗《ひこ》と曰《い》い、副を卑奴母離《ひぬもり》と曰う。居る所絶島、方四百余里なる可し。土地は山険しく、深林多く、道路は禽鹿《きんろく》の径《けい》の如し。千余戸有り。良田無く、海物を食して自活し、船に乗りて南北に市糴《してき》す。又、南、一海を渡る、千余里、名づけて瀚海《かんかい》と曰う。一大国《いちだいこく》に至る。官を亦《また》卑狗《ひこ》と曰い、副を卑奴母離《ひぬもり》と曰う。方三百里なる可し。竹木・叢林多く、三千許《ばか》りの家有り。差《やや》田地有り、田を耕せども猶《なお》食するに足らず、亦、南北に市糴す。

又、一海を渡る、千余里、末盧《まつろ》国に至る。四千余戸有り。山海に浜《そ》うて居る。草木茂盛し、行くに前人を見ず。好んで魚鰒《ぎょふく》を捕え、水深浅と無く、皆沈没して之《これ》を取る。東南陸行、五百里、伊都《いと》国に到る。官を爾支《(にし)》と曰い、副を泄謨觚《(せもく)》・柄渠觚《(へこく)》と曰う。千余戸有り。世に王有るも、皆女王国に統属す。郡使の往来、常に駐まる所なり。東南奴《ぬ》国に至ること、百里。官を兕馬觚《(じまく)》と曰い、副を卑奴母離と曰う。二万余戸有り。東行不弥《ふみ》国に至ること、百里。官を多模《(たも)》と曰い、副を卑奴母離と曰う。千余家有り。

南、投馬《つま》国に至ること、水行二十日。官を弥弥《みみ》と曰い、副を弥弥那利《みみなり》と曰う。五万余戸なる可し。南、邪馬壹国《やまいちこく》に至る、女王の都する所、水行十日・陸行一月。官に伊支馬《（いきま）》有り、次を弥馬升《（みまし）》と曰い、次を弥馬獲支《（みまかき）》と曰い、次を奴佳鞮《（ぬかて）》と曰う。七万余戸なる可し。女王国自《よ》り以北、其の戸数・道里、得《え》て略載す可《べ》し。其の余の旁国《ぼうこく》は遠絶にして、得て詳《つまびら》かにす可からず。

次に斯馬《（しま）》国有り、次に已百支《（いはき）》国有り、次に伊邪《（いや）》国有り、次に郡支《（ぐんき）》国有り、次に弥奴《（みぬ）》国有り、次に好古都《（こうこと）》国有り、次に不呼《（ふか）》国有り、次に姐奴《（せぬ）》国有り、次に対蘇《（たいそ）》国有り、次に蘇奴《（そぬ）》国有り、次に呼邑《（かいふ）》国有り、次に華奴蘇奴《（かぬそぬ）》国有り、次に鬼《（き）》国有り、次に為吾《（ゐご）》国有り、次に鬼奴《（きぬ）》国有り、次に邪馬《（やま）》国有り、次に躬臣《（くし）》国有り、次に巴利《（はり）》国有り、次に支惟《（きゐ）》国有り、次に烏奴《（うぬ）》国有り、次に奴《（ぬ）》国有り、此れ女王の境界の尽くる所なり。

其の南、狗奴《（こぬ）》国有り、男子王為《た》り。其の官に狗古智卑狗《（ここちひこ）》有り。女王に属せず。郡より女王国に至る、万二千余里。

男子は大小と無く、皆黥面《げいめん》・文身す。古《いにしえ》自《よ》り以来、其の使中国に詣《いた》るや、皆自《みずか》ら大夫《たいふ》と称す。夏后少康《かこうしょうこう》の子、会稽《かいけい》に封《ほう》ぜられ、断髪・文身、以て蛟龍《こうりゅう》の害を避けしむ。今倭の水人、好んで沈没して魚蛤《ぎょこう》を捕え、文身し亦以て大魚・水禽《すいきん》を厭《はら》う。後稍《やや》以て飾りと為《な》す。諸国の文身各《おのおの》異なり、或は左にし或は右にし、或は大に或は小に、尊卑差《さ》有り。其の道里を計るに、当《まさ》に会稽東治《とうち》の東に在るべし。

其の風俗淫《いん》ならず。男子は皆露紒《ろかい》し、木緜《もめん》を以て頭に招《か》け、其の衣は横幅、但《ただ》結束して相連《あいつら》ね、略《ほぼ》縫うこと無し。婦人は被髪屈紒《ひはつくつかい》し、衣を作ること単被《たんぴ》の如く、其の中央を穿《うが》ち、頭を貫きて之を衣《き》る。禾稲《かとう》・紵麻《ちょま》を種《う》え、蚕桑《さんそう》・緝績《しゅうせき》し、細紵《さいちょ》、縑緜《けんめん》を出だす。其の地には牛・馬・虎・豹《ひょう》・羊・鵲《じゃく》無し。兵に矛・楯《たて》・木弓を用う。木弓は下を短く上を長くし、竹箭《ちくせん》は或は鉄鏃《てつぞく》、或は骨鏃なり。有無《ゆうむ》する所、儋耳《たんじ》・朱崖《しゅがい》と同じ。

倭地は温暖、冬夏生菜を食す。皆徒跣《とせん》。屋室有り、父母兄弟、臥息《がそく》処を異にす。朱丹を以て其の身体に塗る、中国の粉を用うるが如きなり。食飲には籩豆《へんとう》を用い手食す。其の死には棺有るも槨《かく》無く、土を封《ほう》じて冢《ちょう》を作る。始め死するや停喪《ていそう》十余日、時に当りて肉を食わず、喪主《そうしゅ》哭泣し、他人就いて歌舞飲酒す。已《すで》に葬れば、挙家水中に詣《いた》りて澡浴《そうよく》し、以て練沐《れんもく》の如くす。其の行来・渡海、中国に詣《いた》るには、恒《つね》に一人をして頭を梳《くしけず》らず、蟣蝨《きしつ》を去らず、衣服垢汚《こうお》、肉を食わず、婦人を近づけず、喪《そう》人《じん》の如くせしむ。之を名づけて持衰《じさい》と為す。若《も》し行く者吉善《きつぜん》なれば、共に其の生口《せいこう》・財物を顧《こ》し、若し疾病有り、暴害に遭《あ》えば、便《すなわ》ち之を殺さんと欲す。其の持衰謹《つつし》まず、と謂《い》えばなり。

真珠・青玉を出す。其の山に丹有り。其の木には柟《だん》・杼《ちょ》・予樟・楺《ぼう》・櫪《れき》・投・橿《きょう》・烏号《うごう》・楓香有り。其の竹には篠・簳《かん》・桃支。薑《きょう》・橘・椒《しょう》・蘘荷《じょうか》有るも、以て滋味となすを知らず。獮猴《びこう》・黒雉《こくち》有り。

其の俗挙事行来に、云為《うんい》する所有れば、輒《すなわ》ち骨を灼《や》きて卜し、以て吉凶を占い、先ず卜する所を告ぐ。其の辞は令亀《れいき》の法の如く、火坼《かたく》を視て兆を占う。

其の会同・坐起には、父子・男女別無し。人性酒を嗜《たしな》む。（魏略に曰《い》う。「其の俗、正歳、四節を知らず。但春耕・秋収を計りて年紀と為す。」）大人の敬する所を見れば、但《ただ》手を搏《う》ち以て跪拝《きはい》に当つ。其の人の寿考、或《あるい》は百年、或は八・九十年。其の俗、国の大人《たいじん》は皆四・五婦、下戸《げこ》も或は二・三婦。婦人淫せず、妬忌《とき》せず、盗《とう》窃《せつ》せず、諍訟《そうしょう》少なし。其の法を犯すに、軽き者は其の妻子を没し、重き者は其の門戸及び宗族を没す。尊卑 各《おのおの》 差序有り、相臣服するに足る。租賦《そふ》を収む。邸閣有り。国国市有り。有無を交易す。使《し》大倭《たいい(ゐ)》之を監す。

女王国自《よ》り以北には、特に一大率《いちだいそつ》を置き、検察せしむ。諸国之を畏憚《いたん》す。常に伊都《いと》国に治《ち》す。国中に於て刺史《しし》の如き有り。王の使を遣わして京都・帯方郡・諸韓国に詣《いた》らしめ、郡の倭国に使するに及ぶや、皆津に臨みて捜露す。伝送の文書・賜遣《しけん》の物、女王に詣るに、差錯《ささく》するを得ざらしむ。

下戸、大人と道路に相逢えば、逡巡《しゅんじゅん》して草に入り、辞を伝え事を説くには、或は蹲《うずくま》り或は跪《ひざまず》き、両手は地に拠り、之が恭敬を為す。対応の声を噫《あい》と曰う。比するに然諾《ぜんだく》の如し。

其の国、本亦男子を以て王と為し、住《とど》まること七・八十年。倭国乱れ、相攻伐すること歴年、及《すなわ》ち一女子を共立して王と為す。名づけて卑弥呼《ひみか》と曰う。鬼道に事《つか》え、能《よ》く衆を惑《まど》わす。年已《すで》に長大なるも、夫壻《ふせい》無く、男弟《だんてい》有り、佐《たす》けて国を治む。王と為りしより以来、見る有る者少なく、婢《ひ》千人を以て自ら侍せしむ。唯《ただ》男子一人有り、飲食を給し、辞を伝え居処に出入す。宮室・楼観・城柵、厳《おごそ》かに設け、常に人有り、兵を持して守衛す。

女王国の東、海を渡る、千余里。復《ま》た国有り、皆倭種。又侏儒《しゅじゅ》国有り。其の南に在り。人長三・四尺。女王を去る、四千余里。又裸《ら》国・黒歯《こくし》国有り。復《ま》た其の東南に在り。船行一年にして至る可《べ》し。

倭地を参問するに、海中洲島の上に絶在し、或は絶え或は連なること、周旋《しゅうせん》五千余里なる可し。

景初二年六月、倭の女王、大夫難升米《なんしめ》等を遣わし、郡に詣《いた》り、天子に詣りて朝献せんことを求む。太守劉夏《りゅうか》、吏を遣わし、将《ひき》いて送りて京都に詣らしむ。

其の年十二月、詔書して倭の女王に報じて曰く、「親魏倭王卑弥呼に制詔す。帯方の太守劉夏、使を遣わし、汝の大夫難升米・次使都市牛利《といちごり(ぎゅうり)》を送り、汝献ずる所の男生口《せいこう》四人、女生口六人、班布《はんぷ》二匹二丈を奉じ、以て到る。汝の在る所遠きを踰《こ》え、乃《すなわ》ち使を遣わして貢献せしむ。是れ汝の忠孝、我甚《はなは》だ汝を哀れむ。今、汝を以て親魏倭王と為す。金印紫綬《きんいんしじゅ》を仮し、装封《そうふう》して帯方太守に付して仮授す。汝、其《そ》れ種人を綏撫《すいぶ》し、勉《つと》めて孝順を為せ。汝が来使難升米・牛利、遠きを渉《わた》り、道路勤労す。今、難升米を以て率善《そつぜん》中郎将と為し、牛利を率善校尉と為し、銀印青綬を仮し、引見労賜《ろうし》して遣わし還す。今、絳地《こうち》交龍錦五匹（臣松之、以為《おもえ》らく、地は応《まさ》に綈《てい》と為すべし。漢の文帝、皁衣《そうい》を著す。之を弋綈《よくてい》と謂《い》うは是《ぜ》なり。此の字、体ならず。魏朝の失に非んば、則ち伝写者の誤なり。）・絳地縐粟罽《しゅうぞくけい》十張・蒨絳《せんこう》五十匹・紺青《こんじょう》五十匹を以て、汝が献ずる所の貢直に答う。又特に汝に紺地句文錦《こんじこうもんきん》三匹・細班華罽《さいはんかけい》五張・白絹五十匹・金八両・五尺刀二口・銅鏡百枚・真珠・鉛丹各《おのおの》五十斤を賜い、皆装封して難升米・牛利に付す。還り到らば録受し、悉《ことごと》く以て汝が国中の人に示し、国家汝を哀れむを知らしむ可し。故に鄭重に汝に好物を賜うなり」と。

正始元年、太守弓遵《きゅうじゅん》、建中校尉梯儁《ていしゅん》等を遣わし、詔書・印綬を奉じて、倭国に詣り、倭王に拝仮し、并《なら》びに詔を齎《もたら》し、金帛・錦罽《きんけい》・刀・鏡・采物《さいぶつ》を賜う。倭王、使に因《よ》って上表し、詔恩を答謝す。

其の四年、倭王、復《ま》た使大夫伊声耆《（いせいき）》・掖邪狗《（えきやこ）》等八人を遣わし、生口・倭錦《い（ゐ）きん》・絳青縑《こうせいけん》・緜衣《めんい》・帛《はく》布《ふ》・丹《たん》・木㺃《もくふ》・短弓《たんきゅう》矢《し》を上献せしむ。掖邪狗等、率善中郎将の印綬を壹拝《いちはい》す。

其の六年、詔して倭の難升米に黄幢《こうどう》を賜い、郡に付して仮授せしむ。

其の八年、太守王頎《おうき》官に到る。倭の女王卑弥呼、狗奴国の男王卑弥弓呼と素《もと》より和せず。倭載《（ゐさい）》、斯烏越《（しおえつ）》等を遣わして郡に詣り、相攻撃することを説かしむ。塞曹掾史《さいそうえんし》張政等を遣わし、因りて詔書・黄幢を齎《もたら》し、難升米に拝仮し、檄を為して之を告喩《こくゆ》せしむ。

卑弥呼、死するを以て、大いに冢《ちょう》を作る、径《けい》百余歩。徇葬《じゅんそう》する者、奴婢百余人。更に男王を立てしも、国中服せず。更《こもごも》相誅殺し、当時千余人を殺す。復《ま》た卑弥呼の宗女、壹与《いちよ》年十三なるを立てて王と為し、国中遂に定まる。政等、檄を以て壹与を告喩す。壹与、倭の大夫率善中郎将掖邪狗等二十人を遣わし、政等を送りて還らしむ。因りて臺に詣り、男女生口三十人を献上し、白珠五千孔、青大句珠《こうしゅ》二枚、異文《いもん》雑錦二十匹を貢す。

東夷傳

書稱東漸于海西被于流沙其九服之制可得而
言也然荒域之外重譯而至非足跡車軌所及未
有知其國俗殊方者也自虞曁周西戎有白環之
獻東夷有肅慎之貢皆曠世而至其遐遠也如此
及漢氏遣張騫使西域窮河源經歷諸國遂置都
護以總領之然後西域之事具存故史官得詳載
焉魏興西域雖不能盡至其大國龜茲于寘康居
烏孫疏勒月氏鄯善車師之屬無歲不奉朝貢略
如漢氏故事而公孫淵仍父祖三世有遼東天子
爲其絕域委以海外之事遂隔斷東夷不得通於

諸夏景初中大興師旅誅淵又潛軍浮海收樂浪
帶方之郡而後海表謐然東夷屈服其後高句麗
背叛又遣偏師致討窮追極遠踰烏丸骨都過沃
沮踐肅慎之庭東臨大海長老說有異面之人近
日之所出遂周觀諸國采其法俗小大區別各有
名號可得詳紀雖夷狄之邦而俎豆之象存中國
失禮求之四夷猶信故撰次其國列其同異以接
前史之所未備焉

多可觀別爲一集景耀六年春詔爲亮立廟於沔
陽
襄陽記曰亮初亡所在各求爲立廟朝議以禮秩不聽百姓
遂因時節私祭之於道陌上言事者或以爲可聽立廟於成
都者後主不從步兵校尉習隆中書郎向充等共上表曰臣聞
周人懷召伯之德甘棠爲之不伐越王思范蠡之功鑄金以存
其像自漢興已來小善小德而圖形立廟者多矣況亮德範遐
邇勳蓋季世興王室之不壞實斯人是賴而蒸嘗止於私門
廟像闕而莫立使百姓巷祭戎夷野祀非所以存德念功述追
在昔者也今若盡順民心則瀆而無典建之京師又偪宗廟此
聖懷所以惟疑也臣愚以爲宜因近其墓立之於沔陽使所親
屬以時賜祭凡其臣故吏欲奉祠者皆限至廟斷其私祀以崇
正禮於是
始從之
秋魏鎮西將軍鍾會征蜀至漢川祭亮
之廟令軍士不得於亮墓所左右芻牧樵採亮
弟均官至長水校尉亮子瞻嗣爵
襄陽記曰黃承彥者高爽開列爲沔
南名士謂諸葛孔明曰聞君擇婦身有醜女黃頭黑色而才堪
相配孔明許即載送之時人以爲笑樂鄉里爲之諺曰莫作孔
明擇婦止得
阿承醜女

諸葛氏集目録

右二十四篇凡十萬四千一百一十二字

臣壽等言臣前在著作郎侍中領中書監濟北侯
臣荀勗中書令關內侯臣和嶠奏使臣定故蜀丞
相諸葛亮故事亮毗佐危國負阻不賓然猶存録
其言恥善有遺誡是大晉光明至德澤被無疆自
古已來未之有倫也輒刪除複重隨類相從凡爲

二十四篇篇名如右亮少有逸羣之才英霸之器
身長八尺容貌甚偉時人異焉遭漢末擾亂隨叔
父玄避難荊州躬耕于野不求聞達時左將軍劉
備以亮有殊量乃三顧亮於草廬之中亮深謂備
雄姿傑出遂解帶寫誠厚相結納及魏武帝南征
荊州劉琮舉州委質而備失勢衆寡無立錐之地
亮時年二十七乃建奇策身使孫權求援吳會權
既宿服仰備又覩亮奇雅甚敬重之即遣兵三萬
人以助備備得用與武帝交戰大破其軍乘勝克
捷江南悉平後備又西取益州益州既定以亮爲

軍師將軍備稱尊號拜亮爲丞相録尚書事及備
殂沒嗣子幼弱事無巨細亮皆專之於是外連東
吳內平南越立法施度整理戎旅工械技巧物究
其極科教嚴明賞罰必信無惡不懲無善不顯至
於吏不容奸人懷自厲道不拾遺彊不侵弱風化
肅然也當此之時亮之素志進欲龍驤虎視包括
四海退欲跨陵邊疆震蕩宇內又自以爲無身
之日則未有能蹈涉中原抗衡上國者是以用兵
不戢屢耀其武然亮才於治戎爲長奇謀爲短理
民之幹優於將略而所與對敵或值人傑加衆寡

蜀志五　十八

不侔攻守異體故雖連年動衆未能有克昔蕭何
薦韓信管仲舉王子城父皆忖己之長未能兼有
故也亮之器能政理抑亦管蕭之亞匹也而時之
名將無城父韓信故使功業陵遲大義不及邪蓋
天命有歸不可以智力爭也青龍二年春亮帥衆
出武功分兵屯田爲久駐之基其秋病卒黎庶追
思以爲口實至今梁益之民咨述亮者言猶在耳
雖甘棠之詠召公鄭人之歌子產無以遠譬也孟
軻有云以逸道使民雖勞不怨以生道殺人雖死
不忿信矣論者或怪亮文彩不豔而過於丁寧周

諸葛亮

至臣愚以爲咎繇大賢也周公聖人也考之尚書
咎繇之謨略而雅周公之誥煩而悉何則咎繇與舜
禹共談周公與臣下矢誓故也亮所與言盡衆人
凡士故其文指不及得遠也然其聲教遺言皆經
事綜物公誠之心形于文墨足以知其人之意理
而有補於當世伏惟陛下邁蹤古聖蕩然無忌故
雖敵國誹謗之言咸肆其辭而無所革諱所以明
大通之道也謹録寫上詣著作臣壽誠惶誠恐頓
首頓首死罪死罪
泰始十年二月一日癸巳平陽侯相臣陳壽上

蜀志五　十九

巻末資料5　烏丸鮮卑伝序文（紹熙本三国志）

烏丸鮮卑東夷傳第三十　魏志　三國志三十
書載蠻夷猾夏詩稱玁狁孔熾久矣其爲中國患
也秦漢以來匈奴久爲邊害孝武雖外事四夷東
平兩越朝鮮西討貳師大宛開邛苲夜郎之道然
皆在荒服之外不能爲中國輕重而匈奴最逼於
諸夏胡騎南侵則三邊受敵是以屢遣衛霍之將
深入北伐窮追單于奪其饒衍之地後遂保塞稱藩
世以衰弱建安中呼厨泉南單于入朝遂留内侍使
右賢王撫其國而匈奴折節過於漢舊然烏丸鮮
卑稍更彊盛亦因漢末之亂中國多事不遑外討
故得擅漢南之地寇暴城邑殺略人民北邊仍受
其困會袁紹兼河北乃撫有三郡烏丸寵其名王
而收其精騎其後尚熙又逃于蹋頓蹋頓又驍武
邊長老皆比之冒頓恃其阻遠敢受亡命以雄百
蠻太祖潛師北伐出其不意一戰而定之夷狄懾服
威振朔土遂引烏丸之衆服從征討而邊民得用
安息後鮮卑大人軻比能復制御群狄盡收匈奴
故地自雲中五原以東抵遼水皆爲鮮卑庭數犯
塞寇邊幽并苦之田豫有馬城之圍畢軌有陘北
之敗青龍中帝乃聽王雄遣劒客刺之然後種落

烏丸序

離散互相侵伐彊者遠遁弱者請服由是邊陲差
安漢南少事雖時頗鈔盜不能復相扇動矣烏丸
鮮卑即古所謂東胡也其習俗前事撰漢記者已
録而載之矣故但舉漢末魏初以來以備四夷之
變云　魏書曰烏丸者東胡也漢初匈奴冒頓滅其國餘類保烏丸山因以爲號焉俗善騎射隨水草放牧居無常

吾が丑寅日本国と筑紫との往来ありき。筑紫にては磐井一族ありて、筑後一帯に覇をなせる大王たり。高麗と能く交りて、山靼とも交りぬ。依て、吾が国にも往来し帰化せるもの多し。陸奥に磐井都のありきはその故なり。磐井の民、来たり創めて墳墓の築工流りぬ。北上川、山辺に築かれし古代なる墳陵の存在しきは、その故なりき。

筑紫にヒミカと曰ふ霊媒師あり、幼にして伊川に生るを知りて、父母を尋ね、宇佐に暮らし、霊媒を天授し、衆を寄せ大元に移り、八女、及び山門を巡脚し、更に末盧、伊都、奴に巡り、千人の信徒を従ふ。信仰の神は西王母にして亀堂金母、東王父、を祀りぬ。

されば、ヒミカの神たる西王母とは支那伝説の仙女たり。武帝内伝、漢武故事、亦は列仙伝、博物誌、等漢籍に出づ。是に拠りては、西王母、一に亀堂金母と称し、姓は緱また楊にも作り、諱は回字にて婉妗または大虚と曰ふ。西方至妙の気に化して伊川に生れたるより西王母と名付け、東王父の妻たり。

漢武帝、仙道を好みて神仙を求めたるに、元封元年七月七日、西王母、数多の侍女を随へて、帝宮に降り、仙桃は世の常のものに非らず、三千年にして一たび実る桃実なりと申す。かくて、やがて歌舞を奏して帝の寿福を祝ひたりと曰ふ。倭史にては次の如し。

前略　主基則慶山之上栽恒春樹樹上之五色慶雲雲上有霞霞中掛主基備中四字且其山上有西王母献益

地図及倫王母仙桃童子鸞鳳麒麟等像其下鶴立矣　と見之唐物語に伝の大要を伝へたり。されども、これらは穆天子伝に群玉山の神仙西王母が周の穆と宴し、楽舞を奏したりと見ゆるに出たるものにて、漢、以後に及び、仙桃の事を附托せしもの丶如し。

　また、山海経には西王母の姿を記して曰く。其状如人豹尾虎歯而善嘯蓮髪戴勝是司天之属及五残と曰ふ、郭璞の西王母讃、司馬相如の大人賦にぞ同記たり。これを西王母が園の桃と作れるは、源平盛衰記にも見ゆ。

　築紫のヒミカは己が住居を耶靡堆と称し、築紫は磐井山門とせる招殿たり。招殿之主磐井大王にて、加志牟の妻たりと曰ふ。依て、是を耶馬壹と称し、耶靡堆を耶馬臺と称し、魏の倭人伝に記述ありぬ。磐井大王ヒミカを耶靡堆に帰さゞるに依りて、倭勢、築紫に攻め、磐井大王を討取り、ヒミカを探せど、行方知れずと曰ふ。

　東日流語部録に曰く。
自築紫来霊媒師其名称卑弥呼盲目女也以語印日、
と云ふ。

　寛政六年七月一日　　物部蔵人

（藤本光幸編『和田家資料3』北方新社、二〇〇六年、より）

関連著作

『「邪馬台国」はなかった――解読された倭人伝の謎』一九七一年十一月、朝日新聞社刊（角川文庫・朝日文庫）／二〇一〇年一月、復刊本、ミネルヴァ書房刊

わたしの古代史に関する、第一書。「邪馬台国」を「否」とし、「邪馬壹国」を「是」とする、詳細を解明した基本書である。復刻本巻末の「日本の生きた歴史」㈠に、その後の展開をしめしている。

この本の主要点は左のようであった。

第一に、三国志の古版本（南宋の紹熙本・紹興本）の魏志倭人伝はすべて「邪馬壹国」と記している。

第二に、三国志の成立した、中国の魏・西晋朝では「臺」は「天子の宮殿」の意義で用いられていた「至高文字」であった。それゆえ夷蛮伝で「ヤマト」を「邪馬臺」と表記することなど、絶対にありえない（魏の天子自身を「魏臺」と呼んでいた）。

第三に、これに対し、後漢書の成立した南朝劉宋（五世紀）とは、時代が異なる。

第四に、その上、「邪馬壹国」（三国志）と「邪馬臺国」（後漢書）では、「前後の文脈」が異なっているから、これを「ヤマト」に〝合わせる〟ために、自由に〝とり替える〟ことは、史料批判上、不可能である。

右の他、「景初二年」「会稽東治」問題等いずれも「三年」「東冶」に〝改変〟した結果、解決不能の矛盾に陥ることをのべた。

この本の成立動機は「部分里程の総和は総里程である。」との一点にあった。その結果、「博多湾岸と周辺山地」を女王国の中心と見なした。この帰結は、「三種の神器」と「絹と錦」の出土分布中心域と一致していたのである。

今後の研究者が、右の諸点を看過して〝ふれず〟にすますことがないよう、切望する。

なお、『「邪馬台国」はなかった』のほか、『失われた九州王朝』『盗まれた神話』の二冊を併せた三部作は、私の古代史研究の中核を成している。ぜひこちらもお読みいただきたい。


『邪馬壹国の論理――古代に真実を求めて』一九七五年十月、朝日新聞社刊／二〇一〇年六月、復刊本、ミネルヴァ書房刊

論文「邪馬壹国」および、第一書『「邪馬台国」はなかった』、第二書『失われた九州王朝』刊行の頃、わたしは「反論」に恵まれていた。

「邪馬壹国への道――榎一雄氏への再批判」

「直接証拠と間接証拠――好太王碑文《酒匂本》の来歴――後藤孝典氏に答える」

「邪馬壹国の諸問題――尾崎雄二郎・牧健二氏に答う」

「魏晋（西晋）朝短里の史料批判——山尾幸久氏の反論に答える」は、その貴重な記録である。

また、

「エバンズ夫妻との往復書簡」は、わたしの尊敬するアメリカ合衆国の研究者、メガーズ・エバンズ夫妻との、なつかしき交流の証言となった。

なお、「史料『海賦』」は、従来の「邪馬台国」研究者がこぞって無視してきた「倭人伝との同時代史料」に対する、原文と口語訳である。

『よみがえる卑弥呼——日本国はいつ始まったか』一九八七年十一月、駸々堂出版刊（朝日文庫）／二〇一一年九月、復刊本、ミネルヴァ書房

この本の冒頭の三編は次のようである。

「第一篇　国造制の史料批判——出雲風土記における「国造と朝廷」」
「第二篇　部民制の史料批判——出雲風土記を中心として」
「第三篇　続・部民制の史料批判——「部」の始源と発展」

右はいずれも、「出雲風土記」に対する、根本的な史料批判の論稿である。

津田左右吉が「上代の部の研究」を『日本上代史研究』（岩波書店）に発表したのは、昭和五年四月

である（『史学雑誌』〈昭和三〜四年〉『史苑』〈昭和四年〉『文学思想研究』〈大正十四〜十五年〉所載）。

敗戦後、井上光貞がこれを受けて「国造制の成立」を『史学雑誌』六〇‐一一（昭和二十六年十一月）に発表し、「国造」と「部制」に関する戦後史学の基本線を構築したこと、学界に著名である。

けれども、その基本史料として両者が使用した「出雲風土記」は、本来の原史料ではなかった。江戸時代の国学者荷田春満等が「改ざん」した、いわゆる「校定本文」だったのである。

その「改ざん」の目的は、他ではなかった。「天の下治《し》らしし大神」である大穴持命の「杵築《きずき》の宮」を原点として、その配下の「国造」として叙述されていた、本来の原文を、荷田春満や内山真竜等は「改ざん」した。その目的は「大和朝廷中心の、出雲の国造」の形へと〝書き変え〟たのである。津田左右吉や井上光貞等の研究者はこの「改ざん文」に依拠して、自家の「大和中心の史観」の〝証拠〟として用いたのである。

研究史上の経緯を簡約すれば、左のようである。

(1)本来の原文は「出雲の大神」中心の記述であった。

(2)江戸時代の国学者はこれを「大和朝廷中心の国造と部」の形へと「改ざん」した。

(3)津田左右吉や井上光貞は、右の「改ざん、本文」に依拠して「大和中心史観」を〝樹立〟した。

(4)平泉澄の弟子、田中卓氏は、右の「改ざん、本文」を基本とする「校定本文」を作り、学界に流布させた。

(5)以後、各学者とも、これに依拠し、わたしの史料批判は無視したまま、今日に至っている。

たとえば、今年（二〇一二）五月の『国文学　解釈と鑑賞』（第七六巻第五号、至文堂）で、橋本雅之「『風土記』研究の可能性」、荻原千鶴「『出雲国風土記』研究の現在」ともに、わたしの史料批判は「なかった」かのような立場を貫いている。

今回の復刊本公刊の意義は大きいようである。

『失われた日本――「古代史」以来の封印を解く』一九九八年二月、原書房刊

この本は英訳本を前提にして執筆された。英国のケンブリッジの森嶋通夫氏の御要請だった。日本史の中の代表的なテーマを選んだ。だが、お送りしたところ、要望と異なる点があり、見送られた。森嶋氏は各項目に「通説」（日本の学界）と「わたしの見解」の対比の形式を望んでおられたという。

そのため、各項目とも、英訳しやすい日本語文が目指されている。

「第一章　火山の日本――列島の旧石器・縄文」「第二章　古代の冒険者たち　縄文の太平洋航海」

本書において発展した、各テーマである。

「第三章　輝ける女王――天・地・人」

右では、三国志の「邪馬壹国」と後漢書の「邪馬臺国」と〝とり替え〟すべきではない旨、強調せられている。

さらに、吉野ヶ里遺跡が、従来「世界一の規模をもつ環濠集落」として知られていた「メイドゥン・カッスル」（英国）以上の規模をもっていることが詳述されている。「メイドゥン・カッスル」がローマ軍を仮想敵国として建造されたように、吉野ヶ里は「呉軍の侵入」を〝予想〟して建造された。一方は、北方のロンドン・ブリストル方面（スタントン・ドリュー）のケルト族の「神聖領域」をローマ軍の侵入から守るため、他方の吉野ヶ里は、博多湾岸周辺の「中心領域」を守るための防壁であること、そのポイントをなす論証が展開された。

海外の「日本研究」の識者にも、知ってほしいテーマだった。

『海の古代史——黒潮と魏志倭人伝の真実』一九九六年十月、原書房刊

画期的な〝事件〟であった。アメリカ合衆国のメガーズ博士が来日された。平成七年十月二十九日に土佐清水市の市立文化会館で講演された。「日本（足摺）と南米との古代交流」である。次いで、

古田「足摺古代文明の歴史的背景」

渡辺豊和氏「足摺巨石の宇宙と光通信」

があり、次いで十一月二日、東京の国会議事堂に近い憲政記念館で、

ベティ・J・メガーズ博士「日本と南米の古代交流」

古田「海の国際交流」

の講演が行われた。さらに十一月三日、赤坂の全日空ホテルで（第一次）「縄文ミーティング」が行われ、メガーズ博士、大貫良夫教授、鈴木隆雄博士、田島和雄博士、古田が参加した。次いで十二月十日、東京の学士会館分室（文京区本郷。当時）で（第二次）「縄文ミーティング」が行われ、小林達雄教

授、増田義郎名誉教授、古田が参加した。

土佐清水市をはじめ、各団体、個人の方々のおかげをこうむった「成果」である。今回の「三国志序文」の発見も、この「余波」をうけている、とも言いうるであろう。関係者の方々に感謝したい。


『古代史の「ゆがみ」を正す――「短里」でよみがえる古典』（古田武彦・谷本茂共著）一九九四年四月、新泉社刊

谷本氏は三十年来の知己である。氏が京都大学工学部在学時代、訪問を受けた。わたしの古代史の第一書・第二書・第三書をくりかえし愛読してくださった方であった。

氏は中国最古の天文算術書『周髀算経』が「短里」で叙述されているのを「発見」された。その数値を計算したところ、「一里」が「七十六〜七メートル」。わたしが三国志の韓伝、倭人伝によって算出したところと、酷似した数値を得られたのである。「周朝の短里」だ。これに対し、わたしの場合は「魏・西晋朝の短里」である。「周朝の短里」の復活だった。

今回、同じく地下の掘削・計測の専門家、中村通敏氏が加わり、谷本氏との間で「誤差論」を展開され、本書の白眉となった。すぐれた知遇による「紳士の論争」である。恵まれた、望外の幸せとなった。

末尾に中国語訳の要旨が添付されている。中国側の専門家の対論を期待する。

『「邪馬台国」徹底論争――邪馬壹国問題を起点として』第一巻、言語、行路里程編、古代史討論シンポジウム、一九九二年六月、新泉社刊

同右、第二巻、考古学、総合編、一九九二年十月、新泉社刊

同右、第三巻、信州の古代学、古代の夕、対話他編、一九九三年四月、新泉社刊

一九九一年八月一日から六日にかけて、昭和薬科大学諏訪校舎（白樺湖湖畔）で行われたシンポジウムの記録である。

八月一日「今なぜ倭人伝か」、八月二日「言語」、八月三日「行路・里程」、八月四日「考古学」、八月五日「総合」、八月六日「信州の古代学」となっている。連日、多大な収穫がもたらされた。重要な問題提議となった、木佐敬久発言も、第三日目（八月三日）の夜の自由討論の場で行われている。

『古代史徹底論争――「邪馬台国」シンポジウム以後』一九九三年一月、駸々堂出版刊

一九九一年八月の白樺湖（昭和薬科大学諏訪校舎）におけるシンポジウム「「邪馬台国」徹底論争――邪馬壹国問題を起点として」の続編である。

一、鏡　二、考古学と文献　三、里程　四、史料批判　五、研究史　六、遺稿　七、資料

最後の「資料」には、

「晋書里程検索」市民の古代研究会　万葉集・漢文グループ有志

「筑前須玖遺跡出土の夔鳳鏡に就いて」梅原末治
「梅原「補正」論文について」古田武彦
があり、この梅原論文は、本書において、重要な「復活、資料」となっている。

『古代史を開く――独創の扉・十三』一九九二年七月、原書房刊

「Ⅰ〈倭人伝〉の扉をひらく」
「第一の扉　魏の塞曹掾史・張政の証言」
「第二の扉　中国文明の淵源・西王母の国はどこか」
「第三の扉「一大国」は倭人が命名した」

いずれも、重要なテーマが紹介されている。たとえば、「張政の証言」は、昭和薬科大学諏訪校舎における「木佐提言」の意義を追跡したものである。

張政は帯方郡から派遣された軍事顧問団のリーダー（塞曹掾史）であるが、正始八年（二四七）に倭国に派遣された。俾弥呼の時代である。俾弥呼の死後、次の女王壱与の時（泰始二年、二六六）倭国の使節団に送られて帰国した、という。「倭国、二十年の滞在」であり、その「張政の報告」が倭人伝の主要内容となったもの、との指摘である。

もちろん、その「二十年間」の中にも、随時、帯方郡治へと「報告のための帰来」はあったであろう。しかし、その間、張政にとって「倭国滞在」は〝職務上の責任者〟として、常時だったものとみられよう。この指摘である。

同時に、この木佐提言は、重要なテーマを内在させていた。すなわち、彼の報告の最重要テーマは「帯方郡治から邪馬壹国までの、総日程」である、という一事である。

従来の近畿説はもとより、朝倉・筑後山門・筑後川流域等の九州説の研究者の場合にも、博多湾岸の「不弥国」をもって終着地とせず、〝残余〟と見なした「水行十日、陸行一月」をもって、自家の望む領域たる「大和（奈良県）」や「筑紫（福岡県）」の筑後川流域や肥後（熊本県）へと〝導く〟他はなかったのである。すなわち、木佐提言による「総日程の喪失」である。

この肝心のテーマに対して、近畿説・九州説のすべての研究者が今も「目を閉じた」ままでいるのではあるまいか。この点、改めて明記しておきたい。木佐敬久氏は当時、ＮＨＫ放送文化研究所の主任研究員であった。

『九州王朝の歴史学――多元的世界への出発』一九九一年六月、駸々堂出版刊

この本の全体は、題名のしめすように「九州王朝」をテーマとしている。けれども、冒頭の二篇が本書とも深い関係をもつ。

「第一篇　部分と全体の論理――「穆天子伝」の再発見Ⅰ」
「第二篇　歴史学における根本基準の転換について――「穆天子伝」の再発見Ⅱ」

いずれも、「穆天子伝」の研究である。この史料は周の第五代の天子、穆王の業績をしるしたもので、三世紀、西晋朝のとき周墓から発見された。その周字（科斗字。先秦の文字）を当時の漢字の文章に翻記し、公表された。それが、三国志の著者陳寿が西晋朝の史官（歴史官僚）だった時期である。

したがって、三国志の魏志倭人伝の研究者にとって、この史料の研究は不可欠である。しかるに、なぜか、従来の「邪馬台国」研究者で、この史料を研究した上で、その立場から倭人伝を論じた著作、論文を見ない。その点、改めて諸家の注意を喚起したい。


『日本古代新史』（一九八三年『邪馬一国の挑戦』徳間書店刊、の増補版として）一九九一年四月、新泉社刊

序として「天孫降臨の真実」、第一部に「1　神武天皇は実在した」のあと、

「2「邪馬台国」はなかった」

「3　邪馬壱国はどこにあったか」

「4　卑弥呼の女王国は九州にあった」

「5　ひろがる邪馬壱国の世界」

と続き、第二部の、

「8『記紀』の中の天皇家断絶」

には、「武烈・継体天皇の断絶」「日本書紀の武烈悪逆像の意味」「継体の反乱」の項目が出ている。本書へと続くものだ。

高校生に読んでもらいたい。そのように念願しつつ、書きすすめたことが記憶に残っている。この増補版では「二中歴」とその中の「年代歴」の写真版と活字版が添付されている。九州年号の貴重な原型である。

『吉野ヶ里の秘密――解明された「倭人伝」の世界』一九八九年六月、光文社刊

「もし、この本を読み終わって、『むずかしかった』といわれれば、頭をさげる。『すみません』の一語だけ。『やさしすぎた』そういわれれば、大満足。」

この本の「まえがき」の言葉である。だが、内容的には、わたしのその後の展開の出発点となった。たとえば、先頭の「首なし甕棺」(吉野ヶ里)「首だけ甕棺」(筑紫野市)いずれもカラー写真だが、本書で論述したように、「俾弥呼の鬼道」の〝敵を祭る〟ルールの鮮烈な表現である。たとえば、日吉《ひよし》神社。「右の外濠と、一キロ甕棺との間にある神社。日吉神社という。この二字を『ひえ』と読む例も多い。だが、ここは『ひよし』のようだ。祭神は、大山咋命《おおやまくいのみこと》。この神社を〝見のがし〟てはならぬこと、後にのべるごとし。」現在でも、「考古学者」は〝専門外〟として、この神社がこの吉野ヶ里遺跡の「中枢」をなしている点、〝見すごされ〟てきたようである。

たとえば、「北部九州、絹の分布図」。布目順郎氏の『絹の東伝』に依拠したものであるが、本書の論証でも「キイ・プルーフ(中枢証明)」となっている。

光文社企画の新書版である。

『古代は輝いていたⅠ——『風土記』にいた卑弥呼』一九八四年十一月、朝日新聞社刊

「第一部第二章　日本人はどこへ行ったか」

「第五部　倭人伝との対面　第一章倭国前史　第二章里程論　第三章首都・宮室論　第四章物証論　第五章卑弥呼論」

「第六部　倭国の鳥瞰図——その諸問題　第一章社会構成　第二章倭国の暦」

以上、いずれも、本書のテーマの前段階をしめしている。「通史」の一部である。

『邪馬壹国の方法』〔『多元的古代の成立』——〔上〕〕一九八三年四月、駸々堂出版刊

第五篇に収録された「邪馬壹国」は、東大の『史学雑誌』七八—九（一九六九年〈昭和四十四〉九月に掲載された、わたしの最初の古代史の論文である。

当初は、中世史研究者からの一警告という立場であったが、その後の数十年の古代史研究へと進む、第一歩となった。

第六篇に収録された「続・邪馬壹国　前篇」「続・邪馬壹国　後篇」は、同じく『史学雑誌』に掲載される予定であったが、朝日新聞社刊行の第一書『「邪馬台国」はなかった』の公刊が先行したため、わたしがその掲載を辞退した。共通する多くのテーマを含んでいたからである。

さらに、

「第一篇　多元的古代の成立——邪馬壹国の方法とその展開」（東大の『史学雑誌』九一—七（一九八二

年七月）掲載）。

「第二篇　魏・西晋朝短里の方法――中国古典と日本古代史」（東北大学文学部の『文芸研究』百号（昭和五十七年六月）、百一号（九月）上・下に掲載）。

の両者は、学界に対する学術論文による報告となっている。

次に、

「第三篇　縄文学の方法（故、エバンス氏に捧げる）――太平洋を越える大交流」（『中外日報』一九八二年四月二十一、二十三、二十六日、に掲載）。

この報告は、本書の『三国志序文』の発見に対する布石となった。

『邪馬壹国の展開』（『多元的古代の成立』――〈下〉』一九八三年四月、駸々堂出版刊

第四篇に収録された「古事記序文の成立について――尚書正義の影響に関する考察」は、一九四五年五月、東北大学（法文学部）日本思想史科の授業で発表し、のちに一九五五年八月、『続日本紀研究』二―八に掲載されたものである。本書でも、これに基づいて論述した。

第五篇に収録された「古事記・日本書紀成立の根本問題――武烈・継体の断絶をめぐって」〈付〉記・紀のモデル、は本書において力説した「武烈悪逆」記事の歴史的意義を論じたものである（未発表）。

同じく、

第六篇に収録された「考古学の方法――王仲殊論文をめぐって」と第七篇に収録された「シルク・プルーフ（絹の証明）」はいずれも「未発表」であるけれども、本書叙述の基本をなした「三種の神器」および「絹と錦」分布による。「邪馬壹国」の中心領域（博多湾岸とその周辺）論定の基礎となった論稿である。

『邪馬一国の証明』一九八〇年十月、角川書店刊

一九七九年十一月の『読売新聞』西日本版に掲載された「倭国紀行」や、一九八〇年一・四月の『季刊邪馬台国』三・四号に掲載された。

「わたしの学問研究の方法について」は、記念すべき論稿であった。また、

「邪馬壹国と家」（『歴史と人物』一九七六年九月号）

「古代船は九州王朝をめざす」（『野性時代』一九七五年十月臨時増刊号）

等、いずれも、重要な一稿となった。

奥野正男氏との論争（「古代史を妖惑した鏡」一九七九年八月号『歴史と人物』、一九八〇年五月十六日『毎日新聞』）や藪田嘉一郎氏との論争（『歴史と人物』一九七五年十二月号）等も収録されている。わたしにとっては〝珠玉〟の込められた文庫本である。

『邪馬一国への道標』一九七八年五月、講談社（角川文庫）

序章の「邪馬一国《やまいちこく》探究に憑《つ》かれて」では、原文の「邪馬壹国」を「邪馬壱国」へ。さらに北宋刊本にある「邪馬一国」を使うべきことをのべている。


「第一章　縄文の謎の扉を開く」

「第二章　三国志余話」

「第三章　三世紀の盲点」

「第四章　四〜七世紀の盲点」

「第五章　二つの不思議」

第三章では、

「まぼろしの倭国大乱——『三国志』と『後漢書』の間」

「陳寿とピーナッツ——『晋書』陳寿伝の疑惑」

「陳寿と師の予言——『三国志』と『晋書』の間」

「陳寿の孔明への愛憎——『三国志』諸葛亮伝をめぐって」

これらは本書の陳寿伝の参考となろう。

第三章の
「それは「島」だった——津軽海峡の論証」
先の「倭国大乱」やこの「津軽海峡」問題は、研究者間で「忘れられたキイ・ワード」となっているのではあるまいか。
最後に「日本沈没」の小松左京さんとの対話があり、なつかしい。

『倭人伝を徹底して読む』一九八七年十一月、大阪書籍刊（朝日文庫）／二〇一〇年十二月、復刊本、ミネルヴァ書房刊

一九八四年四月から一九八六年三月まで、大阪の朝日カルチャーで行なった講演の書籍化である。折しも、京都から東京（昭和薬科大学）へ転地、新幹線で往復しつつ続行させていただいた。

「第一章『三国志』以前の倭と倭人」「第二章　日本の文献に見る倭」「第三章　倭人伝以前の倭」「第四章　帯方の東南大海の中に在り」「第五章　里程論」「第六章　記された国名」「第七章　戸数問題」「第八章　剣・矛・戈」「第九章　銅鏡百枚」「第十章　倭人伝の詔勅」「第十一章　朝廷の多元性」と、各テーマに及んでいる。巻末に、中山千夏さんとの往復書簡を含む。

冒頭の倭人伝紹熙本写真版について、この大阪書籍本（皇室書陵部本）と朝日文庫本（廿四史百衲本）との間に変動があり（「郡支国」と「都支国」）、本書でも叙述された展開となった。

『ここに古代王朝ありき――邪馬一国の考古学』一九七九年六月、朝日新聞社刊／二〇一〇年九月、復刊本、ミネルヴァ書房

第一書『「邪馬台国」はなかった』と第二書『失われた九州王朝』で行われた文献分析への、考古学的対応が収められている。

かつては、倭人伝に対する「自家の解釈」だけで「邪馬台国論」が成り立っていた。東大の白鳥庫吉、京大の内藤湖南の論争も、その範囲にとどまっていた。空前のベストセラーとなった宮崎康平の『まぼろしの邪馬台国』も、同じだった。全国ほとんどの県に「成立」した「邪馬台国」の候補地も、同じである。

しかし、今はちがった。それらの各候補地がはたして「考古学的出土物の分布」の中心となっているか否か。それが問われる時代となったのである。否、もう一歩進めなければならない。肝心の倭人伝で明示されている「物」の分布が、はたしてその論者の主張する「邪馬台国」の中心地と一致しているかどうか。それが厳しく問われるのが、現代の研究史上の水準なのである。

その「物」とは、たとえば「三種の神器」たとえば「絹と錦」である。それらを基準とするとき、全県各地に〝立て〟られた候補地は軒並み〝失格〟だ。

それだけではない。一方の考古学者（西谷正氏等）の近畿説、他方の考古学者（森浩一・奥野正男氏等）の筑後川流域説も、共に右の「物」の出土分布の中心域にはなっていないのである。彼等はそれを「百も承知」だ。だからこそ、わたしの「博多湾岸と周辺説」をシンポジウムなどから除外し、「想定外」の説として〝処理〟しているようである。「原発論議」と同様である。

今回の復刊本の刊行に感謝する。

おわりに

本書は畢生《ひっせい》の書である。わたしのいのちを注ぎ尽くした本となった。

だが、書き終えた今、感ずる。あまりにも多くの方々、この本をお見せしたかった人々がすでに亡くなられている。

まず可部恒雄君。旧制広島高校以来の親友である。わたしの研究を深く認め、同じ司法界の俊秀、倉田卓次さんに第一書『「邪馬台国」はなかった』を贈ってくださった。本書の中核をなした「倉田命題」の誕生となっている。両人とも、今年の一～二月、「早世」された。

追うように、二月末に菴谷《いおや》利夫さんが去った。水戸光圀の「死者を弔う」名文の各国語訳に力を尽くしてくれた。思わざる交通事故だったという。最初の教師時代、松本深志の出身である。

さらに思いをめぐらせば、蒼天の星のごとく、思い出の方々がある。

もちろん、村岡典嗣《つねつぐ》先生、わたしの学問への道標を示された。「論敵を尚《とうと》ぶ」立場だった。ソクラテス、プラトンの学問を日本思想史研究の「方法」とされた。その村岡先生へとわたしを導かれたのが、岡田甫《はじめ》先生である。旧制広島高校生の十六～十七歳、三日と空《あ》けず、お宅に参上してそのお話に聞き入った日々、あの青春なしに、今のわたしはなかった。

長野県立松本深志高校、信州の地にわたしを呼ばれたのも、岡田先生だった。敗戦直後、亡師孤独の歎きの中にいたわたしを招いてくださったのである。

その深志の先輩教師が石上順さん、小原元亨《もとたか》さんだった。共に暖かかった。

第一書刊行当時以来の梅棹忠夫さん、小松左京さん、原田大六さんの面影も忘れられない。そして吉野ヶ里の落雷に散った若き考古学者、田代成澄《せいすみ》さん。宗像市の大島黎爾《れいじ》さん、筑紫野市の柳澤義幸さん。宝塚市の中小路駿逸さん。

挙げはじめれば、限りもない。広島県の十日市小学校の高村幸雄先生、石野節雄君、旧制広島二中の堀内昭彦君、東北大学の梅沢伊勢三さん、原田隆吉さん。朝日カルチャーの竹野恵三さん、「市民の古代」の中谷義夫さん、藤田友治さん。「東京古田会」の山本真之助さん、鈴木正勝さん、高木博さん。「多元の会」の高田かつ子さん、「古田史学の会」の飯田満麿さん、力石巌さん、林俊彦さん。

そして筑紫朝廷論の『記紀の研究』（日本図書刊行会）を遺作とされた中村勉さんのことも忘れられない。

可部君と並ぶ、莫逆《ばくぎゃく》の友、正木宏君。今も御健在の、読売新聞社の近藤汎《ひろし》さんが第一論文「邪馬壹国」を持《じ》して来られた、その発端をなした君だ。すでに亡い。

幸いに、世にある方々もある。『季刊邪馬台国』の安本美典氏、『偽書「東日流《つがる》外三郡誌」事件』の斉藤光政氏等。両氏とも、この『東日流〔内外〕三郡誌』批判によって、わたしの探究への良き導火線となってくださったこと、深く感謝する。

誰よりも本書の産みの親と言えるのは、それは私の第一書『「邪馬台国」はなかった』を担当していただいた朝日新聞社の米田保さんである。今は亡き米田さんの存在なしには、この本の成立はなかった。心の底から幾重にもお礼をのべたい。

また、本書の企画・編集等をリードしてくださったミネルヴァ書房の方々にお礼を申させていただきたい。杉田啓三社長と神谷透・田引勝二・東寿浩の諸氏である。

けれども、この本の真否を判定するもの、それは一に未来の魂以外にはない。その無数の知己の一人ひとりの手の中に、この一書を今、静かにとどけさせていただきたいと思う。

二〇一一年三月二十四日早暁　浄書了

二〇一一年八月八日　追記了

古田武彦

卑弥呼年譜

魏・西晋	西暦	関係事項	一般事項
黄初　元	二二〇		曹操没、その子曹丕、後漢献帝より禅譲により即位し、魏を興す。
二	二二一		劉備即位し、蜀を興す。
三	二二二		孫権、呉を興す（二二九年、皇帝を称する）。
景初　二	二三八	**6月**倭の女王、難升米等を遣わす。「景初二年六月、倭の女王、大夫難升米等を遣わし、郡に詣り、天子に詣りて朝献せんことを求む。太守劉夏、吏を遣わし、将いて送りて京都に詣らしむ。」 **12月**明帝の詔書（倭の女王に報ず）。「其の年十二月、詔書して倭の女王に報じて曰く、「親魏倭王卑弥呼に制詔す。帯方の太守劉夏、使を遣わし、汝の大夫難升米・次使都市牛利を送り、汝献ずる所の男生口四人、女生口六人、班布二匹二丈を奉じ、以て到る。汝の在る所遠きを	魏、遼東の公孫淵を滅ぼし、楽浪・帯方二郡を接収。

		踰え、及ち使を遣わして貢献せしむ。是れ汝の忠孝、我甚だ汝を哀れむ。今、汝を以て親魏倭王と為す。金印紫綬を仮し、装封して帯方太守に付して仮授す。汝、其れ種人を綏撫し、勉めて孝順を為せ。汝が来使難升米・牛利、遠きを渉り、道路勤労す。今、難升米を以て率善中郎将と為し、牛利を率善校尉と為し、銀印青綬を仮し、引見労賜して遣わし還す。今、絳地交龍錦五匹（注略）・絳地縐粟罽十張・蒨絳五十匹・紺青五十匹を以て、汝が献ずる所の貢直に答う。又特に汝に紺地句文錦三匹・細班華罽五張・白絹五十匹・金八両・五尺刀二口・銅鏡百枚・真珠・鉛丹各五十斤を賜い、皆装封して難升米・牛利に付す。還り到らば録受し、悉く以て汝が国中の人に示し、国家汝を哀れむを知らしむ可し。故に鄭重に汝に好物を賜うなり」と。」
正始 元	二四〇	弓遵、梯儁等を派遣（詔書・印綬を奉ず）。倭王、上表す。「正始元年、太守弓遵、建中校尉梯儁等を遣わし、詔書・印綬を奉じて、倭国に詣り、倭王に拝仮し、并びに詔を齎し、金帛・錦罽・刀・鏡・采物を賜う。倭王、使に因って上表し、詔恩を答謝す。」
四	二四三	倭王、伊声耆等を派遣、上献す。率善中郎将の印綬を壹

		拝。「其の四年、倭王、復た使大夫伊声者・掖邪狗等八人を遣わし、生口・倭錦・絳青縑・緜衣・帛布・丹・木猾・短弓矢を上献せしむ。掖邪狗等、率善中郎将の印綬を壹拝す。」	
五	二四四		魏の毌丘倹、高句麗の丸都城を攻略。
六	二四五	難升米に黄幢を賜う。「其の六年、詔して倭の難升米に黄幢を賜い、郡に付して仮授せしむ。」	濊の不耐侯、魏に朝貢して不耐濊王となる。
八	二四七	王頎、官に到る。（のち）俾弥呼、死す。「其の八年、太守王頎官に到る。倭の女王卑弥呼、狗奴国の男王卑弥弓呼と素より和せず。倭載、斯烏越等を遣わして郡に詣り、相攻撃することを説かしむ。塞曹掾史張政等を遣わし、因りて詔書・黄幢を齎し、難升米に拝仮し、檄を為して之を告喩せしむ。卑弥呼、死するを以て、大いに冢を作る。径百余歩。徇葬する者、奴婢百余人。更に男王を立てしも、国中服せず。更〻相誅殺し、当時千余人を殺す。」（狗奴国との不和、また俾弥呼の冢については、本文参照） **正始八年以降**壱与、王と為る。掖邪狗等を派遣し、張政等を送る。臺に詣りて貢献。「復た卑弥呼の宗女、壹与	

		年十三なるを立てて王と為し、国中遂に定まる。政等、檄を以て壹与を告喩す。壹与、倭の大夫率善中郎将掖邪狗等二十人を遣わし、政等を送りて還らしむ。因りて臺に詣り、男女生口三十人を献上し、白珠五千孔、青大句珠二枚、異文雑錦二十匹を貢す。」（「臺」は西晋朝）	
景元　四	二六三		魏、蜀を滅ぼす。
秦始　元	二六五		司馬炎（武帝）、魏帝の禅譲を受け、西晋を興す。
太康　元	二八〇		西晋、呉を滅ぼし、中国を統一。

人名索引

ま　行

や　行

ら　行

わ　行

事項索引

た　行

な　行

は　行

ま　行

や　行

ら　行

わ　行

地名索引

あ 行

か 行

さ 行

た 行

《著者紹介》

古田武彦（ふるた・たけひこ）

1926年　福島県生まれ。

旧制広島高校を経て，東北大学法文学部日本思想史科において村岡典嗣に学ぶ。

長野県立松本深志高校教諭，神戸森高校講師，神戸市立湊川高校，京都市立洛陽高校教諭を経て，

1980年　龍谷大学講師。

1984～96年　昭和薬科大学教授。

著　作　『「邪馬台国」はなかった――解読された倭人伝の謎』朝日新聞社，1971年（朝日文庫，1992年）。

『失われた九州王朝――天皇家以前の古代史』朝日新聞社，1973年（朝日文庫，1993年）。

『盗まれた神話――記・紀の秘密』朝日新聞社，1975年（朝日文庫，1993年）（角川文庫，所収）。

『古田武彦著作集　親鸞・思想史研究編』全3巻，明石書店，2002年。

『古田武彦・古代史コレクション』ミネルヴァ書房，2010年～，ほか多数。

ミネルヴァ日本評伝選

俾《ひ》弥《み》呼《か》

――鬼道に事え，見る有る者少なし――

2011年9月10日　初版第1刷発行　〈検印省略〉
2011年10月30日　初版第3刷発行

定価はカバーに
表示しています

著　者　古　田　武　彦

発行者　杉　田　啓　三

印刷者　江　戸　宏　介

発行所　株式会社　ミネルヴァ書房

607-8494 京都市山科区日ノ岡堤谷町1
電話（075）581-5191（代表）
振替口座 01020-0-8076番

　共同印刷工業・新生製本

ISBN978-4-623-06148-8

Printed in Japan

刊行のことば

歴史を動かすものは人間であり、興趣に富んだ人間の動きを通じて、世の移り変わりを考えるのは、歴史に接する醍醐味である。

しかし過去の歴史学を顧みるとき、人間不在という批判さえ見られたように、歴史における人間のすがたが、必ずしも十分に描かれてきたとはいえない。二十一世紀を迎えた今、歴史の中の人物像を蘇生させようとの要請はいよいよ強く、またそのための条件もしだいに熟してきている。

この「ミネルヴァ日本評伝選」は、正確な史実に基づいて書かれるのはいうまでもないが、単に経歴の羅列にとどまらず、歴史を動かしてきたすぐれた個性をいきいきとよみがえらせたいと考える。そのためには、対象とした人物とじっくりと対話し、ときにはきびしく対決していくことも必要になるだろう。

今日の歴史学が直面している困難の一つに、研究の過度の細分化、瑣末化が挙げられる。それは緻密さを求めるが故に陥った弊害といえるが、その結果として、歴史の大きな見通しが失われ、歴史学を通しての社会への働きかけの途が閉ざされ、人々の歴史への関心を弱める危険性がある。今こそ歴史が何のためにあるのかという、基本的な課題に応える必要があろう。評伝という興味ある方法を通じて、解決の手がかりを見出せないだろうかというのも、この企画の一つのねらいである。

狭義の歴史学の研究者だけでなく、多くの分野ですぐれた業績をあげている著者たちを迎えて、従来見られなかった規模の大きな人物史の叢書として、「ミネルヴァ日本評伝選」の刊行を開始したい。

平成十五年（二〇〇三）九月

ミネルヴァ書房

ミネルヴァ日本評伝選

企画推薦
梅原　猛
ドナルド・キーン
佐伯彰一
角田文衞

監修委員
上横手雅敬
芳賀　徹

編集委員
石川九楊
伊藤之雄
猪木武徳
今谷　明
今橋映子
熊倉功夫
佐伯順子
坂本多加雄
武田佐知子
竹西寛子
西口順子
兵藤裕己
御厨　貴

上代

*卑弥呼　古田武彦
日本武尊　西宮秀紀
仁徳天皇　若井敏明
雄略天皇　吉村武彦
*蘇我氏四代　遠山美都男
推古天皇　義江明子
聖徳太子　仁藤敦史
斉明天皇　武田佐知子
小野妹子・毛人　大橋信弥
*額田王　梶川信行
弘文天皇　遠山美都男
天武天皇　新川登亀男
持統天皇　丸山裕美子
阿倍比羅夫　熊田亮介
柿本人麻呂　古橋信孝
*元明天皇・元正天皇　渡部育子
聖武天皇　本郷真紹
光明皇后　寺崎保広
孝謙天皇　勝浦令子
藤原不比等　荒木敏夫
吉備真備　今津勝紀
*藤原仲麻呂　木本好信
道　鏡　吉川真司
大伴家持　和田　萃
行　基　吉田靖雄

平安

*桓武天皇　井上満郎
嵯峨天皇　西別府元日
宇多天皇　古藤真平
醍醐天皇　石上英一
村上天皇　京樂真帆子
花山天皇　上島　享
*三条天皇　倉本一宏
藤原薬子　中野渡俊治
小野小町　錦　仁
藤原良房・基経　滝浪貞子
菅原道真　竹居明男
*紀貫之　神田龍身
源高明　所　功
慶滋保胤　平林盛得
*安倍晴明　斎藤英喜
藤原実資　橋本義則
*藤原道長　朧谷　寿
藤原伊周・隆家　倉本一宏
藤原定子　山本淳子
清少納言　後藤祥子
紫式部　竹西寛子
和泉式部　ツベタナ・クリステワ
大江匡房　小峯和明
阿弖流為　樋口知志
坂上田村麻呂　熊谷公男
*源満仲・頼光　元木泰雄
平将門　西山良平
藤原純友　寺内　浩
空　海　頼富本宏
最　澄　吉田一彦
*空　也　石井義長
奝　然　上川通夫
*源　信　小原　仁
後白河天皇　美川　圭
式子内親王　奥野陽子
建礼門院　生形貴重
藤原秀衡　入間田宣夫
平時子・時忠　元木泰雄
平維盛　根井　浄
守覚法親王　阿部泰郎
藤原隆信・信実　山本陽子

鎌倉

源頼朝　川合　康
*源義経　近藤好和
源実朝　神田龍身
後鳥羽天皇　五味文彦
九条兼実　村井康彦
九条道家　上横手雅敬
北条時政　野口　実
熊谷直実　佐伯真一
*北条政子　関　幸彦
北条義時　岡田清一
曾我十郎・五郎　杉橋隆夫
北条時宗　近藤成一
安達泰盛　山陰加春夫
平頼綱　細川重男
竹崎季長　堀本一繁
西　行　光田和伸
藤原定家　赤瀬信吾
*京極為兼　今谷　明

＊兼好　島内裕子
重源　横内裕人
＊運慶　根立研介
快慶　井上一稔
法然　今堀太逸
慈円　大隅和雄
明恵　西山　厚
親鸞　末木文美士
恵信尼・覚信尼　西口順子
覚如　今井雅晴
道元　船岡　誠
叡尊　細川涼一
＊忍性　松尾剛次
＊日蓮　佐藤弘夫
一遍　蒲池勢至
夢窓疎石　田中博美
＊宗峰妙超　竹貫元勝

南北朝・室町

後醍醐天皇　上横手雅敬
護良親王　新井孝重
赤松氏五代　渡邊大門
＊北畠親房　岡野友彦
楠正成　兵藤裕己
＊新田義貞　山本隆志
光厳天皇　深津睦夫
足利尊氏　市沢　哲
佐々木道誉　下坂　守
円観・文観　田中貴子
足利義詮　早島大祐
足利義満　川嶋將生
足利義持　吉田賢司
足利義教　横井　清
大内義弘　平瀬直樹
伏見宮貞成親王　松薗　斉
山名宗全　山本隆志
日野富子　脇田晴子
世阿弥　西野春雄
雪舟等楊　河合正朝
宗祇　鶴崎裕雄
＊満済　森　茂暁
一休宗純　原田正俊
蓮如　岡村喜史

戦国・織豊

北条早雲　家永遵嗣
毛利元就　岸田裕之
毛利輝元　光成準治
＊今川義元　小和田哲男
＊武田信玄　笹本正治
＊武田勝頼　笹本正治
＊真田氏三代　笹本正治
三好長慶　天野忠幸
＊宇喜多直家・秀家　渡邊大門
＊上杉謙信　矢田俊文
島津義久・義弘　福島金治
吉田兼倶　西山　克
山科言継　松薗　斉
＊雪村周継　赤澤英二
織田信長　三鬼清一郎
豊臣秀吉　藤井讓治
＊北政所おね　田端泰子
＊淀殿　福田千鶴
前田利家　東四柳史明
黒田如水　小和田哲男
蒲生氏郷　藤田達生
＊細川ガラシャ　田端泰子
伊達政宗　伊藤喜良
＊支倉常長　田中英道
ルイス・フロイス　エンゲルベルト・ヨリッセン
＊長谷川等伯　宮島新一
顕如　神田千里

江戸

徳川家康　笠谷和比古
徳川家光　野村　玄
徳川吉宗　横田冬彦
＊後水尾天皇　久保貴子
光格天皇　藤田　覚
崇伝　杣田善雄
春日局　福田千鶴
池田光政　倉地克直
シャクシャイン　岩崎奈緒子
＊田沼意次　藤田　覚
＊二宮尊徳　小林惟司
末次平蔵　岡美穂子
高田屋嘉兵衛　生田美智子
林羅山　鈴木健一
吉野太夫　渡辺憲司
中江藤樹　辻本雅史
山崎闇斎　澤井啓一
山鹿素行　前田　勉
＊北村季吟　島内景二
貝原益軒　辻本雅史
松尾芭蕉　楠元六男
＊ケンペル　B・M・ボダルト＝ベイリー
荻生徂徠　柴田　純
＊雨森芳洲　上田正昭
石田梅岩　高野秀晴
前野良沢　松田　清
平賀源内　石上　敏
本居宣長　田尻祐一郎
杉田玄白　吉田　忠
上田秋成　佐藤深雪
木村蒹葭堂　有坂道子
＊大田南畝　沓掛良彦
菅江真澄　赤坂憲雄
＊鶴屋南北　諏訪春雄
良寛　阿部龍一
＊山東京伝　佐藤至子
＊滝沢馬琴　高田　衛
平田篤胤　山下久夫
シーボルト　宮坂正英
本阿弥光悦　岡　佳子
小堀遠州　中村利則
狩野探幽・山雪　山下善也
尾形光琳・乾山　河野元昭
＊二代目市川團十郎　田口章子
与謝蕪村　佐々木丞平
伊藤若冲　狩野博幸
鈴木春信　小林　忠
円山応挙　佐々木正子
＊佐竹曙山　成瀬不二雄
葛飾北斎　岸　文和
酒井抱一　玉蟲敏子
孝明天皇　青山忠正
＊和宮　辻ミチ子

徳川慶喜　大庭邦彦
島津斉彬　原口　泉
＊古賀謹一郎　小野寺龍太
＊栗本鋤雲　小野寺龍太
塚本明毅　塚本　学
＊月　性　海原　徹
＊吉田松陰　海原　徹
＊高杉晋作　海原　徹
ペリー　遠藤泰生
オールコック　佐野真由子
アーネスト・サトウ　奈良岡聰智
緒方洪庵　米田該典
冷泉為恭　中部義隆

近代

＊明治天皇　伊藤之雄
＊大正天皇　F・R・ディキンソン
＊昭憲皇太后・貞明皇后　小田部雄次
大久保利通　三谷太一郎
山県有朋　鳥海　靖
木戸孝允　落合弘樹
井上　馨　伊藤之雄
＊松方正義　室山義正
北垣国道　小林丈広
板垣退助　小川原正道
長与専斎　笠原英彦
大隈重信　五百旗頭薫
伊藤博文　坂本一登
井上　毅　大石　眞
井上　勝　老川慶喜
＊桂　太郎　小林道彦
渡辺洪基　瀧井一博
＊乃木希典　佐々木英昭
林　董　君塚直隆
児玉源太郎　小林道彦
＊高宗・閔妃　木村　幹
山本権兵衛　室山義正
高橋是清　鈴木俊夫
小村寿太郎　簑原俊洋
＊犬養　毅　小林惟司
加藤高明　櫻井良樹
加藤友三郎・寛治　麻田貞雄
牧野伸顕　小宮一夫
田中義一　黒沢文貴
内田康哉　高橋勝浩
石井菊次郎　廣部　泉
平沼騏一郎　堀田慎一郎
宇垣一成　北岡伸一
宮崎滔天　榎本泰子
＊浜口雄幸　川田　稔
幣原喜重郎　西田敏宏
関　一　玉井金五
水野広徳　片山慶隆
広田弘毅　井上寿一
安重根　上垣外憲一
＊グルー　廣部　泉
＊永田鉄山　森　靖夫
東條英機　牛村　圭
今村　均　前田雅之
蔣介石　劉　岸偉
石原莞爾　山室信一
木戸幸一　波多野澄雄
＊岩崎弥太郎　武田晴人
伊藤忠兵衛　末永國紀
五代友厚　田付茉莉子
大倉喜八郎　村上勝彦
＊安田善次郎　由井常彦
渋沢栄一　武田晴人
山辺丈夫　宮本又郎
武藤山治　阿部武司・桑原哲也
西原亀三　森川正則
小林一三　橋爪紳也
大倉恒吉　石川健次郎
大原孫三郎　猪木武徳
＊河竹黙阿弥　今尾哲也
イザベラ・バード　加納孝代
＊林　忠正　木々康子
森　鷗外　小堀桂一郎
二葉亭四迷　ヨコタ村上孝之
夏目漱石　佐々木英昭
巌谷小波　千葉信胤
樋口一葉　佐伯順子
島崎藤村　十川信介
泉　鏡花　東郷克美
有島武郎　亀井俊介
永井荷風　川本三郎
北原白秋　平石典子
菊池　寛　山本芳明
宮澤賢治　千葉一幹
正岡子規　夏石番矢
高浜虚子　坪内稔典
与謝野晶子　佐伯順子
＊種田山頭火　村上　護
＊斎藤茂吉　品田悦一
＊高村光太郎　湯原かの子
萩原朔太郎　エリス俊子
原阿佐緒　秋山佐和子
＊狩野芳崖・高橋由一　古田　亮
竹内栖鳳　北澤憲昭
黒田清輝　高階秀爾
中村不折　石川九楊
横山大観　高階秀爾
＊橋本関雪　西原大輔
小出楢重　芳賀　徹
土田麦僊　天野一夫
岸田劉生　北澤憲昭
松旭斎天勝　川添　裕
中山みき　鎌田東二
佐田介石　谷川　穣
ニコライ　中村健之介
出口なお・王仁三郎　川村邦光
島地黙雷　阪本是丸
＊新島　襄　太田雄三
木下広次　冨岡　勝
嘉納治五郎　クリストファー・スピルマン
津田梅子　田中智子
＊澤柳政太郎　新田義之
河口慧海　高山龍三
山室軍平　室田保夫
大谷光瑞　白須淨眞
＊久米邦武　高田誠二
フェノロサ　伊藤　豊
三宅雪嶺　長妻三佐雄
＊岡倉天心　木下長宏

志賀重昂　中野目徹
徳富蘇峰　杉原志啓
竹越與三郎　西田毅
内藤湖南・桑原隲蔵　礪波護
岩村透　今橋映子
西田幾多郎　大橋良介
金沢庄三郎　石川遼子
上田敏　及川茂
柳田国男　鶴見太郎
厨川白村　張競
大川周明　山内昌之
西田直二郎　林淳
折口信夫　斎藤英喜
九鬼周造　粕谷一希
辰野隆　金沢公子
シュタイン　瀧井一博
*西周　清水多吉
*福澤諭吉　平山洋
福地桜痴　山田俊治
田口卯吉　鈴木栄樹
*陸羯南　松田宏一郎
黒岩涙香　奥武則
宮武外骨　山口昌男
*吉野作造　田澤晴子
野間清治　佐藤卓己
山川均　米原謙
岩波茂雄　十重田裕一

*北一輝　岡本幸治
中野正剛　吉田則昭
満川亀太郎　福家崇洋
杉亨二　速水融
*北里柴三郎　福田眞人
田辺朔郎　秋元せき
*南方熊楠　飯倉照平
寺田寅彦　金森修
石原純　金子務
J・コンドル　鈴木博之
辰野金吾　河上真理・清水重敦
小川治兵衛　尼崎博正
ブルーノ・タウト　北村昌史

現代

昭和天皇　御厨貴
高松宮宣仁親王　後藤致人
*李方子　小田部雄次
吉田茂　中西寛
マッカーサー　柴山太
石橋湛山　増田弘
重光葵　武田知己
市川房枝　村井良太

池田勇人　藤井信幸
高野実　篠田徹
和田博雄　庄司俊作
朴正煕　木村幹
竹下登　真渕勝
*松永安左ェ門　橘川武郎
鮎川義介　井口治夫
出光佐三　橘川武郎
松下幸之助　米倉誠一郎
渋沢敬三　井上潤
*本田宗一郎　伊丹敬之
井深大　武田徹
佐治敬三　小玉武
幸田家の人々　金井景子
*正宗白鳥　大嶋仁
大佛次郎　福島行一
*川端康成　大久保喬樹
*薩摩治郎八　小林茂
松本清張　杉原志啓
安部公房　成田龍一
*三島由紀夫　島内景二
R・H・ブライス　菅原克也
金素雲　林容澤
柳宗悦　熊倉功夫

バーナード・リーチ　鈴木禎宏
イサム・ノグチ　酒井忠康
川端龍子　岡部昌幸
藤田嗣治　林洋子
*井上有一　海上雅臣
*手塚治虫　竹内オサム
山田耕筰　後藤暢子
古賀政男　藍川由美
*吉田正　金子勇
武満徹　船山隆
*力道山　岡村正史
*西田天香　宮田昌明
安倍能成　中根隆行
サンソム夫妻　平川祐弘・牧野陽子
和辻哲郎　小坂国継
矢代幸雄　稲賀繁美
石田幹之助　岡本さえ
*平泉澄　若井敏明
安岡正篤　片山杜秀
島田謹二　小林信行
前嶋信次　杉田英明
保田與重郎　谷崎昭男
福田恆存　川久保剛
井筒俊彦　安藤礼二
佐々木惣一　松尾尊兊

*瀧川幸辰　伊藤孝夫
矢内原忠雄　等松春夫
福本和夫　伊藤晃
*フランク・ロイド・ライト　大久保美春
大宅壮一　有馬学
今西錦司　山極寿一

*は既刊
二〇一一年九月現在